창의와 도전,
행복한 50년

한국 최고의 공학자이자 경영자
허진규 일진그룹 회장의 도전과 혁신 스토리

창의와 도전, 행복한 50년

• 김황식 외 지음 •

21세기북스

도전과 창조의 50년을 기리며

일진그룹은 2018년 1월 창립 50주년을 맞는다. 그것은 바로 허진규 회장의 일진 창립 및 경영 50주년의 역사이기도 하다. 일진그룹은 결코 내로라하는 대기업이 아니지만 도전과 창조의 정신으로 발전해온 독특한 기업이다. 즉 대한민국의 산업화 과정에서 기술 개발로써 수입품을 대체하는 국산화 및 신제품 개발을 통해 국가 발전에 기여해온 부품, 소재 분야의 대표 기업이다. 무작정 외연을 넓히는 것을 마다하고 인재 양성, 신제품 개발과 경쟁력 강화를 경영 방침으로 삼아 꾸준히 외길을 걸어왔다.

그러므로 일진그룹의 발전이 갖는 의미는 규모의 양적 확장에 그치는 것이 아니라, 신기술 개발 등을 통해 산업화에 질적으로 기여한 점이고, 그 바탕에는 어릴 적부터 꿈을 안고 성실하게 실력을 키우며 노력, 헌신해온 허진규 회장의 남다른 도전 정신과 애국심이 있었다.

그렇기에 허진규 회장의 성장 과정과 일진 창업 및 발전 과정 그리고 그에 발맞추어 행한 사회적 활동 등은 어떤 식으로든 후세에 남겨야 할 이야기들이다. 그래서 그 이야기를 평전 형식으로 정리하기로 했다. 흔히 자서전이나 평전이라 하면 작가를 선정하고 그에게 구술해 정리하는 방식으로 이뤄지나, 창업과 성장 과정을 곁에서 지켜보고 함께 일한 사람들이 사업 주제별로 사실 관계를 정리하고 느낀 바를 술회하는 것이 보다 객관적이고 바람직하다는 생각하에 주제를 나누어 각자의 이름과 책임으로 정리하기로 했다.

물론 허진규 회장에 대한 평전인지라 허 회장의 소회를 짧게나마 앞부분에 넣기로 했다. 집필자들은 문필가들이 아니지만 진솔하게 써 내려간 글 속에는 보다 재미있고 유익한 이야기들이 담겨 있을 것이다. 나도 허진규 회장의 처남이라는 인연 때문에 허 회장에 관한 개인적 이야기나 기업 초창기의 이야기를 맡기로 했다.

우리의 부족한 글들이 허진규 회장과 일진의 지나온 50년을 의미 있게 드러내기를 바란다. 또한 이를 통해 한국의 기업가들과 젊은이들이 뜨거운 도전의 마음을 갖게 된다면 더 바랄 나위가 없겠다.

김황식_前 국무총리

차례

3부 기술 보국의 비전

4부 미래로 향하는 일진

1부

반세기의 도전

위기는 있어도 절망은 없다

"병이 너무 깊어져서 더 이상 나을 가망이 없습니다."

여러분은 40대를 어떻게 보냈는가? 혹은 어떻게 보낼 것인가?

가장 왕성하게 활동해야 할 40대 초창기, 나는 의사로부터 이런 진단을 받았다. 의사는 약이 없다고 했다. 만성 B형 간염이었다. 30여 년 전, 당시 우리나라는 변변한 의료 기술을 갖추고 있지 못했고 간염은 매우 위중한 병이었다. 고민 끝에 오랫동안 함께 일을 해왔던 파트너에게 도움의 손길을 요청했다. 다행히 한국과학기술연구원KIST, Korea Institute of Science and Technology에는 신약을 만드는 제약 파트가 있었다.

"어이, 약이 없다면 만들 방법은 없는가?"

국내 최고의 기술력을 가지고 있다는 KIST에서 돌아온 답변은 수억에 해당하는 막대한 경비도 경비지만 개발 기간이 족히 10년은 걸린다는 것이었다.

한 점의 빛도 새어 나오지 않는 캄캄한 동굴에 갇힌 기분이었다.

"그래, 그래서 그랬구나."

그제야 왜 별 탈 없이 보낸 기분 좋게 화창한 날, 볕이 좋은 오후에도 일없이 그렇게 온 몸이 절인 배춧잎처럼 축 처지면서 피곤했었는지 알 수 있었다.

성공한 적이 없는 실험

처음에는 어디가 아픈지도 왜 아픈지도 몰랐다. 40대 초반 외국을 많이 다닐 때였다. 독일은 내륙의 나라라고 알고 있지만, 유럽인들이 세계의 관문이라 칭하는 함부르크 항구가 있다. 물론 해항海港은 아니고 엘베강의 기슭에 위치한 항만으로 규모가 워낙 커서 도무지 강이라고 여겨지지는 않는 곳에 자리한 항구다. 긴 강줄기를 따라 북해北海와 이어져 있고, 유럽은 물론 러시아까지 연결하는 편리한 철도 시설과 공항이 있어서 동북부 유럽의 교통 허브 역할을 하는 곳이다.

그곳에 11월에 도착했는데 항구에서 불어오는 아침 공기가 매우 상쾌했다. 그런데 오후만 되면 급속도로 피곤해지고 오한이 들어서 견디기 힘들었다. 처음에는 심한 감기 기운이라고 생각하고 한국에 돌아오자마자 진찰을 받았다. 김정용 서울대학병원 교수가 진찰을 했는데 뜻밖의 검진 결과를 이야기하며 혀를 찼다.

B형 간염에 걸린 지 벌써 10년도 넘었는데, 지금까지 도대체 어떻게 견뎠냐는 것이다. B형 간염은 6개월 이내에 항체가 생겨서 나아야 하는데 나는 항체가 생기지 않고 만성이 돼버렸기 때문에 병이 낫지를 않고, 이렇게 아프고 힘든 채로 계속 살아야 한다고 말했다. 더 심해지면 큰 병으로 발전해서 죽을 수도 있는 상황이었으니 하루아침에 생사의 기로에 서게 되었다. 가족들은 간에 좋다는 갖은 음식들을 구해다 주기도 하고, 매일 절에 가서 기도도 하면서 애를 태웠다.

물론 누구보다 힘든 것은 나 자신이었다. 어떻게 일군 사업인데 채 빛을 보기도 전에 오너인 내가 중병에 걸려서 사업도 인생도 진로가 묘연하게 돼버렸으니 안타깝고 허망한 일이었다.

어떤 사람들은 병에 걸리면 그것을 자신의 약점이라 여기고 숨기려고 들지만 나는 그렇게 생각하지 않았다. 인간이 할 수 있는 일이 있고, 할 수 없는 일이 있다. 이 상황에 처한 것은 내가 할 수 없는 일이었고, 내가 잘 못한 일이 아니기 때문에 부끄러울 것도 없었다. 병은 소문을 내라는 말도 있지 않은가. 두루 사람들을 만나고 물어보면서 해답을 찾아보기로 했다. 가장 먼저 찾아간 곳은 제일제당연구소였다. 그곳 연구소장이 화학공학과 동문 선배인 유무영 씨였다.

"선배 이거 좀 어떻게 할 수 없어요?"

"그건 어떻게 방법이 없어. 한약이라도 먹어봐."

처음 진단을 내렸던 김정용 박사에게 한약이라도 먹어보려고 한다고 하니 펄쩍 뛰었다. 병이 더 악화될 수 있다는 것이다.

다음으로 KIST를 찾아갔다. KIST에는 약을 연구하는 연구소가 따로 있었다. KIST에서는 해보자고 했지만, 개발비가 3억에 개발 기간을 10년으로 산정했다.

"10년 뒤면 그때까지 내가 살아 있을지도 모르잖소."

다시 유무영 선배를 찾아가서 실험해볼 만한 다른 신약이나 참고할 만한 자료라도 없느냐고 물었다. 그랬더니 못 이기는 척 모 그룹의 회장이 먹는 알파 인터페론이라는 약을 소개해줬다.

"이 약은 나을 확률이 아주 낮아. 답답한 김에 공부나 해보든가."

그때부터 시험공부하듯이 그 약을 연구했다. 정리하면 이런 것이다. 알파 인터페론은 바이러스를 퇴치하는 약인데, 이 약을 먹으면 체온이 40도가 넘게 올라간다. 이 약이 낫기 위해서는 크게 2가지 조건이 있는데 하나는 젊어야 하고, 하나는 나을 수 있다는 신념이 있어야 한다. 완쾌된다는 신념이 확고할수록 잘 낫는다는 것이다.

그 약을 공부하면서 점점 이 약을 쓰면 나을지도 모르겠다는 생각이 들었다. 그래서 그 약에 관한 자료를 들고, 가톨릭대학교 여의도성모병원에 있는 간에 관한 전문의 정규헌 박사를 찾아갔다. 정 박사는 경기고등학교를 졸업하고, 과학기술처(현 과학기술정보통신부) 장관을 지냈던 이태섭 의원 친구였다. 나와 동갑이었는데 무엇보다 사람이 진실해 보이는 것이 가장 마음에 들었다.

정 박사에게 이 약으로 실험적인 치료를 해보자고 하니 흔쾌히 좋다며 한 번 해보자고 했다.

어느덧 해가 지나 1월에 입원을 했다. 1월까지 미룬 것은 병이

아무리 위중하다 해도 회사에서 여러 가지 중요한 사안들을 다처리하는 데 시간이 필요했기 때문이다. 1월 말이 되니 조금 여유가 생겼고, 본격적으로 치료하기로 마음먹고 입원을 했다.

약을 먹기 시작하자 역시 사전에 숙지한 것처럼 엄청난 고열이나를 덮쳤다.

백혈구는 우리 몸에 바이러스가 들어오면 공격을 한다. 그런데 B형 간염 바이러스는 간 속으로 숨어버리기 때문에 바이러스를 잡으려던 백혈구가 간까지 공격하는 일이 벌어진다. 그런데 이약을 먹어서 체온이 45도를 넘어설 정도로 간이 뜨거워지면 바이러스가 견디지를 못하고 간 밖으로 튀어나온다. 그때 백혈구가 튀쳐나온 바이러스를 공격하게 된다. 이런 메커니즘을 나도 공부를통해서 사전에 알고 있었다.

하지만 체온이 40도를 넘어 45도를 오르내리기 시작하자 아프다 못해 정신까지 혼미해지기 시작했다. 의사가 회진을 돌다 나를 찾아서 내가 고열에 시달리는 것을 보고는 만면에 미소를 띠며 좋아했다. 체온이 이렇게 올라야 한다는 것이다. 체온이 올라서 바이러스가 견디지 못하고 밖으로 나와야 하고, 그 과정에서바이러스를 잡는 항체도 생긴다고 설명해주었다.

하지만 아직 완전히 낫는다는 확신도 없거니와 나는 고열로 정신을 잃을 지경인데 의사란 사람이 나를 위로하기보다 좋아하는모습을 보니 얄미운 마음이 먼저 들었다.

"아니 사람이 이렇게 죽을 지경인데, 선생은 나를 실험 도구로

밖에 보지 않는 거요?"

호통을 치듯이 사나운 말을 내지르자 의사는 변명도 제대로 못하고 도망치듯 입원실을 나가버렸다.

홧김에 말은 그렇게 했지만 나는 의사의 지시를 충실히 따랐다.

간은 잘 먹어야 낫는 병이라고 했다. 특히 단백질을 중심으로 영양분을 충분히 섭취해야 치료에 도움이 된다고 했다. 독감 등으로 인해 지독한 고열에 시달려본 사람들은 알 것이다. 밥은 물론이고 죽 한 숟가락도 목구멍을 넘기기 힘들다. 도저히 먹고 싶은 마음이 생기지를 않았다. 먹는 순간 다 토해버릴 것 같았다.

하지만 인생이 어떻게 좋아하는 일만 하면서 살 수 있겠는가? 맛으로 먹는 것이 아니다. 음식이라고 먹는 것이 아니다. 먹어야 산다는 생각으로 눈을 딱 감고 죽기 살기로 먹었다.

그렇게 열심이었지만 때때로 찾아오는 불안감이 나를 괴롭히는 일도 피할 수는 없었다. 국내에서는 지금껏 성공한 적이 없는 실험이라는 것을 나도 잘 알고 있었기 때문이다. 하지만 그렇다고 해도 마냥 손을 놓고, 절망하고 포기하는 것은 나답지 않은 일이었고, 결코 용납할 수 없었다.

마지막 잎새와 첫 싹

오 헨리의 『마지막 잎새』라는 문학 작품은 유명하다. 한 소녀가 죽을병에 걸려 침대에 누워 있다. 창밖으로는 나무 한 그

루가 있었는데, 겨울이 되어 잎사귀가 하나씩 떨어져 나갔다. 소녀는 저 잎사귀들이 다 떨어지고 나면 자신도 죽게 될 것이라고 믿었다. 마침내 잎사귀는 하나밖에 남지 않았고, 찬바람이 심하게 불던 날 소녀는 이제 아침이 되면 저 마지막 잎새까지 떨어지고 자신도 곧 죽음을 맞이할 것이라고 여겼다. 아침이 되었지만 잎사귀는 그대로 남아 있었고, 소녀는 새로운 희망으로 다시 살아나게 된다. 그 잎사귀는 옆집에 살던 늙은 화가가 밤새 추위에 떨면서 그린 것으로, 자신의 목숨과 맞바꾼 유작이 되고 말았다.

희망의 힘은 이처럼 대단한 것이다. 플라시보 효과Placebo effect라는 것이 있다. 위약爲藥 효과라고도 하는데, 약효가 없는 약을 주면서 환자가 가진 병에 잘 듣는 약이라고 하면 환자는 그 약을 먹고 자신이 나을 것이라고 생각하고, 그것 때문에 실제로 그 약이 효과를 발휘하는 것이다.

살아날 것이라고 믿으면 살고, 죽는다고 생각하면 죽는 것이다.

여의도성모병원 옆에는 버드나무가 한 그루 있었다. 한겨울이라 수양버들은 도저히 생명의 온기라고 느껴지지 않게 차갑게 메말라 있었다. 그런데 입원한 지 한 달 정도 되었을까? 2월이라 아직도 겨울이 맹위를 떨치고 있을 때다. 답답한 마음에 입원실을 나와 산책을 하는데 수양버들에 새순이 돋아나기 시작했다. 그 한겨울에도 버드나무의 강인한 생명력은 자신의 본분을 잊지 않고 이미 봄을 맞을 채비를 하고 있었던 것이다. 나는 한파를 뚫고 움트는 그 수양버들의 새순을 보고, 번쩍하고 각성하는 기분이 들었다. 내 몸을 괴롭히는 바이러스가 있지만 그것을 처치하는,

질병과 위기와 맞서 싸운 후에는 건강과 성장이 찾아온다

한겨울을 정면으로 뚫고 나오는 새순같이 치열한 생명력이 나에게도 분명히 내재해 있을 것이라는 자각이 일어난 것이다.

그로부터 며칠 뒤 의사가 또 싱글거리며 찾아왔다.

"아니 또 무슨 쓸데없는 소리로 사람 염장을 지르려고 왔소?"

나는 부러 퉁명스럽게 말했다. 의사는 웃으면서 이제 곧 병이 나을 것이니 걱정 말라고 했다. 내 몸에 바이러스를 잡는 강력한 항체가 생겼고, 항체가 생기면 일주일 내로 바이러스가 깨끗이 없어져서 병이 낫는다는 것이다.

그날부터 기분 탓인지 몸이 굉장히 가볍게 느껴졌다. 바이러스가 점점 사라지고 있다고 생각하니 몸이 날아갈 것 같았다. 그리고 얼마 지나지 않아 정말 씻은 듯이 나았다. 퇴원하던 날 의사에게 혹시 재발하면 어떻게 하냐고 물었더니 워낙 강력한 항체가 생겨서 그럴 일은 없다고 했다. 그 이후로 30여 년이 흘렀지만 나는 간염 걱정은 하지 않고 멀쩡하게 잘살고 있다. 힘들고 불안했지만 긍정적인 확신을 가지고 최선을 다했고, 그 결과 나는 새 삶을 얻게 된 것이다.

위기 극복의 역사

11살 되던 해 전쟁이 일어났고 많은 사람이 죽었다. 지금도 기억에 생생히 남아 있는 것은 먼발치에서 인민재판을 보았던 일이다.

초등학교 운동장에 한 사람을 중간에 앉혀놓고 빙 둘러서 사람들이 선다. 그리고 인민군이 총부리를 가운데 사람에게 향하게 하고 둘러선 사람들에게 묻는다.

여기 이 사람이 이런저런 잘못을 했는데, 이거 그냥 놔둬서 되겠어요? 그러면 위협에 못 이겨 여기저기서 안 된다는 대답이 나온다. 순식간에 '빵' 하는 소리와 함께 그 사람은 피를 흘리며 쓰러진다. 그것으로 그 사람의 생은 끝이다.

『칼의 노래』로 유명한 베스트셀러 작가 김훈 씨가 쓴 책 중에 『너는 어느 쪽이냐고 묻는 말들에 대하여』라는 에세이 모음집이 있다. 그 제목의 역사적 의미는 이런 것이다. 전쟁 막바지 공산당이 지리산 등지로 숨어들어서 빨치산이 되었다. 낮에는 대한민국, 밤에는 인민공화국이었다. 하지만 이웃도 믿을 수 없는 판에 언제 누가 들이닥칠지 아무도 모른다. 마을 사람들은 매일 삶과 죽음의 기로에 놓여 있다. 캄캄한 밤 느닷없이 문이 쾅하고 열린다. 찬 서리가 내린 군홧발이 이불을 함부로 짓밟고 둔기 같은 플래시가 얼굴을 비춘다. 쩽하게 지독히 밝은 불빛 외에는 아무것도 보이지 않는다.

"너는 어느 쪽이냐?"

대답을 잘 못하면 순식간에 생명을 잃는다. 이런 극단적인 생사의 위기, 절대 빈곤 같은 지독한 생존의 위기는 직접 겪거나 목도目睹하지 않은 사람은 결코 알 수 없다. 그런 아픈 경험들을 하면서 우리 세대는 살아남았다. 그게 불과 60여 년 전의 일이다. 짧은 세월 동안 엄청나게 많은 것이 변했고, 젊은이들이 이전 세대들을 온전히 이해하기 힘든 것은 당연한 일이다.

대한민국은 해방과 전쟁, 전후 복구와 산업화, 민주화 과정에서 숱한 위기와 갈등을 겪으면서 여기까지 왔다. 50년 일진日進의 역사는 해방 이후, 위기로 가득 찬 대한민국의 파란만장한 역사와 함께했다.

대한민국이 숱한 위기를 겪으면서도 포기하지 않고 세계 최빈국에서 국민 소득 3만 달러 수준의 선진국 문턱까지 이르렀듯이 기술 보국技術保國의 신념으로 출발한 일진과 나 역시 많은 위기를 겪었지만 좌절하지 않고 노력하면서 한 발 한 발 전진한 결과 어느덧 국내에서 손꼽히는 부품 소재 기업이 되어, 창립 50주년을 맞이했다.

마르크스는 『공산당 선언』의 첫 줄에 이렇게 썼다. "지금까지 인류의 모든 역사는 계급투쟁의 역사다." 인류의 역사를 서로 다른 두 집단의 갈등과 대립, 그리고 그것을 해소하는 과정이라는 관점에서 본다면 일견 그렇게 볼 수도 있지만 단견이다.

나는 이렇게 말하고 싶다. 인류의 역사는 위기 극복의 역사다. 우리가 이렇게 절대적인 빈곤을 벗어나 민주화된 사회에서 경제적 풍요를 누리면서 살 수 있는 것은 우리 모두가 자연재해의 위기, 외세의 침략 위기부터 비롯해서 시시각각 닥치는 위기들을 극복하면서 여기까지 왔기 때문이다. 위기를 극복하기 위해서는 상황이 좋아질 때까지 넋 놓고 있는 것이 아니라 앞으로 전진해야 한다. 전진하지 않으면 멈추는 것이 아니라 뒤처진다. 결국 다음에 찾아오는 위기에 함몰되고 말 것이다. 따라서 일진日進해야 한다. 매일매일 앞으로 나아가야 한다는 것이다.

지난 세월 동안 공장을 많이 지었다. 공사를 하다 보면 삽으로, 포크레인으로 흙을 뒤집는 일이 많다. 표층만 뒤집는 것이 아니라 몇 십 미터 밑바닥까지 다 파내게 된다. 20~30m를 파내게 되면 그 흙은 거름기가 전혀 없는, 즉 영양분이 하나도 없는 흙이다. 대개의 경우 지면으로부터 30cm 정도의 두께에 해당하는 표토表土에만 양분이 있기 때문이다. 그럼에도 불구하고 며칠 뒤 아침에 공사를 재개하려고 현장에 가보면, 이름도 모를 잡초의 싹이 돋아나 있다. 아무리 영양분이 없는 것 같은 흙에서도 생명은 돋아난다. 그렇게 생명력은 위대한 것이다.

그런 생명력의 힘을 믿고 어떤 위기 앞에서도 좌절하지 말고, 긍정적인 마인드로 한 발 한 발 앞으로 나아가야 한다. 그러면 어느새 그 긍정이, 낙관이 현실이 되어 있을 것이다. 위기는 있어도 절망은 없다. 힘든 일이 닥치면, 슥 한 번 웃으면서 신발 끈을 더 동여맨다.

"어이, 어디 한번 해보자고."

청년 창업가의 길

　나는 1940년 전라북도 부안에서 출생했다. 비교적 여유 있는 지주 집안에 7형제 중의 막내로 태어나 가족들의 사랑을 많이 받았다. 아버지는 천하의 호인이셨고, 어머니는 강단 있고 엄격하신 분으로 자녀 교육을 도맡으셨다.

　당시만 해도 부안은 깡촌이었기 때문에 집에서 학교까지 10리 길을 걸어 다녔다. 어린 나에게는 결코 적지 않은 거리를 오가며 등하교를 해야 했다. 검정 고무신을 신고 다녔고, 비가 온 다음날에는 땅이 질퍽거려서 고무신이 벗어지기 일쑤였다.

　초등학교 4학년이 되기 전까지 천둥벌거숭이마냥 산으로 들로 뛰어다니며 자연과 어울려 놀았다. 공부? 공부는 손도 대지 않았다고 하는 것이 정확한 표현일 것이다. 20가구 되는 동네의 친구들과 어울려 강에서 고기 잡고, 구슬치기를 하면서 놀았다.

때로는 산에서 꿩 사냥을 했다. 한쪽에서 아이들이 휘이휘이 하고 꿩을 몰면 100m, 200m를 날다가 지쳐서 떨어진다. 그러면 저쪽 산에서 지키고 있던 아이들이 잡는 것이다. 어떤 때는 꿩을 쫓아가서 잡으려고 할 때 꿩이 도망가다가 자기 나름은 숨느라고 수풀 속에 고개를 처박고 있는 것을 냉큼 붙잡기도 한다.

토끼 사냥도 했는데, 산꼭대기로 잽싸게 도망간 토끼를 다시 산등성이에서 아래로 쫓아가며 잡았다. 토끼는 앞다리가 짧고 뒷다리가 길기 때문에 산 위로 올라갈 때는 비호처럼 올라가지만 내려갈 때는 허둥지둥하며 제대로 뛰지를 못한다. 그렇게 그저 자연과 함께 뒤엉켜 순수한 내면을 기르던 시간들을 보냈다.

그러다 선생님의 칭찬을 받기도 하는 등 몇 가지 계기가 되어 공부를 시작했다. 일단 공부를 시작한 이상 경쟁에 뒤처지는 것을 싫어했던 나는 사력을 다해서 공부를 했고, 전라북도 최고의 명문이었던 전주고등학교에 진학했다. 그렇게 고3이 되었고, 대학 입시를 앞뒀을 때는 원하는 대학, 원하는 학과를 골라갈 수 있을 정도의 실력을 갖추게 되었다. 막상 진로를 결정해야 할 시기가 다가오니, 어떤 학과로 진학할지 주위의 의견이 분분했다. 앞날을 결정해야 할 중요한 기로에 서게 된 것이다.

식민지는 끝나지 않았다

2006년 국제야구대회WBC, World Baseball Classic에서 김인식

감독이 한국 국가 대표팀을 뽑을 때 고액 연봉자들이 자신들의 몸을 추스르느라 대표팀 합류를 망설였다. 그 때문에 김 감독은 코치진은 이미 마련해놓았지만, 최상의 전력을 가진 베스트 멤버를 구성하는 데 난항을 겪게 되었다.

그때 김인식 감독이 새카맣게 어린 후배 선수들을 향해 이렇게 일갈한 적이 있다.

"나라가 없으면 야구도 없다."

1947년생으로 선수들의 연령대를 감안해보면 산전수전 다 겪은 아버지뻘의 선배 감독만이 할 수 있는 질타였다.

지금 젊은이들에게는 낯설게 느껴질지 모르겠지만 광복과 전쟁, 그리고 휴전 협정이 맺어진 지 얼마 지나지 않은 1960년대만 하더라도 자유 대한민국의 일원으로 개인의 영달榮達과 함께 애국의 길을 동시에 생각하는 뜻 있는 젊은이들이 많았다. 일제 치하에서 식민지의 2등 국민으로 참혹한 설움을 몸소 겪은 어르신들이 집 안에 형형한 눈빛으로 살아 계셨고, 젊은이들 역시 사상 분쟁, 냉전, 비극적인 강대국의 대리전 등을 거치면서 독립국으로서의 힘을 갖춘 내 나라의 소중함에 대해서 뼈저리게 느끼고 있었기 때문이다.

성적이 괜찮은 편이었던 내가 주위에서 성공의 길이 보장된 법대나 의대를 가라는 조언에도 불구하고, 공대를 선택한 것도 그러한 이유가 작용했을 것이다. 해방은 되었지만, 식민지는 끝나지 않았다. 그것이 당시 내가 가진 우리나라 정세에 대한 나름의 판단이었다. 대한민국이 비록 정치적으로는 독립을 했지만 경제적으로는 여전히 강대국들, 특히 일본의 속국이나 다름없었다.

물론 돌이켜보면 그런 명분 외에도 개인적인 취향도 분명히 작용했을 것이다. 늘 아픈 사람을 대하거나 분쟁의 한가운데서 갑론을박甲論乙駁하는 것이 체질적으로 잘 맞지 않는다고 느꼈다. 과학과 수학을 좋아하고 무엇인가 한 가지에 몰두해 연구하는 것을 좋아하던 적성도 충분히 작용했을 것이다. 그렇게 해서 일생 기술과 승부하는 공학도의 길을 걷게 되었다.

세월이 많이 흐른 후, 서울대학교 공대 동창회장 시절 한 강의에서 이렇게 말한 적이 있다.

"돈을 적게 벌고 싶으면 의대나 법대를 가고, 돈도 많이 벌고 세계를 주름 잡는 인생을 살고 싶다면 공대를 가라."

가족들이나 학교 선생님들도 보편적인 출셋길만 권장할 것이 아니라 국가적으로 도움이 되고, 자신의 인생도 더 성공적으로 펼칠 수 있는 길을 안내해줘야 한다. 그런 면에서 공대생들에게 자부심과 사명감을 불어넣어 줘야 한다. 과거에는 총칼로 싸워서 승리하는 사람, 몸을 바쳐 나라를 구하는 사람이 애국자였지만, 지금은 외국과의 기술 전쟁에서 이기는 엔지니어들이 애국자다. 우리나라가 선진국의 문턱까지 이를 수 있었던 것은 결코 화려하지 않은 곳에서 피땀 흘린 애국자들의 공이 무엇보다 컸다고 믿는다.

우연한 기회

본래 대학을 졸업하고 유학을 가려고 했다. 세계적인 과학자가 되어서 후학들을 길러내고 싶었다. 하지만 대학교 2학년 시절, 결정적으로 방향을 바꾸게 된 계기가 있었다. 1960년 학생군사교육단ROTC, Reserve Officers' Training Corps이라 불리는 학군단 제도가 처음 마련된 것이다. 서울대학교가 101학군단으로, 가장 먼저 생겨서 지원했다. 학교생활이 조금 더 힘들기는 하지만 군 생활을 2년으로 상대적으로 짧게 할 수 있고, 장교로 복무할 수 있은 덕분에 이점이 많았다.

입대하고 소위로 임관을 해서 처음 배치를 받은 곳이 병기감실兵器監室이었다. 일개 소위로 병기감실에서 근무하는 것은 매우 어려운데 그렇게 배치를 받은 데는 이유가 있었다. 박정희 정권이 신임 장교들 중에서 괜찮은 병력들을 차출해서 병기류를 국산화하라는 지시를 내린 것이다.

그렇게 해서 원자력공학과 2명, 기계과 2명, 금속공학과 1명 이렇게 서울대 공대생 5명이 추려져서 병기감실 조병위원회에서 복무하게 되었는데 간단히 말하면, 총포, 탄약, 차량 등을 개발하는 곳이다. 우리가 맡은 일이 중차대한 일이었기에 전국의 산업시설을 모두 살펴보고, 미 8군들과도 회의를 하고 함께 연구했다.

이때의 경험이 나의 진로를 결정하는 데 지대한 역할을 했다.

박정희 대통령의 지시로 전국의 산업 현장을 시찰하면서, 한국의 공업 수준이 형편없는 수준이라는 것을 알게 된 후 나라 사정이 이러할진대 유학은 사치라고 생각했다. 장기 계획으로 공부할 것이 아니라 당장 하나라도 더 기술을 개발하고, 조금이라도 더 나은 국산화된 제품을 만들어 국가에 도움이 될 만한 일을 해야겠다고 생각했다.

부품 소재 산업을 국산화해 국내 제조업의 기틀을 만들고, 일본에 대한 기술 의존도를 낮춰가는 것이 급선

군 복무 시절의 허진규 회장(왼쪽 첫 번째)

무였다. 그렇게 해서 외국에서도 놀랄 만한 일류 기술을 개발하고, 일류 상품을 만드는 것이 애국이라고 여겼다. 어떻게 보면 갑작스레 생겨난 학군단 제도라는 우연한 기회가 한 청년의 인생을 바꾼 것이다.

근래에 와서 한국 IT 산업이 시장 규모도 커지고 전도양양前途洋洋하지만, 핵심 소재는 여전히 일본산을 많이 쓰고 있다. 산업은 보통 조립 산업, 부품 산업, 소재 산업으로 발전한다. 하지만 그런 순서를 따라가다가는 선진국의 기술력을 도저히 따라잡을 수가 없어서 언제나 타국의 기술력에 종속되고 말 것이다.

나라가 발전하려면 조립 이전에 근간이 되는 부품 산업이 발달해야 하고, 부품 이전에 소재 산업이 발달해야 한다. 국가적으로

도 이렇게 소재, 부품 같은 원천 기술에 투자를 많이 해서 발전을 해야 든든한 산업의 기반이 마련되고, 진정한 경제 강국이 될 수 있다.

학자와 사업가

　무협 영화나 무협지를 보면, 주인공이 고수를 찾아가서 힘겹게 수련을 하는 과정이 나온다. 깊은 산속에 은거한 고수를 찾아가면 고수는 처음에 무술을 가르쳐주지 않고, 밥 짓고 빨래하고, 물 떠오는 험한 일만 몇 년을 시킨다. 그다음 어느 정도 마음도 비워지고, 체력적으로도 준비가 되었다고 생각할 때 하나씩 알려주기 시작한다.

　졸업 후 나의 첫 직장 생활이 그런 식이었다. 한국차량기계제작소韓國車輛機械制作所라는 곳에서 일했는데 일본에 있는 주물 공장을 그대로 한국으로 가져온 곳이다. 이때 미야하라宮原라는 일본의 공장장은 일터에 대한 애착으로 한국으로 따라와서 여전히 공장장으로 일하고 있었다.

　입사 후 한동안 허드렛일만 시켰다. 철근을 나르거나 구부리는 일 같은 것들만 시켰으니 큰 보람도 없었고, 처음 생각했던 기술에 대한 것은 배울 수가 없어서 답답했다.

　그런데 시간이 흐르자 나를 멀찍이서 지켜만 보던 공장장이 이것저것 물어보기 시작했다. 내가 곧잘 대답하니 "한국에서 그런

것도 배워요?"라며 신기한 듯 되묻곤 했다. 한편으로는 인정을 받아서 좋았지만 한편으로는 일본인들이 우리나라를 이렇게나 무시하는구나라는 생각이 들어서 기분이 나쁘기도 했다.

몇 번 문답을 나눈 다음 "한국에도 잘 아는 사람이 있구먼" 하면서 중얼거리던 공장장이 점차 나에게 중요한 일들을 맡겼고, 나중에는 밤을 새워가면서 일을 해야 했다. 군 복무를 하던 시절 결혼을 했었는데, 거의 집에 들어가지를 못하니 아내가 분주히 도시락을 싸서 나르면서 뒷바라지를 했다. 그렇게 되자 이전에 나와 함께 일했던 동료 직원들이 정시에 퇴근하면서 내가 집에도 못 가고 일을 하는 모습을 보고는 "어이, 점수 많이 따"라면서 농담식으로 빈정거리기도 했다.

하지만 그런 생활이 오래가지는 못했다. 회사가 1년여 만에 부도가 나면서 직장 생활을 그만둬야 했다. 이직을 하느냐 사업을 하느냐 기로에 섰을 때 그간 학교와 군대, 직장 생활을 통해 배운 이론과 실전 기술을 활용해서 과감하게 창업하기로 했다. 나를 눈여겨보며 많은 일을 함께했던 미야하라 공장장도 내가 사업을 해도 충분한 실력을 갖췄다며 격려하고, 각종 설계도 등을 건네주면서 힘을 실어주었다. 한때 학자의 길을 꿈꾸던 나는 20대 중후반의 젊은 나이에 청년 사업가의 길을 걷게 되었다. 하지만 지금 걸어온 길을 돌이켜보면 일면 영원한 공학도였고, 일면 영원한 엔지니어이면서 동시에 기업가였던 것도 같다.

기술의 승리, 승리의 기술

　자본금 30만 원으로 노량진에 있는 집 앞마당을 공장 삼아 시작한 사업이 본격 궤도에 올라선 것은 배전 금구류와 동복강선銅覆鋼線을 개발하고 나서부터다.

　처음에는 변압기 부속품 같은 가벼운 것들을 생산하면서 몸을 풀다가, 어떤 것을 사업 아이템으로 할까 고심하다 동네마다 빼곡히 들어선 전봇대를 보고 송변전 금구류, 배전 금구류 같은 것들을 하면 좋겠다는 생각을 했다. 예를 들면 전선과 전선을 잡아주는 커넥터connector 같은 수백 종의 부품들이 있었는데 당시만 해도 전량 수입을 했던 것이다. 그것을 보면서 이렇게 널리 쓰이는 것을 국산화하면 국가적으로도 좋고 사업적인 수익성도 있겠다는 판단하에 배전 금구류를 만들기로 했다.

　힘들게 배전 금구류 개발에 성공했지만 한국전력공사에서는 국산 제품은 믿을 수 없다는 이유로 사용하지를 않았다. 하지만 계속 찾아가서 설득을 했다. 그러다 한전에서 물량 계산을 잘못해 부족분이 발생하자 시험삼아 일진 제품을 몇 개만 써보기로했다. 그렇게 한 번 써보고 나서는 아무런 문제가 없자 조금씩 사용 물량을 늘려갔다. 조금씩 변화가 일어나기는 했지만 여전히 국산 제품에 대한 신뢰가 굳건하지는 않았는데, 어느 날 그런 인식을 한 번에 뒤집게 되는 일이 발생한다.

1978년 고 박정희 대통령 취임식 행사 때 있었던 일이다. 취임식장인 세종문화회관이 갑자기 정전이 되었다. 대통령 취임식이라는 국가적인 행사에 정전 사태가 벌어졌으니 한전에 엄청난 불똥이 튄 것은 당연한 일이다. 한전 내부에서는 국산 제품을 사용한 것이 문제였을 것이라는 의견이 팽배했다. 하지만 추후 청와대와 한전이 합동 조사한 결과 일본에서 수입한 제품을 잘못 설치한 것이 문제였다. 이때부터 국산이라고 평가절하당하던 일진전기의 제품에 대한 신뢰가 공고해졌고 주문이 쏟아지기 시작했다.

전부를 건다

금구류 생산 기업을 넘어 일진이 독보적인 기술력을 가진 부품 소재 기업으로 입지를 다지게 된 것은 무엇보다 KIST와 공동 개발한 동복강선 덕분이다. 동복강선은 순수한 국내 기술로 만든 것이다. 이동녕 KIST 교수가 동복강선을 개발하려고

1978년 '일진금속공업사' 현판식

하는데, 산학 협력으로 함께할 기업을 찾고 있다는 이야기를 전
해 듣고, 함께 투자해서 개발에 나선 것이다. 이때 투자 금액이
3,000만 원에 달했는데 당시로서는 회사가 가진 자본금 거의 전
부에 해당하는 것이었다.

혹자는 나에게 어떻게 그런 모험적인 결정을 할 수 있었냐고 하
는데, 나는 그 사업이 된다고 확신했기 때문에 두렵지 않았다. 동
복강선은 내가 사업을 처음 시작할 때 마음먹었던 기술 국산화의
기준에 가장 적합한 제품이었다.

물론 엔지니어로서 기술만 생각한 것은 아니다. 기술과 함께 사
업가로서 마켓도 충분히 고려한 선택이었다. 이동녕 교수는 콘덴
서condenser에 들어가는 가느다란 동복강선 제품만 생각했지만, 나

는 사업가적인 입장에서 처음부터 한전이나 체신부(정보통신부의 옛
이름)에서 쓰는 굵은 송전선으로 사용하면 좋겠다는 생각을 했다.
여름이면 구리선이 엿가락처럼 늘어지는데 동복강선은 철심이 들
어 있어서 팽팽함을 유지하면서 전기도 잘 통하기 때문이다.

그렇게 나름 사업가로서의 복안을 갖고 있었기 때문에 동복강
선 개발이 완료되자마자 생산 설비를 만들고, 시장에 뛰어들어
입찰을 하고 사업권을 따낼 수 있었다. 그렇게 대규모 양산 체제
를 갖춘 설비를 구축해 나가면서 이란으로 500만 달러에 해당하
는 수출 계약도 따내면서 언론에 보도되고, 산업계에 큰 이슈가
되기도 했다.

그렇다고 해서 탄탄대로만을 걸었던 것은 아니다. 생산 설비를
갖추는 데 생각보다 시간이 오래 소요되었기 때문에 생산이 지연
되면서 엄청난 금액의 페널티penalty를 물어줘야 하는 위기에 처하
게 되었다.

하루에 계약금의 1,000분의 3을 배상하기 때문에 30일이면
9%, 1년이면 계약금 전액을 돌려줘야 하는 구조였다. 그런데 당시
생산 설비를 갖추는 속도에 따르면, 상당한 금액을 지연 페널티로
물어야 하는 상황이었던지라 조바심이 날 수밖에 없었다.

그런데다 설상가상으로 천재지변까지 일어났다. 대규모 홍수가
일어나 기존에 마련된 생산 설비마저 침수된 것이다. 그런데 전화
위복이라는 말이 있지 않은가? 오히려 위기를 기회로 삼기로 했
다. 모든 국제 계약에는 통상적으로 불가항력 조항이 있다는 것
을 떠올린 것이다. 그 조항에 따라서 납기일을 연장해보기로 마

음먹었다. 그 아이디어가 실현되어 납기일을 충분히 연장할 수 있다면 수해로 입은 생산 설비도 복구하고, 연체료도 물지 않을 수 있을 것이다.

이란의 고객사에 저간의 사정에 대해서 팩시밀리를 보냈더니 한국에 있는 이란대사관에서 사실 증명을 받으라고 했다. 당시 영락교회 앞 쌍용 빌딩 11층에 이란대사관이 있었다. 직접 찾아가, 납기일을 연장하려고 했더니 대사관의 사인을 받아오라고 해서 찾아왔다고 설명했다. 언론을 통해 연일 수해 보도가 난 상황이라 대사관에서 흔쾌히 사인을 해줬다. 납기일을 1년 연장한 덕분에 연체료를 물지 않고 제때에 물건을 납품하고 큰 이익을 남길 수 있었다. 위기에 흔들리지 말고 자신이 해야 할 일에만 집중하면 없던 지혜도 떠오르고 하늘도 돕는 법을 다시 한 번 확인한 셈이다.

그렇게 1970년대 중후반, 사업을 시작한 지 10년 만에 동복강선의 개발, 양산 체제에 들어가고 배전 금구류 시장도 섭렵하면서 일진전기는 강고한 기술력을 갖춘 부품 소재 기업으로 굳건히 자리잡게 되었다.

기술은 생명이다

일본의 경제평론가 고무로 나오키小室直樹는 1989년에 쓴 저서 『한국의 경제』에서 한국의 경제를 '가마우지 경제'라고 조롱했다. 옛날 중국에서 물고기를 사냥할 때 가마우지라는 바닷새를 활용했는데 새의 목을 묶어놓아서 물고기를 잡으면 삼키지를 못하게 했다. 그렇게 해서 사냥한 물고기를 빼앗아 가는 것이다. 아무리 많은 제품을 만들고 수출을 해도 원천 기술을 일본에게 의지하기 때문에 상당 부분의 부가 가치를 일본에게 빼앗겨버리는 우리나라의 열악한 산업 구조를 지적한 것이다. 이처럼 1980년대 한국의 산업계가 보유한 기술력은 형편없었으니 일본의 기술 식민지라 해도 과언이 아니었다.

이런 산업 환경의 구조적 한계를 극복하기 위해서 일진전기는 일로매진해야 했다. 소재와 부품의 국산화를 위해서 말이다. 한국 제조업에 튼튼한 반석을 만들기 위해서 매일매일 부품 소재 산업 외길을 쉬지 않고 달려왔다.

한두 가지 예를 들면, 심리스 강관(이음새가 없는 강관)은 대일 무역 역조 순위 10위권대의 제품이었다. 매년 50만 톤 규모를 전량 유럽과 일본에서 수입했다. 2009년 투자 검토를 시작해서 2011년 심리스 강관 일관 제조 라인을 구축하고, 2012년부터 국내에서 생산하기 시작했다. 4년간 3,000억 원을 투자해서 얻은 결실이다. 지금은 미국 유럽 등지에 역수출하는 수출 효자 상품이 되었으니 기술 보국이 바로 이런 것이라고 할 수 있을 것이다.

일진유니스코만의 커튼월curtain wall 공법 역시 일진이 개발하고 발전시킨 세계적인 기술이다. 현대는 모든 상품의 디자인을 중시한다. 애플Apple Inc.의 스티브 잡스Steve Jobs가 살아생전에 전자 제품을 만들 때 디자인을 먼저 만들어놓고, 기술자들에게 이 디자인에 어떻게든 부품을 다 집어넣으라고 지시했다는 일화가 있다.

그만큼 지금은 제품의 기능만큼이나 소비자, 대중들과 최종적으로 만나는 접점에 있는 디자인이 중요한 시대가 되었다. 건물도 마찬가지다. 건물의 외부 디자인이 중요한데, 그 외양을 결정하는 것이 커튼월이다. 커튼월이 외벽을 모두 감싸기 때문인데, 그 커튼월에 관한 세계적인 기술을 확보하고 있는 것이 바로 일진유니스코다.

2017년 11월, 호주 시드니에 랜드마크에 해당하는 크라운 시드니 타워를 짓는데 그 건물의 커튼월 수주를 일진유니스코가 해냈다. 2,800만 달러(약 310억 원) 규모에 해당하는 사업으로, 건물 외벽에 완벽한 곡선을 구현하는 3D커튼월 기술이 필요한 데 바로 일진이 선택된 것이다.

일진유니스코는 1975년 국내 최초로 커튼월 공법을 도입해, 꾸준히 기술을 개발한 끝에 건물에 단순히 유리벽을 만드는 것이 아니라 다양한 형태의 곡면 외장을 가능하게 만들었다. 동대문디자인플라자DDP, 서울시 신청사, 캐나다 밴쿠버하우스, 인도 루비타워 등이 모두 일진유니스코의 작품이다.

세계 3대 미항인 시드니에 랜드마크 빌딩을 짓는데 이것을 중국 등 경쟁사에서 우리 회사보다 훨씬 낮은 금액에 입찰했지만, 세계적인 건축가들이 모여 회의한 끝에 일진유니스코를 최종 낙점한 것은 그만큼 우리의 기술력을 인정한다는 것이다.

이외에도 앞서 언급했던 배전 금구류와 동복강선은 물론이고 심리스 강관, 커튼월, 전해동박電解銅箔, 공업용 다이아몬드 개발 등이 외국의 기술에 의존해 수입하던 것을 일진이 많은 자금과 인력을 투자해 오랫동안 피땀 흘린 노력을 경주한 끝에 국산화시킨 것이다. 일진은 기술을 생명처럼 여기는 기술의 기업이고, 기술을 통해서 애국한다는 신조로 성장한 기업이기 때문이다.

이기는 싸움의 비결

1990년대 초반 제너럴일렉트릭GE, General Electric Company과의 분쟁은 일진을 세계가 주목하는 기업으로 만들었다. 일진이 자체 기술력으로 공업용 다이아몬드를 만드는 기술을 확보하고 양산 체제에 들어갔는데 GE가 일진이 영업 비밀을 침해했다면서 소송을 걸었던 것이 사건의 출발점이다.

GE는 자신의 회사에 다니던 인물에게 일진이 자문을 받았다는 것을 그 근거로 들었다. 이미 그 사람은 회사를 나온 지 오랜 기간이 지나서, 어떤 제약에도 걸릴 것이 없는 상태였다. 화장품을 만들려면 화장품 전문가에게서 자문을 받고 자동차를 만들려면 자동차 전문가에게 자문을 받는 것이 당연한데, 일진의 다이아몬드 기술이 자신들의 사업에 방해가 되니 괜한 트집을 잡은 것이다.

GE는 막강한 자금력과 인맥을 바탕으로 갖은 치졸한 수단을 동원했다. 로비를 통해 담당 판사를 바꾸고, 자신에게 유리한 인물을 법정에 불러왔다. 일본에서 사전에 자기 사람으로 심어놓았던 도쿄공업대학 후쿠나가 교수를 초빙해 법정에서 거창하게 소개하기 시작했다.

"교수님, 다이아몬드를 몇 년이나 연구하셨습니까?"

"글쎄요. 도쿄공업대학 교수 생활과 연구소 등에서 다이아몬드 연구만 한 30년 했죠."

"아이고, 그러면 세계 1인자시네요."

"그런 셈이죠…" 하며 배심원들과 판사 앞에서 서로 짜고 유명한 배우처럼 연기를 했다. 후에 알게 된 사실인데 후쿠나가는 GE가 어려울 때만 GE에서 써먹는 사이비 교수였다. 이런 방식으로 분위기를 한껏 조성한 후 일진이 KIST와 함께 공업용 다이아몬드 기술을 자체적으로 3년 만에 개발했다는데 교수님이 보시기에 자문을 해준 사람이 없었다면 얼마나 걸렸을 것 같습니까라고 묻자 10년 정도는 걸리지 않았을까요라고 대답했다. 그러자 법정에서 판사는 7년이 더 걸렸을 테니 일진은 앞으로 7년간 생산을 중단하라는 황당한 판결을 내렸다. 판결문에는 당장 생산을 중단하지 않으면, 하루에 30만 달러라는 어마어마한 페널티를 물리겠다는 기막힌 조항도 추가되어 있었다.

지금은 트럼프Donald Trump 정권이 자국의 이익을 우선시하며 고립주의 정책을 취하고 있지만, 당시만 해도 팍스 아메리카나Pax Americana, 미국이 주도하는 세계 평화의 시대라는 말이 유행할 때였다. 냉전 시대의 한 축이던 소련이 무너지고 미국이 초강대국으로 세계의 경찰국으로 자신들을 포지셔닝하고 있을 때였는데, 이런 어처구니없는 판결을 내리니 한국은 물론 미국 언론에서도 비판을 하고 나섰다. 세계 최고라는 기업이 간교한 권모술수나 벌이고 있으니 따가운 눈총을 받을 수밖에 없었다.

회사에서 거듭 회의를 했을 때 이 일을 담당했던 팀장을 비롯해 대다수 임직원들이 빨리 손을 떼자고 했지만 나는 멈출 수 없었다. 소송 초기에 변호사도 일진이 부정행위를 한 것이 없으니 이기는 싸움이라고 했다. 내가 잘못한 것이 없는데, 이대로 억울하게 물러설 수는 없었다. 다이아몬드가 일진의 본체까지는 아니었고, 비록 엄청난 손실을 입는 한이 있더라도 정의로운 나라라는 미국에서 GE 회장인 잭 웰치Jack Welch가 불의의 힘으로 잘못을 알면서도 밀어붙이는 것을 무기력하게 앉아서 당하고 싶지 않았다. 결국 끝까지 싸우기로 마음먹었다.

그로부터 몇 달 후 거짓말처럼 상황이 역전되었다. 잭 웰치가 공정거래법 위반으로 형사 재판을 받게 되었고, 나를 찾아와 없던 일로 해달라고 통사정하면서 원만하게 해결되었다.

사업을 할 때 어떤 분야든 몰입해서 열심히 하다 보면 어느 순간 직관 같은 확신이 생긴다. 이것은 된다 저것은 안 된다는 혜안慧眼이 열리는 것이다. 돌이켜보면 반드시 된다는 확신이 생기면 그 일은 항상 성공했다. GE와의 싸움도 마찬가지였다. 억울한 마음에 끝까지 간 것도 있었지만, 한편으로는 이긴다는 확신이 있었다. 그것은 내가 옳기 때문에 생긴 확신이기도 했다. 열심히 몰입해서 일을 하고 정정당당하게 일을 하면, 혜안이 열리면서 다윗도 골리앗을 이길 수 있는 법이다.

끝까지 기다린다

옛날 한 왕국에 공주가 태어났다. 왕은 늦게 얻은 딸을 애지중지 키우면서 행복한 나날을 보냈다. 그러던 어느 날 왕은 딸을 사랑한 나머지 욕심이 생겨났다. 딸이 어렸을 때도 이렇게 예쁜데 장성한 딸은 얼마나 아름다울까라는 생각에 지금 당장 장성한 딸이 보고 싶어진 것이다. 하지만 백방으로 노력해도 그 방법을 찾을 수 없었다. 왕의 소원을 들어주지 못하는 대신들에게는 괴로운 나날들이 이어졌다. 견디다 못한 재상이 그 나라에서 명의로 소문난 의원을 시골 촌락까지 샅샅이 뒤져서 데려왔다.

왕은 의원에게 딸을 숙녀로 만들어줄 수 있냐고 묻자 명의는 그렇게 할 수 있다고 답한다. 화색이 돌기 시작한 왕이 어떻게 하면 되냐고 묻자 의원이 말했다.

"딸을 숙녀로 만들어줄 약초를 구해오겠습니다. 단, 조건이 있습니다. 제가 약초를 구해올 동안 딸을 보시면 안 됩니다. 그렇게 되면 약효가 없어질 것입니다. 그때까지 기다려주시겠습니까?"

오로지 장성한 딸을 보고 싶은 욕심에 왕은 그렇게 하겠다고 한다. 명의는 딸을 데리고 깊은 산골로 데려가 10년 뒤에 아름다운 옷으로 갈아입힌 후 왕 앞으로 나아가 약초를 먹인 딸을 데려왔다고 한다. 왕은 딸의 모습을 보고 크게 기뻐하며 명의에게 큰 상을 내렸다.

이 이야기는 왕의 어리석음을 비웃는 우화지만 우리에게 생각할 거리를 준다. 정말 소중한 것을 얻기까지는 충분한 시간이 필요하고 그것은 어떤 방법으로도 앞당길 수 없다는 것이다.

IT 제품들을 비롯한 대부분의 전자 제품에 들어가는 핵심 전자 부품인 인쇄회로기판PCB, Printed Circuit Board용 전해동박의 경우, 일진이 오랜 세월 동안 수없는 실험 끝에 기어코 자체 개발해서 국산화시켰다.

전해동박은 다른 말로 일렉포일Elecfoil이라고도 하는데 휴대폰, 노트북 등 배터리에 사용되는 핵심 부품이다. 전자 제품 회로기판과 반도체 사이에서 전기 신호를 오가게 하는 것으로 PCB에 쓰이는 얇은 구리박이다. 이 일렉포일을 개발하는 데 4년이 걸렸지만, 만족할 정도의 수준까지 이르는 데 15년이 걸렸다. 일렉포일은 전자 산업의 논밭이라고 일컬어질 만큼 중요한 소재였기 때문에 포기하지 않고 끝까지 매달린 것이다.

일진디스플레이는 2008년 99억 원에 불과하던 매출이 2013년 6,600억 원으로 5년 만에 60배가 넘게 증가했다. 처음에는 수익성이 없다고 하던 것을 오래 참고 기다린 끝에 결실을 얻은 것이다. 최근 매출이 주춤하기는 하지만 한국의 디스플레이 기술이 세계적인 수준이고, 일진디스플레이 역시 쉼 없이 발전하는 업체로 세계적인 경쟁력을 갖추고 있으니 곧 재도약의 기회가 올 것으로 기대한다.

고급 기술일수록 성공하기까지 시간이 오래 걸리는 것은 당연한 일이다. 나는 끝까지 기다린다는 인내심으로 일진그룹을 현재 위치까지 올려놓았다. 일진이 기술로 승리하는 데는 이런 인고忍苦의 과정이 숨어 있었다.

동반 성장의 길을 간다

유럽의 원류로 인정받는 로마가 한때 세계를 호령하면서 역사적으로 가장 거대한 국가 중의 하나로 기록될 수 있었던 것도 이민족에게 관대했기 때문이다. 로마에 복속하고, 로마법을 따르기만 한다면 이민족들에게도 동등한 기회를 주면서 함께 성장했다. 심지어 능력만 있으면 이민족 출신이 황제의 자리에 오를 수도 있었다. 5현제五賢帝 중의 하나로 빈민 구제 정책을 널리 시행했던 트라야누스 황제Traianus, 53~117 역시 에스파냐 출신의 이민족이다. 역사에 길이 남은 '모든 길은 로마로 통한다'로 대표되는 로마의 신화가 괜히 만들어진 것이 아니다. 국가든 기업이든 처음에는 다툼과 경쟁으로 시작했더라도 일정 이상 성장하게 되면, 반드시 함께 성장하는 그림을 그리고 그 길을 가야 한다.

기업 간 인수 합병인, M&A를 할 때도 마찬가지다. 특정 기업을 인수하는 것은 그 기업을 잡아먹는다고 생각해서는 안 된다. 1998년 이천전기를 인수할 때나 2008년 터치스크린 업체인 에이터치라는 업체를 인수할 때 일진은 모두 특정 업체를 소유한다는 생각이 아니라 해당 업체의 식구들과 함께 동반자가 된다는 심정으로 다가갔다. 새로운 문화에 적응하는 것이 쉬운 일이 아니라는 것을 알고 있었기 때문에 억지로 일진그룹 속으로 들어오기보다는 해당 업체의 기존 문화를 존중하면서 동반 성장하는 파트너 관계라는 심정으로 다가간 덕분에 공감을 살 수 있었다.

한편 1980년대 후반, 우리나라 기술 발전을 위해 국가적으로 보탬이 될 수 있는 좋은 기회가 와서 모교에 신소재공동연구소를 설립하게 되었다.

그전까지는 기업이 학교에 연구소를 기증하는 일이 없었는데, 서울대 총장과 이동녕 교수의 제안으로 국내에서 처음 산학 협력의 모델을 만들게 된 것이다. 1990년 7월에 서울대 신소재공동연구소 준공식을 했는데, 이후에 대기업을 비롯해 이런 일들이 우후죽순으로 생겨나기 시작했으니 그 첫 사례를 만든 것은 분명 의미 있는 일이었다.

삼성전자와 애플은 둘 다 IT 분야에서 세계적인 대기업이지만 두 회사는 가는 길이 엄연히 다르다. 매출은 삼성전자가 애플보다 많지만, 이익은 애플이 더 많다. 2017년 12월 기준으로 시가 총액을 보면 애플이 약 980조 원, 삼성전자가 약 360조가량 된다. 이렇게 보면 애플이 삼성전자보다 큰 기업이고 경영도 더 잘한다고 볼 수 있을 것이다.

하지만 국가적인 입장에서 보면 애플보다는 삼성전자가 더 나은 기업이다. 애플은 자신들이 설계만 하고 제조는 대만이나 중국 같은 외국에 맡겨버린다. 이익만 챙기고 재고 없이 오로지 전 세계에 깔린 대리점을 통해서 돈만 버는 것이다. 하지만 삼성전자는 그렇지 않다. 직원들을 계속 뽑아서 국가에 기여한다. 단순히 돈만 버는 것이 아니라 일자리를 창출하기 때문에 자국민들과 국가에 유익한 기업인 것이다. 일진의 길도 마찬가지다.

일진은 한 상품을 생산할 때, 최종 상품만 만들어서 파는 것이 아니라 가급적 그 생산 공정의 모든 설비를 갖추려고 노력한다.

그래야 여타 기업이나 외국에 의존하지 않고 독립적으로 사업을 진행할 수 있고, 국내에 많은 고용을 창출할 수 있다.

21세기는 상생相生의 시대다. 분열과 전쟁의 20세기를 거치면서 이제 인류는 협력과 상생의 길로 접어들었다. 그래서 나도 비록 치열한 경쟁을 바탕으로 하는 비즈니스 세계에 몸담고 있지만 그 속에서도 가급적 협력하고 서로가 윈윈할 수 있는 동반 성장의 길을 찾기 위해 늘 모색하고 있다.

물론 노사勞使 간을 비롯해, 일자리가 필요한 인재들이나 학계와 협력하며 함께 성장한다는 것은 두말할 나위 없는 일진의 기본 정신이다. 멀리 가려면 함께 가라는 말이 있듯이, 앞으로도 일진은 동반 성장의 길을 꾸준히 모색하고 그 길을 즐겁게 갈 것이다.

경영의 철학, 인재의 철학

내가 지금껏 기업을 경영해오면서 많은 부침을 겪었지만 어려움을 잘 극복하고 여기까지 올 수 있었던 것은 기업을 운영하는 나만의 신념과 철학이 있었기 때문이다. 그 덕분에 앞 장에서 열거한 일진의 다대한 성과들을 남길 수 있었다. 물론 표면적으로 의식한 것도 있었고, 의식하지는 못했지만 세월이 흐르면서 내면에 조금씩 자리잡은 것도 있다. 그러한 철학들을 이번 50주년 기념 서적 출간을 계기로 생각나는 것만 간추려보았다.

덧붙여서 기업가로든 직장인으로든 성공적인 사람들이 갖추고 있는 공통점이나 그렇게 되기 위해서는 꼭 필요한 미덕이 있다. 훌륭한 인재상이 되기 위한 왕도도 나름대로 이 장에서 정리해보았으니 일진의 임직원들이나 사회생활을 막 시작한 청년들이 참고로 일독하면 도움이 될 것이다.

철학이 있는 경영

나의 경영 철학은 크게 6가지로 정리할 수 있다. (1) 기술 경영, (2) 뚝심 경영, (3) 현장 경영, (4) 도전 경영, (5) 근검절약 경영, (6) 환원 경영이다. 하나씩 풀어보면 다음과 같다.

첫째, 기술 경영: 기술로 승부한다

무엇보다 기술로 승부한다는 것인데, 앞에서 많이 이야기했으므로 세부 내용으로 조금 더 들어가 보겠다. 나의 기술에 관한 원칙은 크게 3가지다.

하나, 남들이 가지 않는 길을 간다. 아무나 뛰어들 수 있는 레드오션red ocean은 나의 시장이 아니다. 누구나 만들 수 있는 수준이 낮은 기술은 일진이 추구하는 진정한 기술이 아니다.

둘, 국내 산업 발전에 도움이 되지 않는 기술은 개발하지 않는다. 아무리 정교하고 훌륭한 기술이라도 우리나라 산업 발전에 도움이 되지 않으면 연구하지 않는다.

셋, 개발하고자 마음먹은 기술은 반드시 개발한다. 한 번 개발하기로 마음먹은 기술은 절대 포기하지 않는다. 10년 이상의 연구기간에 수천 억 원의 연구 개발비를 쏟아붓게 되더라도 마다하지 않는다. 나는 과거에 개발 기간이 오래 걸려 계열사 대표가 포기하고 내보낸 기술자를 다시 불러서 끝까지 개발시킨 경험도 있다.

둘째, 뚝심 경영: 마부작침의 정신으로 경영한다

마부작침磨斧作針은 도끼를 갈아서 바늘을 만든다는 뜻으로, 아무리 어려운 일이라도 오랜 세월에 걸쳐 정성을 기울여 꾸준히 노력하면 반드시 성공할 수 있다는 뜻이다.

우리 산업계에 필요한 기술이라면 반드시 우리 힘으로 개발해서 국산화를 해야 한다고 결심했고, 이런 확신을 갖는 기술이라면 마부작침의 마음으로 작심하고 도전해왔다.

셋째, 현장 경영: 항상 현장現場이 중심이다

일선에서 일하는 직원들에게 나에게 직접 보고하라고 지시하면 입사한 지 얼마 되지 않은 직원들은 적잖이 당황하는 경우를 종종 본다. 여타 기업에서는 보기 힘든 풍경이기 때문일 것이다. 때로는 궁금한 것이 있으면 내가 직접 현장 사무실이나 연구소를 찾아가 의견을 구하기도 한다.

나는 사업 초창기부터 지금까지 현장에서 근무하는 직원, 연구진들이 최고의 인재라고 생각해왔다. 그래서 자주 프로젝트 실무 담당자들을 만나 경과보고를 듣고, 그들의 생각과 이야기를 경청한다. 이야기를 들을 때 현재에 대한 이야기도 듣지만, 앞으로 환경이 어떻게 변화할 것이고 그에 발맞춰서 우리가 어떻게 해야 할지에 관한 미래에 대한 이야기를 주로 들어보고 의견을 나눈다.

넷째, 도전 경영: 도전으로 위기를 극복한다

벼랑 끝에서 한 단계 도약해 살아남는 방법은 또 다른 도전으로 새로운 길을 개척하는 것뿐이다.

1998년 마이크로소프트MS, Microsoft Corporation가 PC 운영 체제 시장의 90% 이상을 장악하면서 최고의 주가를 올리고 있었고, 마이크로소프트의 CEO 빌 게이츠Bill Gates는 세계 최고의 부자로 연일 언론에 오르내리고 있을 때였다.

한 기자가 빌 게이츠에게 물었다.

"지금 이 순간 가장 두려워하는 장애물이 무엇입니까?"

그 질문에 대다수의 사람들은 빌 게이츠가 넷스케이프Netscape나 선마이크로시스템즈Sunmicrosystems, 오라클Oracle Corporation 같은 유수의 IT 경쟁 업체 중 하나를 말할 것이라고 생각했다.

그런데 빌 게이츠의 답변은 의외였다.

"지금도 내가 모르는 누군가가 차고에서 전혀 새로운 무엇인가를 만들고 있을까 두렵습니다."

빌 게이츠의 농담 같은 답변은 정확한 예언이 되었다. 1998년 실리콘밸리의 한 차고에서 세르게이 브린Sergey Brin과 래리 페이지Larry Page는 밤을 새워가며 무엇인가를 만들고 있었으니, 2017년 현재 마이크로소프트를 뛰어넘는 세계 최고의 IT 기업으로 추앙받는 구글Google이 설립된 해가 1998년이다. 실리콘밸리의 신화는 대개 빌 게이츠나 애플의 스티브 잡스가 그러했듯이 도전 정신을 가진 젊은이들이 차고 같은 열악한 환경에서 무엇인가 세상에 없는 새로운 것을 만들어내면서 시작되었다.

1960년대 부품 소재 산업이 황무지나 다름없던 시기에 집 앞마당을 공장삼아 사업을 시작했다는 점에서 세간에서는 나를 원조 벤처 기업가라고 부르기도 한다. 개척 정신과 도전 정신을 벤처 기업의 핵심 가치로 삼는다면 그런 평가는 즐겁게 받아들일 수 있다.

또한 그런 점에서 근래 벤처 기업인들에 대해서 한마디하려고 한다. 벤처로 기업을 일구었다면 그 기업이 지속할 수 있도록 꾸준히 노력해야 하는데, 사업이 어느 정도 궤도에 오른다 싶으면 도전을 이어 나가지 않고 제자리에서 안주하거나 심지어는 기업을 팔아서 돈만 챙기려는 작태를 심심찮게 볼 수 있다. 후배 벤처 기업인들이 사회나 자기 자신을 위해서도 초심을 잃지 말고 정진하는 모습을 보여주었으면 한다.

레드오션의 함정에 빠지지 않고 끝없이 블루오션Blue Ocean을 만들어가며 더 큰 바다를 항해하고 싶다면, 기존 기업이든 스타트업 기업이든 벤처 정신을 갖고 끝없이 도전해야 한다. 도전만이 어떤 위기도 극복하고 더 높은 곳에 이를 수 있는 지름길이다.

다섯째, 근검절약 경영: 티끌 모아 태산이다

나는 티끌 모아 태산인 사업을 하고 있다는 생각을 자주한다. 수천 명의 임직원들이 마음을 모아 몇 원씩 원가를 절감하면 몇천만 원이 되고 몇 억 원이 된다.

단돈 1원이라도 필요 없는 곳에 사용하면 사치가 되고, 1,000억 원이라도 가치 있는 곳에 사용하면 적은 금액이다.

1980년대 말 서울대에 신소재공동연구소를 건립할 때 35억 원이 들었다. 당시의 나로서는 벅찬 금액이었지만, 흔쾌히 기부한 것은 굉장히 가치 있는 일이었기 때문이다. 그래서 연구 개발에는 수천 억도 아끼지 않지만, 원가를 절감하는 데는 짠돌이라는 비난을 들어가면서 근검절약 경영을 하는 것이다.

여섯째, 환원 경영: 노력한 만큼 보상한다

노력하고 성과를 내면, 반드시 보상한다는 것이 나의 가장 중요한 경영 철학 중 하나다. 물질로든 지위로든 반드시 보상해서 성과를 통해 창출된 이익이 직원들에게 돌아갈 수 있도록 한다.

매년 창립 기념식마다 전년도에 우수한 사업 성과를 거둔 직원과 조직을 평가해 대상, 금상, 은상 등을 제정해 최고 1억 원까지 포상한다. 더불어 '일진 Star Award'상을 추가로 제정해 구매, 영업, 생산, 개발 등 각 분야에서 회사에 기여한 직원의 땀에 보답하고 있는데, 작년 한 연구원은 수억 원에 달하는 포상금을 받았다.

일진 임직원들은 이 같은 사례들을 보면서 노력하면 반드시 보상받는다는 믿음을 갖고 있기에 경쟁하고, 협력하며 가시적인 성과를 내기 위해 노력한다. 그렇게 해서 일진에 포진하고 있는 성실하고 재능이 출중한 유수한 인재들이 대기업으로 빠져나가지 않고 자신의 자리를 지키면서 회사와 함께 성장해 나가고 있는 것이다.

성공하는 인재의 비결

나의 인재에 관한 철학, 성공하는 인재의 비결은 7가지

키워드로 정리할 수 있다. (1) 학습, (2) 메모, (3) 정진, (4) 숫자, (5) 몰입, (6) 도전, (7) 능동이다. 각각 하나씩 풀어보면 이런 것이다.

첫째, 학습이다

지속적으로 학습하는 인재만이 성공할 수 있다. 단순 반복적인 일을 하는 작은 업체나 가벼운 장사는 모르겠지만 규모가 있는 기업을 하려면 공부를 계속 해야 한다. 직장인으로 성공하기 위해서도 마찬가지다. 굳이 피터 드러커Peter Drucker나 앨빈 토플러Alvin Toffler를 들지 않더라도 현대는 명백히 지식 산업 사회다. 평생 공부한다는 자세로 학습하지 않으면 급변하는 현대 사회의 신조류에 적응하지 못하고 금세 침몰하는 배와 같은 운명이 되고 말 것이다.

2016년 적지 않은 나이에도 불구하고, 서울대 공대에서 진행하는 '나노융합IP최고전략과정'과 '바이오최고경영자과정' 강의를 들었다. 4월부터 8월까지 매주 화요일과 수요일에 강의를 들었는데, 앞으로 4차 산업 혁명과 관련해 유망한 사업 분야들에 대해서 공부할 수 있는 좋은 기회였다.

강의를 듣기도 하고, 때론 강의를 하기도 한다. 내가 지금껏 일궈온 분야에서는 내가 최고 전문가이기도 하고, 새롭게 공부한 것과 연결해 외국에 나가서 강의를 하기도 하고, 같이 수업을 들었던 동료들 대상으로 강의를 하는 것이다.

이렇게 개인적으로 공부하는 것뿐 아니라 회사 차원에서도 지속적으로 학습하는 문화를 만들고 있다. 1997년부터 20년에 걸쳐서 한 달에 한 번꼴로 분야별로 가장 뛰어난 전문가들을 모셔서 계열사 사장단들과 함께 강의를 듣고 있다. 어떤 분야든 업계의 흐름에 뒤처지지 않으려면 꾸준히 학습해야 하는 것이 성공하는 인재의 가장 중요한 덕목 중의 하나다.

둘째, 메모다

미국에서 역사상 가장 위대한 사람을 뽑을 때 언제나 빠지지 않고 등장하는 인물이 토머스 에디슨Thomas Edison이다. 에디슨은 축음기, 영사기, 전구 등 1,000개가 넘는 특허를 갖고 있는 최고의 과학자이자 공학도였다. 에디슨이 많은 발명을 할 수 있었던 비결은 다름 아닌 메모에 있었다. 에디슨은 손이 닿는 곳에 항상 노트와 필기구를 갖고 있었고, 일생 3,200여 권의 메모 노트를 남겼다고 한다.

생각이라는 것은 순간 왔다가 순식간에 사라지는 것이다. 지금 무엇인가 생각을 하거나 대화를 나눌 때는 나중에도 다 기억에 남을 것 같지만 그렇지 않다. 나 역시 남들은 머리가 좋다지만 대화가 끝나고 며칠이 지나면 5% 정도나 기억에 남을까 싶다. 메모를 해서 차후에 다시 읽어보면 그 차이를 확연하게 알 수 있다.

메모는 자산이다. 대화를 할 때나 생각이 떠오를 때 기록해둔 메모를 사장단에게 전달하면 그것이 좋은 사업 아이템으로 발전하기도 하고, 문제를 해결하는 데 결정적인 역할을 하기도 한다. 따라서 훌륭한 인재가 되려면 늘 메모하는 습관을 들여야 한다.

셋째, 정진이다

현대 사회에서 경쟁은 피할 수 없다. 경쟁을 피하기 위해서 레드오션을 피해 블루오션을 찾을 수도 있을 것이다. 수요와 공급의 법칙에 의해서 수요보다 공급이 많으면 레드오션이고, 기존 시장을 탈피해 새로운 시장을 만들고 수요가 많고 공급이 적으면 흔히 블루오션이라고 한다.

하지만 스마트폰 시장의 변화 과정에서 볼 수 있듯이 블루오션이 언제까지나 블루오션일 수는 없다. 계속 분발하고 거듭 발전해서 기술력으로든 뭐든 충분한 진입장벽을 구축해놓지 않으면 블루오션도 언제든 레드오션이 될 수 있다. 경쟁에서 살아남으려면 안주할 수 없다는 것이다.

물론 사람이 기계가 아니므로 개인 차원에서야 휴식이 없을 수 없다. 재충전의 시간이 필요하겠지만 적어도 경쟁에 관한 기본 이해를 가지고 있어야 넋 놓고 있다가 일패도지一敗塗地하는 사태를 막을 수 있는 것이다. 항상 경쟁을 의식하고, 늘 앞으로 정진精進하기를 멈추지 말아야 한다.

넷째, 숫자다

시장 경제 체제인 현대 사회에서 성공하고 싶다면 늘 숫자로 말하는 습관을 들여야 한다. 1997년 말 IMF 사태가 발생했을 때, 외국의 유명한 투자가인 조지 소로스George Soros가 한국에 와서 김영삼 대통령을 만났다. 다음번에 한국을 방문했을 때는 김대중 당선자를 만났다. 소로스가 김대중 당선자를 만나고 나서 한 이야기가 바로 숫자에 대한 지적이었다. "김영삼 대통령이 우리나라는 생산도 많이 되고 이익도 많이 나니까 걱정 없다고 이야기했다. 김대중 당선자는 조금 나을 줄 알았는데 똑같이 이야기해서 실망했다"는 것이다. 두 전직 대통령의 말에는 숫자가 없었다.

이익이 많다고 하면, 그게 10억 달러인지 1,000억 달러인지 알수가 없다. 사람마다 기준이 다르므로 그저 많다는 것은 의미가 없는 말이다.

2017년 5월, 「포브스Forbes」에서 2016년 한 해 동안 세계에서 순이익이 가장 높은 기업 TOP 10을 발표했다. 10위가 삼성전자였고, 1위가 애플이었다. 2016년 삼성전자의 연간 순이익이 193억 달러(21조 6,610억 원)였고, 애플이 452억 달러(50조 6,240억 원)였다. 삼성전자도 애플도 수익이 많이 났지만 구체적인 숫자로 들어가면 수십 조라는 천문학적인 금액의 차이가 난다.

숫자는 생각을 명확하게 만든다. 성공하는 인재는 숫자로 사고하고 말하기를 즐긴다.

다섯째, 몰입이다

몰입은 주어진 일에 푹 빠져서 열심히 하는 것이다. 그렇게 몰입하면 미래가 내다보인다. 2017년 9월 외부 전문가를 초빙해서 강의를 들었는데 황농문 서울대 재료공학부 교수가 초청 강사였다. 황 교수는 서울대 공대를 졸업하고, 한국과학기술원KAIST, Korea Advanced Institute of Science and Technology에서 석사와 박사 학위를 취득했고 현재는 모교인 서울대에서 재료공학부 교수로 재직 중이다. 황

2006년 서울대학교 공과대학·한국공학한림원·매일경제신문에 의해 '한국을 일으킨 엔지니어 60인'에 선정된 허진규 회장

교수는 7년간의 연구 끝에 사람은 각종 성과를 내거나 온갖 창의적인 아이디어를 내는 데 몰입했을 때 최고의 성과를 낼 수 있다는 결론을 얻었다.

　유명한 심리학자인 미하이 칙센트미하이Mihaly Csikszentmihalyi 교수가 쓴 『몰입FLOW』이라는 책을 기억하는가. 미하이 칙센트미하이는 몰입 이론을 개발해서 세계적으로 명성을 떨쳤다. 미하이 칙센트미하이는 몰입을 자신과 시간, 환경을 잊고 무엇인가에 흠뻑 빠져서 몰두하는 상태라고 정의했다. 동양 철학에서 말해온 무아지경無我之境, 물아일체物我一體와 비슷한 상태라고 할 수 있다.

　황농문 교수는 강의에서, 몰입을 하면 우리 두뇌의 뇌파가 불안정한 베타파에서 안정된 알파파로 변한다고 했다. 알파파가 되면 우리 머리가 편안해지면서 새로운 아이디어가 떠오른다는 것이다. 또한 머리가 맑아지면서 직관이 생기고 미래가 보이는 혜안이 열린다고 했다. 베타파가 되면 정신이 산만해지고 머리가 혼탁해진다. 각종 텔레비전, 인터넷, 스마트폰 등 미디어의 홍수 속에서 복잡하고 자극이 많은 사회를 살아가는 현대인들의 두뇌는 일상적으로 베타파 상태에 있다고 할 수 있다.

그런데 몰입을 하게 되면 뇌파가 알파파로 바뀌면서 나의 머릿속부터 변화가 일어나는 것이다. 범인凡人은 알파파로 변하는데 시간이 오래 걸리는데, 인격 수양을 많이 해서 성인의 경지에 오른 사람들은 순식간에 알파파로 들어갈 수 있다고 한다.

우리 같은 평범한 사람들이 알파파로 들어가는 방법은 주어진 일을 열심히 하는 것이다. 열심히 해서 몰입의 상태가 되면 뇌파도 알파파로 변화하게 된다. 그렇게 되면 마음도 안정이 되고, 새롭고 창조적인 아이디어도 떠오르고, 자신 앞에 가로 놓인 많은 문제에 대한 답도 찾을 수 있는 것이다. 따라서 성공하는 인재가 되고 싶다면 자신의 뇌를 알파파 상태로 만들어야 하는데, 그 지름길은 바로 몰입하는 것이다.

여섯째, 도전이다

남들이 부러워할 만한 기술을 갖추려면 실패를 딛고 끝없이 도전하는 인내심이 필요하다. 기술 개발을 하다 보면 오너인 나는 더 기다려줄 수 있는데 직원들이 먼저 중도에 포기하는 경우를 종종 보게 된다. 실패한 기술도 축적이 되면 다른 분야에 응용할 수 있고, 때로는 본래 의도한 것보다 더 훌륭한 기술을 낳는 원천이 될 수 있다. 우리는 3M이 만든 포스트잇Post-it의 교훈을 잘 알고 있다. 접착력이 불량한 메모지가 세계적인 히트 상품이 될 것을 누가 알았겠는가? 실패한 기술이 큰 성공을 이룬 대표 사례다.

한 사람도 마찬가지다. 훌륭한 인재가 되려면 많이 도전해야 하고, 많이 도전하는 과정에서 실패는 불가결한 것이다.

스티브 잡스는 스탠퍼드대학에서 강연할 때 졸업을 앞둔 대학생들에게 마지막에 이렇게 말했다. "Stay Foolish!여전히 어리석어져야 한다!" 쉽게 의미를 이해하기 힘들 수도 있다. 이 말은 더 어리석어야 한다, 더 무모해져야 한다, 계속 무모한 시도를 해야 한다는 것을 강조한 것이다. 이 메시지는 내가 직원들에게 자주 강조하는 실패해야 한다는 지론과 통한다. 보다 정확하게 말하면 실패를 두려워하지 말고 끊임없이 도전하라는 말이다. 실패를 통해서 얻게 되는 것이 쉬운 성공을 통해서 얻는 것보다 더 많을 수 있기 때문이다. 성공하는 인재는 실패를 두려워하지 않고 끝없이 도전하는 사람이다.

일곱째, 능동이다

세상의 의미 있는 성공은 모두 능동에서 시작된다. 젊은이들이 흔히 좋아하는 일과 잘하는 일 중에서 무슨 일을 선택할까 고민을 많이 한다. 나는 어떤 일이든 지금 자신에게 주어진 일을 열심히 하라고 권하고 싶다.

부처님 말씀에 '수처작주 입처개진隨處作主 立處皆眞'이라는 말이 있다. 처하는 곳마다 주인공이 되면, 서 있는 곳마다 참된 진리의 자리가 된다는 말이다. 어느 자리에서든 주인처럼 일해야 한다. 그러면 그 일을 잘하게 되고, 그 일을 좋아하게 된다. 적어도 자신이 맡은 일을 잘하고 성과를 내면 자신이 하고 싶은 일도 할 수 있는 여유가 생기게 된다.

우리 회사에서 인재를 육성하고 승진시킬 때 가장 중요하게 보는 것은 능동적 태도다. 물론 처음 직원을 뽑을 때는 여러 가지 스펙을 참고하지만, 입사 이후 서류들은 창고에 넣어둔다. 그때부터는 스펙이 누가 더 좋았는지 입사 성적이 누가 더 좋았는지가 아니라 누가 더 근성을 가지고 능동적으로 일하는가에 기준을 두고 평가한다.

능동이란 누군가 시켜서 하는 것이 아니라 스스로 알아서 하는 것이다. 능동에는 주인 정신과 적극성이 함께 깃들어 있다. 자기 삶에 주인공이 되어 적극적으로 일하는 것이 바로 능동이다. 개개인의 능동적인 태도는 개인의 발전은 물론이고, 자신이 속한 회사와 국가 발전의 원동력이 된다. 어떤 자리에서든 주인공이 되어 능동적으로 일하는 사람은 언제나 성공의 꽃길을 걸을 수 있는 훌륭한 인재인 셈이다.

국가의 미래, 일진의 미래

　우리나라가 2017년 기준 2만 9,730달러의 1인당 국민 소득GNI 풍요를 이룬 것은 실로 반만년 역사 이래 처음이다. 과거 산업화 시대에 우리나라가 열심히 성장할 때는 두려움이 없었다. 자고 일어나면 못 보던 새로운 상품이 시장에 나오고, 새로운 건물이 올라가면서 발전하는 것이 눈에 보였기 때문이다. 힘들어도 서로 응원하며 함께하는 문화가 있었다. 그런데 지금은 겁이 난다.

　우리의 1차적인 경쟁 상대는 아시아의 일본과 중국이다. 만드는 것도 비슷하고 수출하는 품목도 비슷하다. 열심히 따라갔지만 일본은 여전히 강대국의 지위를 유지하며 경제력이나 기술력 측면에서 우리보다 여전히 앞서 있고, 중국은 무서운 기세로 쫓아와 곧 우리나라를 추월할 것 같다. 휴대 전화든 반도체든 돈이 되는 것은 뭐든 만든다.

중국의 지도자들은 공과대학 출신들이 많아서 어떤 제품을 만들어야 할지 필요한 것들을 기막히게 알아내고 생산한다. 물론 경제 규모 면에서는 미국과 양대 산맥을 이루는 G2 국가로, 이미 우리나라와 비교도 되지 않는 초강대국이 되었다. 일본은 아베 신조安倍晉三를 중심으로, 중국은 시진핑習近平을 중심으로 단단하게 뭉쳐서 경쟁력이 강화되고 있다.

기업이든 국가든 차별화된 경쟁력을 갖춰야 하는데, 지금은 우리나라가 약간 정체되는 것이 아닌가라는 우려가 생긴다. 우리나라 사람들은 어느 정도 성장하면 마음을 놓는 경향이 있다. 1997년 IMF 사태도 그렇게 해서 일어난 것이 아닌가? 국민 소득 1만 달러 시대에 접어들었다고, 경제협력개발기구OECD에 가입했다고 벌써 선진국이라도 된 것마냥 샴페인을 일찍 터뜨린 바람에 하루아침에 국민 소득이 반토막이 났다. 그 당시 벌어졌던 서민들의 비극은 일일이 열거하기도 어렵다. 그게 불과 20년 전의 일이다.

계속해서 발전하지 않으면 안 된다. 내가 열심히 해도 상대방보다 더 열심히 하지 않으면 뒤처지는 것이 현대 자본주의 사회다. 각종 스포츠 용품이나 전자 제품은 물론이고 쉴 때 어울려 마시는 주류까지 당장 내 주위만 둘러봐도 우리나라 제품보다 좋은 일본산 물건들이 범람하고 있다. 좀 더 정신을 차리고 내실을 다져야 한다. 마음 놓고 여유 부리면 금세 추월당한다. 2017년 우리 회사의 슬로건인 '부진즉퇴不進則退'란 바로 그런 의미에서 만든 것이다. 국가와 기업, 자기 자신의 보다 더 나은 미래를 위해서 정체하지 말고 분발하자는 의미다.

어떻게 경쟁력을 갖출 것인가

한 나라가 경쟁력을 갖추고 잘되려면 각계각층에서 자기가 맡은 임무를 충실히 하는 것밖에 없다. 남의 일에 너무 관심 갖지 말고 기업인, 정치인, 학생들이 각자 자기 자신의 본분에 충실하는 것이 가장 중요하다.

우리 회사도 마찬가지다. 앞으로도 특별하게 직원들에게 바라는 것은 없다. 각자의 자리에서 열심히 하면 된다. 구매면 구매, 판매면 판매, 생산, 관리, 개발, 홍보 등 각자 자리에서 맡은 일을 능동적으로 열심히 하면 분명 잘될 것이라고 확신한다.

그러려면 무엇보다 자신이 하고 있는 일에 대해서 애정을 가져야 한다. 여러분은 스트레스를 받을 때 어떻게 푸는가? 음악을 듣거나, 운동을 할 수 있고, 텔레비전을 보거나 술을 마시는 사람도 있을 것이다. 좀 특이하게 느껴질지도 모르겠지만 스트레스를 일로 푸는 사람도 있다. 그만큼 자신의 일을 사랑하기 때문이다.

나는 가벼운 스트레스가 쌓이면 골프로 푼다. 하지만 마음이 답답하고 힘들 때는 공장을 간다. 2~3년 전만 해도 한 달에 한 번은 꼭 대전에 갔다. 대전에 KAIST도 있고, 연구소도 많고, 근처 충북 음성의 다이아몬드 공장을 비롯해 일진의 여러 공장들이 다수 포진해 있기 때문이다. 그곳을 차례차례 돌면서 현장에서 고생하는 직원들을 격려하고, 같이 곰탕 한 그릇 먹으면서 대화도 나눈다. 그렇게 현장 직원들의 생명력 있고, 활기찬 모습을 보고 나면 먹구름이 낀 듯했던 머리가 깨끗해지고 새로운 활력이

솟아난다.

　요지는 자신의 미래를 위해서라도 지금 당장 편하고 재밌어 보이는 일만 찾으려 하지 말고, 지금 나에게 주어진 일을 사랑하고, 충실하게 하는 것이 인생을 여유 있고 즐겁게 사는 비결이라는 것이다. 개인이 그렇게 하면 기업과 국가의 경쟁력은 자연스럽게 갖춰지게 된다.

한국 과학 기술의 발전을 위해

　광주과학기술원GIST, Gwangju Institute of Science and Technology 이사장으로 있을 때, 학술 교류 협정을 맺었던 캘리포니아공과대학 Caltech, California Institute of Technology을 다녀온 적이 있다. 그곳에서 많은 인재들이 좋은 환경에서 독창적이고 훌륭한 주제에 깊이 천착해서 장기간에 걸쳐 연구하는 것을 보고 깊은 감흥을 받았다.

　한국으로 돌아와 우리 학계에서도 이런 풍토가 자리잡으면 얼마나 좋을까라는 생각을 했다. 우리나라 교수나 연구원들은 주제를 자주 바꾸는 경향이 있다. 연구비를 계속 지원받기 위해서 혹은 정권이 바뀌면서 등등 여러 이유로 오랫동안 한 주제를 깊이 있게 연구하지 못해 제대로 된 성과가 나오기 힘든 것이다.

　칼텍은 교수가 250명 정도밖에 되지 않지만 노벨상 수상자는 30명 넘게 배출했다. 우리나라도 노벨상을 타고 싶다면, 연구진들이 한 우물을 파야 한다. 일본이나 독일처럼 한 정권이 오랫동안 장기 플랜으로 지원하는 시스템이 불가능하다면 미국처럼 의회 정치를 발전시켜서 정권이 바뀌더라도 독립적인 산업 플랜을 바탕으로 장기적으로 연구하고 개발하는 환경이 조성되어야 한다. 그래야 우리나라가 과학 기술도 더 발전하고, 지금보다 한 단계 더 도약해 선진국 수준에 이를 수 있을 것이다.

한편, 기술력을 중심으로 하는 제조업은 여타 산업의 뿌리와 같다. 모든 산업의 근간이며 기둥에 해당하는 업종이다. 그중에서도 부품 소재 산업은 특히 그렇다. 과학도 기초 과학이 튼튼해야 하는 것처럼 근래에 IT, BT를 비롯한 여러 신사업이 주목받고 있더라도 제조업의 중요성은 조금도 줄어들지 않는다. 앞서도 말했듯이 우리 회사에서 생산하는 PCB용 전해동박만 해도 각종 IT 제품, 전자 제품에 반드시 들어간다. 금융업, 유통업 등 비즈니스 업계에서 중요하지 않은 업종이 없겠지만 제조업은 그런 여타 산업들의 골격이 되는 중요한 업종이다. 우리가 선진국으로 발전하려면 반드시 제조업을 적극 지원해야 하며, 일진을 이끌어 나갈 임직원들도 부디 자긍심을 갖고 일하기를 바란다.

내가 꿈꾸는 조국의 미래

장기적인 시각에서 나는 우리나라가 일본보다 앞설 수 있는 잠재력을 가지고 있다고 생각한다. 일본은 우리보다 앞서 산업이 발전하기도 했고, 몇 대가 가업을 이어가며 한 분야에 몰두하는 장인 정신이 오랜 전통으로 자리잡고 있다. 특정 분야별로 마니아들이 많은 나라가 일본이다. 현재로서는 그런 문화를 기반으로 기술력이 앞선 측면은 인정해야 한다.

하지만 우리나라가 일본보다 강점이 많다. 먼저 일본에 비해서 덜 경직되어 있고, 훨씬 개혁적인 면모를 갖추고 있다. 독창성과 창의력 또한 뛰어나다. '다이내믹 코리아'라는 말에는 그런 한국인들만의 잠재력과 가치가 녹아 있다. 수많은 갈등과 우여곡절이 있었고 지금도 상존하지만, 대한민국은 소위 '한강의 기적'이라는 산업화와 민주화를 동시에 이뤄낸 나라다.

전쟁으로 폐허가 되어서 외국의 지식인들로부터 아무런 희망도 발견할 수 없다고 평가받던 1950년대에서 불과 반세기 만에 국민소득이 3만 달러에 달하는 나라가 되었다. 원조를 받던 나라에서 원조를 하는 나라로 바뀌었다. 우리 세대는 특히 그 반세기 동안 상전벽해桑田碧海를 이룬 대한민국의 놀라운 역사를 몸소 체험했기에 누구보다 잘 알고 있다. 일진의 50년사가 바로 그 대한민국의 역사와 함께하지 않았는가. 이렇게 역량 있는 대한민국 국민과 미래 세대들이 한국인의 강점인 역동성, 독창성, 창조성을 바탕으로 각자의 자리에서 열정을 불사른다면, 앞으로도 더 훌륭한 대한민국이 만들어질 것이라고 믿는다.

다만 한 가지 더 바라는 것이 있다면 '통일'이다. 통일에 대해 특히 젊은층에서 부정적인 시각이 많지만 나는 통일이 되면 우리나라가 영토, 인구, 경제 규모 등 모든 면에서 지금보다 더 크고 강력한 나라가 될 것이라고 생각한다. 가깝고도 먼 나라, 우리와 가장 직접적인 경쟁 관계에 놓여 있는 일본을 생각해보자. 우리나라 사람들은 일본을 왜국(倭國)이라고 비하하는 경향이 있다. 전 세계에서 유일하게 일본을 우습게 보는 사람들이 한국인이라고 한다.

객관적인 시각으로 살펴보았을 때, 일본은 큰 나라다. 단지 경제 규모나 국민 소득만 놓고 말하는 것이 아니다. 일본은 최남단 오키나와에서 홋카이도까지 사계절이 있는 나라다. 영토가 남북한을 합친 한반도보다 1.7배가 크고, 인구는 1억 3,000만 명으로 남북한 인구를 합친 것의 2배에 가깝다. 한 나라가 자가 발전할 수 있으려면 인구가 1억 명은 되어야 한다. 내수가 뒷받침이 되기 때문에 독립적이고 안정적으로 국가를 운영할 수 있고, 산업계에서도 다양한 제품들을 만들어내고 새로운 시도를 할 수 있다.

세계 최빈국으로 고통받는 동포들을 위해서, 그리고 한반도의 번영을 위해서 하루빨리 통일이 되었으면 하는 바람을 갖고 있는 것이 단지 나이 든 한 기업가의 개인적인 노욕(老慾)만은 아닐 것이다. 굳이 애국심에 호소하지 않더라도 한민족과 한반도의 장기적인 생존과 발전 전략으로 통일은 반드시 거쳐야 할 관문이라고 생각하며, 정재계의 지도자들을 비롯한 한국인들 전체가 합심하고 역량을 집중해서 통일 한국을 철저히 준비하고 만들어 나가야 한다. 그것이 세대를 넘어 우리에게 남겨진 최고의 숙제다.

일진의 미래를 위해

50주년이 되어서 이 책을 내놓게 되었지만 나는 아직 흡족하지 않다. 50년의 세월을 거치면서 집 앞마당에 작은 흑연 도가니를 놓고 시작한 회사가, 2조 원의 매출을 올리는 회사가 되었다. 부품 소재 기업으로 2조 원의 매출을 올리는 것은 쉽지 않은 일이다. 하지만 한일 월드컵 때 히딩크Guus Hiddink 감독이 그랬던 것처럼 나는 아직 목마르다.

나는 폭발하기 직전 땅 밑을 흐르는 용암처럼 끓어오르는 일진의 잠재력을 잘 알고 있다. 장기 관점에서 여러 사업 분야를 오랫동안 조금씩 키워왔기 때문에 누구보다 잘 아는 것이다. 앞으로 2년 뒤인 2020년, 내 나이 만으로 80이 되었을 때 매출이 지금보다 5배는 되고 순이익이 10배쯤 되면 52주년 기념식을 제대로 한번 했으면 하는 바람이 있다. 물론 이상적인 목표일 수 있겠으나 이런 경쟁심과 승부사적인 기질이 대한민국이 기술 강국의 여정을 걷는 데 일조하고, 많은 고용을 창출하는 내실과 규모를 모두 갖춘 일진을 만들어냈음을 잘 알고 있기 때문이다.

앞으로 일진이 미래 성장 동력으로 생각하는 사업 분야는 크게 바이오와 전자 분야가 있다.

바이오 사업은 1989년부터 미국에 회사를 설립해서 진행하고 있다. 20대의 젊은 하버드대학 교수가 뼈를 재생하는 사업을 하고 싶다고 해서 당시에 100만 달러라는 거금을 과감하게 투자했던 것이 시초였다. 보스턴에 회사를 설립했고, 유능한 하버드 학

2008년 '대한민국 기술대상 금탑산업훈장'을 수상한 허진규 회장

생들이 그 사업에 많이 참여했다. 몇 백만 달러를 투자한 끝에 20개 넘는 의료 기술이 미국식품의약국FDA, Food and Drug Administration 승인을 받았고, 후에 2억 달러 정도에 매각해서 큰 이익을 거둔 바가 있다. 지금도 미국 보스턴에 바이오 회사, 본사가 있고, 매년 성장 일로에 있다.

　바이오 사업 중에서 일진이 주력하고 있는 사업에 대해 한 가지 예를 들면 제약 사업 분야가 있다. 일진에스앤티는 캐나다에 위치한 자회사 오리니아Aurinia를 통해 FDA로부터 2017년 3월, 난치병인 루푸스 치료제 임상 3상 허가를 받아서 현재 진행 중에 있다. 임상 2상의 실험 결과가 워낙 좋아서 FDA에서 그전에는 미국과 유럽 두 곳에서 3상 실험을 진행하라고 했는데, 지금은 한

곳에서만 해도 좋다고 재승인을 냈을 정도다. 2019년 말에 3상 실험이 완료되어 본격적으로 약이 시판되면 일진이 진행하는 바이오 사업의 주요한 축이 될 것으로 기대한다.

전자 분야 중에서는 특히 전자 재료 부문에 일진이 더 주력해야 한다. 예를 들면 일렉포일 같은 전자 재료는 텔레비전, 자동차 등등 주요한 전자 제품, 전자 산업에 사용되지 않는 곳이 없다. 이러한 전자 재료 기술을 앞으로 더욱 고도화시켜서 더 다양한 상품들을 생산해낼 수 있을 것이다. 이 전자 재료 부분이 일진의 전통적인 강점이기도 하고, 앞으로 유망하기 때문에 미래에 더욱 집중해야 할 분야이다. 물론 일진이 한 단계 더 도약하기 위해서는 과거 삼성이 반도체 산업을 시작해서 우리나라에 새로운 먹거리를 창출했던 것처럼 완전히 새로운 아이템에 관심을 갖고 과감하게 도전을 해봐야 한다고 생각한다.

나아가 지금까지는 일진이 자체 기술력 개발에만 연연하는 경향이 있었는데 이제 필요하다면 과감하게 인수 합병M&A, Mergers & Acquisitions을 하고 필요한 기술을 사와서 우리의 기술력과 결합해 더 고도화된 기술을 좀 더 빨리 개발하고 싶은 욕심이 있다.

기술 개발에 대한 전반적인 마인드도 조금씩 새로운 시대에 맞게 수정해 나가고 있다. 지금은 교통과 웹 같은 정보 통신 기술ICT, Information & Communication Technology의 발전으로 지구촌이 하나가 되었다. 나라 모양도 제대로 갖추지 못했던 한국도 세계 10위의 경제 규모를 갖춘 국가가 되었다. 그래서 일진도 이제 세계를 무대로 기술을 개발하려고 한다. 국가가 경쟁력을 갖추는 것을 넘어서 세계가 필요로 하는, 지구촌이 필요로 하는 기술을 개발하겠다는 것이다.

이제 1960년대와 1970년대 방식으로는 사업을 할 수 없다. 국가 간의 거리가 현저하게 짧아졌다. 전 세계 어느 기업이든 우리의 경쟁자가 될 수 있고, 협력자가 될 수 있는 글로벌한 기준으로 판단하고 사업을 진행해야 한다. 선진국 입장에서는 일진이 변방의 작은 기업으로 보일지 모르겠지만 세계적인 기업 GE와의 전쟁에서도 한발 물러섬 없이 싸워 이긴 일진이다. 일진은 앞으로도 당당하게 21세기에 발맞춰 세계적인 기업으로 반드시 도약할 것이다.

나에게 얼마의 시간이 남았는지는 오직 신만이 알고 있을 것이다. 나의 작은 바람은 그런 것이다. 마지막까지 치열하게 일진을 끌고 가다 다음 세대에 바통을 넘겨주고 내가 세상을 떠났을 때, 후대의 사람들이 "공학도 출신의 허진규라는 한 기업가가 있었다. 공학 기술을 바탕으로 이 세상에서 꼭 필요한 일들을 많이 하고 간 좋은 기업가였어"라고 기억하기를 바란다.

나의 사랑하는 사람들

나는 군인 신분이었을 때 결혼을 했다. 2년 중 1년간의 군 생활을 마쳤을 때였다. 어느 날 어머니가 고향으로 급하게 내려오라고 하셨는데 분위기가 이상했다. 내가 막내고 어머니도 연세가 많으셨으니까 오매불망, 나를 장가보내는 것이 어머니의 숙원이었다. 그래야만 당신께서 숙제를 끝마친다는 생각이 강하셨던 것이다.

그때까지만 해도 학자가 될 생각이어서 어머니께 결혼을 해도 유학을 간다는 다짐을 받고 결혼하겠다고 했던 것으로 기억한다. 당시만 해도 집안끼리 결혼하던 풍습이 강할 때였기 때문에 아내가 워낙 반듯한 집안 출신이니 어머니 입장에서는 어떻게든 아내를 놓치고 싶지 않았을 것이다. 그렇게 결혼을 해서 1년간 고향에서 아내가 시집 생활을 했고, 그 후로는 서울로 올라와 독립해서 함께 살았다.

강력한 야당, 아내

　　결혼 몇 년 후 당시 통행금지가 있을 때였다. 일을 마치고 저녁 늦게 영등포에 있는 집에 가서 문을 두드렸다. 그런데 아무리 문을 두드려도 사람이 나오지 않았다. 하는 수 없이 통행금지 시간이 임박해서 문을 열라고 크게 소리를 쳤다. 몇 번 소리를 치니 문은 열리지 않고 옆집 아주머니가 나와 오늘 이사 갔다고 했다. 그날은 우리 집이 영등포에서 마포구 합정동으로 이사를 가는 날이었다. 그날 낮에 이사 간다는 소리를 들었는데 일에만 푹 빠져 있다가 잊어버린 것이다. 다행히 집이 비어 있어서 그날은 빈집에서 혼자 잠을 잤던 기억이 난다.

　　어느 날 아내가 우리 집에 무슨 변화가 없느냐고 물었다. 모르겠다고 하니까 커튼을 바꿨다면서 눈총을 보냈다. 또 어느 날 아내의 옷이 좋아 보여서 어디서 샀냐고 물었더니 아내는 기막히다는 표정을 지으며 이 옷을 입은 지 5년이 지났다고 말해 민망했던 기억도 있다.

　　이처럼 젊었을 때는 다른 것은 돌아볼 겨를도 없이, 오로지 일만 했다. 아내 입장에서는 집 안 사정에 무심한 내가 때때로 서운하기도 했을 것이다. 내가 그렇게 일에만 빠져 있던 시절 자녀들을 교육시킨 것은 전적으로 아내의 몫이었고, 그런 점에서 아내에게 감사한다.

　　그래도 집에 들어가서는 일 생각은 하지 않으려고 노력했다. 회사와 집을 철저하게 구분해 회사 일을 집 안에 끌어들이지 않았

든든한 버팀목이 되어준 가족들

고, 일 이야기는 집에서 하지 않았다. 가정은 휴식 공간이니 나에게도 충분히 재충전하는 시간이 필요했고, 가족들에게도 회사일로 걱정을 끼치고 싶지 않았기 때문이다.

우스갯소리로 친구들에게 가끔 말하지만, 지금의 아내는 나에게 강력한 야당이다. 아내는 나에게 무엇이든 잘한다는 소리를 거의 하지 않는다. 구부정하게 앉아 있으면 반듯하게 앉으라 하고, 거칠게 말하면 좀 부드럽게 말하라고 잔소리한다. 그러면 나는 또 당신 눈에는 그런 것만 보이냐고 불평을 해보기도 한다.

생물학적으로 남자는 여자의 지적을 받고 살아야 한다고 하니 이제는 그저 그러려니 할 뿐이다. 한편으로 그렇게 뭐든 잘하려고 야당 역할을 해주는 아내가 있었기에 우리 가족들이 지금껏 무탈하게 잘 지내고 있다는 생각이다.

어쩌면 아내 입장에서는 내가 여든을 바라보는 나이에도 일을 붙들고 있는 것이 불만일지도 모르겠다. 하지만 아직도 나의 정신과 열정은 20대 청춘처럼 펄펄 살아 있기에 일을 그만두고 유유자적하기는 힘들 것 같다. 지난 시절 고생을 많이 했고, 앞으로도 더 바랄 것 없이 지금 같은 모습으로만 남은 여정을 함께하길 바란다.

나를 행복하게 하는 가족들

자녀들에 대해 이야기하자면 딸들을 어릴 때 참 예뻐했

고 지금도 착한 성품으로 잘 자라줘서 고맙게 생각한다. 나 자신이 남자 형제들만 있는 집에서 자라서 더욱 그랬던 것 같다. 그에 비해 상대적으로 두 아들에게 무심하거나 다소 엄격했다는 생각이다.

지금 가업을 이어받은 두 아들에게 말은 하지 않았지만 조금 미안한 마음도 없지 않다. 여러 산업 직군 중에서 제조업이 쉽지 않은 분야이기 때문이다. 하지만 앞에서도 이야기했듯이 제조업은 산업 중에서 곡식에 해당하는 분야이니 그 가치와 중요성은 세월이 흘러도 변하지 않을 것이다.

자긍심을 가지기를 바라고, 지금까지 잘하고 있지만 주마가편走馬加鞭하는 의미에서 한마디하면 경쟁심을 갖고 조금 더 분발하라는 것이다. 조선 시대처럼 농사만 짓던 시절에는 이렇게 경쟁하지 않았다. 선진국으로 갈수록 경쟁은 더 치열하다는 것을 알아야 한다. 다시 한 번 '부진즉퇴不進則退'의 마음으로 매일 더 나아갈 생각을 해야 한다. 그렇게 할 수 있다면 좋은 학교에서 경영학도 전공했고, 자연스럽게 아버지에게 배운 것도 많이 있을 테니 앞으로 일진을 잘 이끌어갈 수 있을 것이라고 믿는다.

요즘 나를 가장 행복하게 하는 일 중의 하나가 손주들을 보는 일이다. 외국에서 생활해 자주 볼 수는 없지만 가끔 만나더라도 손자, 손녀들의 존재가 내 인생의 가장 큰 기쁨이다.

첫 손자는 보스턴에서 태어나 한국에 돌아와 고등학교까지 다녔고 미국 대학에 입학했다. 첫 손녀는 외손녀인데 뉴욕주 로체스터에 살고 있다. 손녀는 컬럼비아대학을 졸업하고 뉴욕의 한 투자회사를 다니고 있다. 손녀가 어렸을 적 나를 향해 달려오면서 '할

아버지'라고 부르는데 솔직히 그때는 내가 벌써 할아버지가 되었구나 하고 조금 충격을 받았다. 하지만 내가 할아버지가 되었다는 슬픔보다 손주들이 잘 성장해가는 모습을 보는 것이 더 행복하다.

무엇보다 내 인생의 마지막까지 나와 치열한 삶의 길을 함께 걸어갈 사람들, 내가 사랑하는 사람들로 나에게 언제나 새로운 활력을 불어 넣어주는 일진의 임직원들을 빼놓아서는 안 될 것이다. 아침 출근길에 만나면 나는 웃으면서 주먹을 쥐고 팔을 휘두르며 파이팅을 외치기도 하고, "어이 오늘 날씨 선선하니 좋지?" 하고 인사를 건네기도 한다. 직원들과 웃으면서 인사를 나누는 것이 내 일상의 소소한 행복이고, 그들과 함께 회사가 커가는 모습을 보는 것이 나의 가장 큰 보람이다. 가족이나 다름없는 그들에게도 변함없는 신뢰와 감사의 뜻을 전하고 싶다.

소중한 길벗, 김황식 총리에게

끝으로 이 책을 기획하고 이 책의 처음부터 마지막까지 전 과정을 관리하며 음으로 양으로 힘을 써준 김황식 총리에게 감사를 전하고 싶다.

나에게는 처남인 김황식 총리는 훌륭한 집안에서 자라나 본바탕이 성실하고 남을 잘 돕는 양반이다. 나에게 처갓집에 해당하는 김황식 총리의 가문은 한국의 명문가로 언론에 오른 적이 있을 정도다.

내가 결혼했을 때 김황식 총리는 중학생이었다. 그렇게 어린 시절 내가 본가에 있을 때부터 김황식 총리는 나를 좋아했고 많이 따랐다. 그리고 대학생이 되어서 서울로 유학을 왔을 때는 방을 하나 내줘서 함께 생활하기도 했다.

가족들 입장에서는 김황식 총리가 법조인으로 한길을 걸어 대법원장으로 자신의 직을 마무리하기를 바랐다. 하지만 김황식 총리에 대한 국가적인 요구가 있었고, 김황식 총리 역시 그것을 받아들이기로 해, 나 역시 종국에는 허락하게 되었다.

MB 정권에서 감사원장이나 총리가 인사 청문회를 통과해야 국정을 수행하는 데 무리가 없을 것인데 혹독한 청문 절차를 통과할 수 있는 사람을 찾기 어려웠다. 그랬기 때문에 일면식도 없지만 청렴한 삶을 살아온 김황식 총리를 선택한 것이다.

그가 총리가 되자 여러 가지 임무를 수행하기 위해 다양한 의상을 입어야 하는데 단벌 신사여서 가족들이 옷을 사줘야 할 정도였다. 또한 과거에도 그렇고 지금도 보면 김황식 총리 주위에는 그를 싫어하는 사람을 찾을 수가 없다. 누구와도 다 잘 지내고, 그를 비난하는 사람이 없는 것이다.

이렇게 김황식 총리는 원만하고 정갈한 삶을 살아온 것뿐 아니라 어린 시절부터 다양한 분야에 관심이 많았고, 문예에도 탁월한 재능이 있었다. 흘러간 옛 노래를 잘 불러 함께하는 사람들을 유쾌하게 하기도 했고, 특히 글솜씨가 좋았다.

김황식 총리의 누님인 김필식 총장이 광주에서 대학 총장을 하고 있을 때, 김 총리가 광주지법원장으로 부임한 적이 있다. 김 총리는 신언서판이 뛰어나 그의 판결문이 서울대 법대 교재로 사용될 정도였다. 당시 광주 지방 판사들에게 매주 1편씩 글을 써서 보내줬다고 한다. 자신이 느낀 점이나 인생에 교훈이 될 만한 글들을 정리해 이메일로 보내줬는데, 그 글들이 광주의 판사들에게 많은 감흥을 주었다고 한다. 그런 글들이 나중에는 『연필로 쓴 페이스북, 芝山通信』이라는 책으로 엮어져 나오기도 했다.

나 역시 그 책을 재미있게 읽었는데 처남에게 자극을 받은 것도 있고 해서, 기회가 되면 나 또한 주기적으로 직원들에게 글로 메시지를 전하고자 한다. 지금껏 생각날 때마다 말로 해왔는데 그러다 보니 중복되는 내용도 많고, 기록으로 남기지 않으니 흔적도 없이 사라지고 말았기 때문이다.

소중한 처남이자 내 삶의 길벗이기도 한 김황식 총리가 없었다면 이 책은 나오지 못했을 것이다. 언제나 성실하고 선한 성품으로 좋은 자극이 되어주는 그에게 마음으로 깊이 감사를 전하면서 이 글을 마치고자 한다.

2부

내가 만난 허진규 회장

남들이 가지 않는 길 가운데서
미래를 내다보는 개척자

이상희_前 과학기술처 장관

●

"허진규 회장이 한국 과학 기술 발전에 남긴 업적은 초창기 한국 과학 기술 법률을 제정하는 데 큰 기여를 했을 정도로 괄목할 일들이다. 남들이 가지 않는 거친 불모지에서 미래를 내다보는 선구안을 지닌 과학계의 개척자 허진규. 그의 이름은 단순한 그룹의 오너를 떠나 후대까지 한국 과학사에 오래도록 회자될 것이다."

과학 기술 법률 제정을 통한 첫 인연

허진규 회장과 처음 인연을 맺은 것은 1987년경의 일이다. 당시 국회의원이던 나는 여러 가지 법률 제정을 놓고 관련 산업계의 주요 인사들을 만나 조언을 구하고 있었다. 특히 당시 대체에너지개발촉진법, 항공우주산업개발촉진법, 해양개발기본법 등 산업과 관련한 과학 기술의 중요한 법률들을 대거 제정하던 시기였는데, 이 중 항공우주산업개발촉진법 같은 경우는 일진의 사업과 연관성이 깊어 이에 관한 산업 현장의 이야기를 듣기 위해 허 회장과 첫 만남을 가지게 됐다. 이후에도 허 회장과는 국내 과학 기술력 향상이라는 테두리 안에서 동반자로 함께해왔는데, 2001년 내가 한국발명진흥회 회장을 한 후 후임 회장을 맡았으며, 2009년 내가 국립과천과학관 관장을 할 때 후원회장으로서 도움을 아끼지 않았다.

30여 년간 이어온 허 회장과의 긴 인연 중에서도 가장 기억에 남는 일이라면 KAIST 학생들과 함께 일진 본사를 방문했을 때를 꼽을 수 있다. 당시 대한변리사회 회장이던 나는 KAIST 학생들을 대상으로 국제 특허 관계를 특강하고 있었는데, 그 수업 내용 중 주요 주제가 바로 세계적인 기업인 GE와 일진그룹이 벌인 공업용 다이아몬드 분쟁이었다. 국제 특허 관련 법규가 아직 국내에 정착되지 않았던 시기에 벌어진 이 싸움은 이후 법률 제정을 위한 첫 단추가 될 정도로 주요한 사안이었던 만큼 국제 특허 관계 강의에서는 반드시 다뤄지는 주제이기도 하다. 절대 약자였던 일진이 초대형 그룹인 GE와 맞서 승기를 잡기까지, 이 분쟁은 특허 관계뿐 아니라 무질서했던 세계 시장 경제에 경고등을 켜며 전 세계인들의 이목을 집중시킨 사건이었다. 나는 학생들이 당시의 사건을 면밀하고 생생하게 들을 수 있도록 일진에 학생들의 견학을 부탁했고, 워낙에 인재 양성에 관해 열의가 높은 것으로 알려진 허 회장은 이를 선뜻 받아들였다. 바쁜 일정에도 견학 당일 직접 현장에 나와 일일이 학생들을 환대하고 식사까지 챙겼을 정도니 후학들에 대한 그 애정이 어느 정도였는지 짐작이 될 것이다.

허 회장이 이와 같이 후학들에 쏟는 각별함은 단순한 기업가를 떠나 본인 스스로가 공학도로서 갖는 소명 의식이 크기 때문이다. 일진의 성장사는 여느 기업과 달리 국내 과학 기술 증진의 성장사와 그 맥을 같이하고 있다. 배전용 금구류부터 알루미늄 섀시, 공업용 다이아몬드, PCB용 전해동박, 통신용 케이블을 비롯해 통신 장비, 전력 케이블 및 광케이블, LCD 패널, 5파장 백색 LED까지…. 1968년 일진이라는 이름으로 사업을 처음 시작한 허 회장은 당시 수입에만 의존하던 한국 과학 기술력의 미비함에 공학도로서 자괴감을 느끼고 직접 사업에 뛰어들어 50여 년간 끊임없이 기술력의 국산화를 위해 개발하고 투자를 게을리하지 않았다. 사업가이기 이전에 본인 스스로가 과학도로서 지닌 이러한 국내 과학 기술 증진의 가치관은 오늘날 한국이 세계적인 수준에 이르는 토대가 되었으며, 이는 한국의 과학사에서도 주요하게 다뤄야 할 대목이기도 하다.

미래를 내다본 벤처 정신

허진규 회장의 끊임없는 도전과 성공을 이어온 가장 원천적인 힘은 바로 벤처 정신이다. 특히 요즘처럼 청년 실업이 문제가 되고 있는 상황에서 10평 남짓의 노량진 집 앞마당부터 시작해 오늘날 재계 50위권에 오른 일진그룹의 성장사가 시사하는 바는 무척이나 크다. 허 회장은 창업 초기부터 시작해 쉬운 길보다는 남들이 좀처럼 가지 않는 거친 길 위에서 줄기차게 도전을 멈추지 않아왔다. 숱한 어려움과 위기가 있었으나, 성공이라는 단어는 그 과정을 포기하지 않고 이겨내는 과정에서 비로소 그 결실의 열매를 피워내기 마련이다. 성공을 향한 길은 우리가 생각하는 것보다 훨씬 더 험난하고 거칠다. 아찔한 절벽에서 태풍을 맞서야 하는 상상 이상의 고통이 뒤따르기도 한다. 하지만 그 거친 풍난의 세기를 뚫고 중심의 눈 속에 들어가면 고요한 상태가 되며, 뒤따르는 세기의 풍난은 가볍게 이겨낼 정도로 내성이 갖춰진다. 벤처 정신이라 함은 거친 풍난을 이겨내고 그 누구도 범접할 수 없는 자체적인 힘을 기르는 것을 의미한다. 그리고 이것이 오늘날 일진이 불모지나 다름이 없었던 한국 기술력의 국산화라는 강한 내성의 힘을 길러내고 걸어온 길이다.

물론 여기에는 장기적인 안목을 가지고 사업가로서 미래를 내다보는 안목도 필요하다. 허 회장의 장점이자 강점은 바로 이러한 앞을 내다보는 탁월한 통찰력을 지녔다는 점이다. 일진이 발전해오면서 기술 개발에 도전해 성공한 영역들을 보면 대부분이 우리나라 산업 발전 과정에 있어 없어서는 안 되는 기간산업이자 당대의 미래 산업 부문이었다. 전력용 송배전 부품을 시작으로 공업용 인조 다이아몬드, 광통신을 비롯한 통신용 케이블, PCB용 부품, 탄소용 나노튜브 등 일진이 개발한 제품은 하나같이 시대를 내다보고 사업화해 성공한 제품들이다. 이처럼 한 나라 산업의 근간이 될 분야를 미리 내다보고 남들이 생각하지 못할 때 기술을 개발하고 투자하는 것은 여느 사업가나 일반인이라면 좀처럼 흉내 내지 못하는 부분이다. 통찰력이 없는 경영자는 다음 세대를 주도할 사업군을 선별해내고 거기에 집중 투자할 수 없다.

일진이 크나큰 성공을 이룬 것은 허 회장이 공학도였다는 것이 강점이었다고 말하기도 하나, 통상적으로 공대를 졸업한 기술자가 경영인이 되는 것은 꽤 어렵다. 기술 개발과 경영은 별개의 영역이기 때문이다. 하지만 허 회장은 이 두 영역의 접합점을 찾아내 성공했다는 데서 여느 대기업들의 성공과는 확연히 다른 노선을 취하고 있다.

일진이 성공한 사업 분야 중 IT 산업은 경영인으로서 허 회장의 탁월한 안목이 빛을 발한 케이스다. 금구류와 공업용 다이아몬드 등의 사업은 공학도 출신으로서 전문 분야라 할 수 있으나, IT 산업은 허 회장도 경험하지 못한 새로운 분야였고 당시 산업 구조 자체가 형성되어 있지도 않을 시기였다. 하지만 허 회장은 경영인으로서 IT 산업이 차후 시대를 이끌 핵심 미래 산업군으로 성장할 것이라는 판단하에 과감한 투자와 시도를 했다. 물론 새로운 분야를 개척하는 만큼 모진 풍파도 겪어야 했다. 하지만 기업이 파산될지 모르는 상황에서 포기하지 않고, 시대를 대비한 기술력 발전에 전력투구했고 결국 일진디스플레이 같은 세계적인 기술력을 갖춘 기업을 성장시켜냈다.

이와 같은 공학도이자 경영인으로서 탁월한 감각을 지닌 허 회장의 활약은 한국 기업 문화에도 큰 기여를 했다. 바로 '산학 연구 협업'이다. 사실 국가 연구 기관과 기업이 동반 성장하는 것은 이상적인 그림으로 여겨지기도 하나 현실적으로 녹록하지 않다. 기술 개발을 강조하는 회사일수록 자체 개발을 중시하고 기술력을 독점하려는 위험 요소가 있다. 연구 기관의 경우는 기업의 경영적인 요소를 간과하고 기술 연구에만 집중해 기업과 협업을 해야 할 경우 서로 불편한 상황들이 빈번하다. 하지만 허 회장은 산학 협력이 활성화되지 않았던 사업 초기부터 국가 연구소들과 적극적인 협업 및 공동 개발을 추진해왔다. KIST와 공동 개발을 통해 동복강선을 성공시켰고, 서울대와는 전해동박을 공동 개발해냈다. 공업용 다이아몬드 역시 KIST와의 공동 연구를 통한 산물이다. 사내에서 부족한 연구 역량을 학계 및 연구계와 적극적으로 공동 개발하는 전략을 통해 기술력을 보강해왔으며, 이러한 기술 개발의 목적 달성은 한국 연구계 전체의 연구 성과와 역량을 높이는 결과를 가져왔다. 여기서 한 단계 나아가 사업이 어느 정도 궤도에 오른 이후부터는 일반적인 연구 협약 외에 다시 학계에 거액을 투자하고 기부함으로써 산업 협력의 토대를 더욱 공고히 구축할 뿐 아니라 인재의 발굴과 육성에 기여하는 선순환 구조를 만들어내기까지 했다. 서울대 부설 신소재공동연구소 설립, 석박사 취득 지원, 덕명학술문화재단 설립을 통한 장학금 지원, 인재 발굴 및 육성 등이 바로 그 예다. 이러한 노력의 배경에는 비단 기업가로서의 이익에만 머물지 않고 기업의 운영이 결국은 나라의 발전과 연계된다는 소명 의식이 철저히 배여 있었다고 볼 수 있다.

굽히지 않았던 투쟁의 참된 가치

허진규 회장이 이룬 많은 성과 중에 가장 인상 깊은 것은 단연 GE와 벌인 공업용 다이아몬드 특허 소송이다. 세계적 기업인 GE와 한국의 중견 기업인 일진의 싸움은 다윗과 골리앗의 싸움이라 빗대며 대부분의 사람들이 일진의 패배를 예상했다. 하지만 일진은 5년간이나 이 거친 싸움에서 포기를 모르고 끝까지 맞섰으며 결국 GE의 두 손 두 발을 들게 하고 말았다. 당시 세계적인 이목이 쏠린 이 소송은 한국 기업에 시사하는 바가 컸다. 미국이라는 든든한 뒷배를 지닌 GE에 비해 한국 정부의 압박까지 받았던 일진이 그토록 끈질기게 버텨낸 이유는 과연 무엇이었을까? 이는 단순히 소송에서 이기고자 함을 넘어 자체 개발한 기술력을 지키고자 했던 허 회장의 뚝심이 큰 역할을 했다. 허 회장은 사업 초기부터 수입에 의존하는 한국 기술력 부진에 공학도의 한 사람으로서 소명 의식을 지녔고, 자칫 기업이 무너질지 모르는 극한의 상황 속에서도 자체적으로 개발해낸 기술력을 보존시키기 위해 포기하지 않고 끝까지 맞서 싸워냈다.

특히 기술 보호를 위해서는 특허가 중요하다고 알고 있던 허 회장은 알루미늄 합금 특허 등 사업 초기부터 특허 등록을 게을리하지 않아왔다. 공업용 다이아몬드는 이전 일진의 제품군보다 더욱 극한의 기술력이 요구되는 고부가 가치의 첨단 기술력으로 KIST와 함께 국내 기술력으로 자체 완성했기에 특허 문제가 발생할 소지가 없었다. 하지만 GE가 시장 독점을 위해 무리한 주장을

'세계 일류 상품'으로 선정된 공업용 다이아몬드

하고 나오자 허 회장은 이를 간과할 수 없었고, 거대 기업을 상대
로 하는 힘겨운 싸움임에도 자체 특허 기술력을 지켜내기 위해 버
텨냈다. 세계적인 대기업과 한국의 중소기업 간 벌어진 이 분쟁
은 말로 표현하기 어려우리만큼 극한의 싸움인데다 미국 측의 적
극적인 지지를 받았던 GE에 비해 한국 측 정부의 지원은 기대조
차 할 수가 없어 외로운 투쟁일 수밖에 없었다. 하지만 허 회장은
최악의 상황에서도 기술력 보호라는 소명 의식 아래 거친 투쟁을
버텨냈고, 이는 향후 일진이 오늘날과 같은 세계적인 기업으로 성
장하는 데 전환점이 되었다. 이는 당시 대형 외국 기업과 특허 소
송을 한 첫 사례로 많은 기업들에 귀감이 되었고, 더불어 이를 통
해 국내에서도 특허 관련 법률이 생겨나기 시작했을 정도로 한국
산업계 전반에 기여한 바가 크다.

허진규 회장의 새로운 도전

　　지금도 나는 허 회장과 잦은 만남을 가지며 긴 인연의 연결 고리를 이어가고 있다. 30년이라는 세월이 흘렀지만 우리의 이야기 주제는 늘 한결같이 과학 기술 증진이다. 현존하는 국내 기술력과 미래 기술력에 관한 다양한 이야기들은 언제나 지루할 틈 없이 새로운 아이템을 향해 발전되어가며 때로는 서로를 자극하기도 한다.

　　최근에 나와 허 회장이 주된 관심사를 두고 있는 분야는 소형 모듈형원전SMR, Small Modular Reactor의 개발 및 보급을 통한 한국 에너지 경제의 중흥이다. 나는 몇 해 전부터 이 부분에 관한 기초 조사의 필요성을 피력했고, 허 회장 역시 이에 공감하며 SMR의 기획 조사 및 정책 개발을 위한 비용을 쾌척해 현재 연구 개발 중에 있다. 당장 사업화를 확신할 수 있는 단계는 아니지만 허 회장은 이에 관해 어떠한 조건도 달지 않은 채 미래를 전망하는 이 연구에 지원을 아끼지 않았다. 그 결과 현재 러시아와 SMR과 관련해 돈독한 협력 관계를 구축한 상황이며 원자력 추진선, 원자력 발전선 등 다각적으로 산업화 아이디어를 활발히 전개하고 있다. 한국의 SMR 기술 개발에 허 회장이 첫 단추를 끼워준 셈이다.

　　이처럼 허 회장은 당장에 눈에 보이는 이익이 아니더라도 국내 과학 기술력 증진을 위해 전폭적인 지원을 아끼지 않는다. 어쩌면 본인 스스로가 개척한 한국 과학 기술력에 대한 책임감인지도 모른다. 지금도 새로운 분야가 생기면 누구보다 먼저 학습하기를 게

을리하지 않고 몸소 나서서 방법을 강구하고자 노력을 멈추지 않는 허진규 회장! 변함없는 허 회장의 도전과 패기가 있었기에 오늘날 한국의 과학 기술이 선진국과 동등한 위치에서 경쟁하며 앞으로 나아가고 있다고 해도 과언이 아니다.

'회장'보다 '공학도'로 불리기를
좋아하는 사나이

선우중호_前 GIST(광주과학기술원) 총장

●

"허 회장이 공학에 갖는 애착은 대단하다. 기술력에 대한 믿음 하나로 누구도 예측할 수 없었던 창업의 길로 홀로 들어서는가 하면, 이로 인한 성과의 열매가 맺히기 시작하자 대기업도 생각지 못한 연구소 건물을 모교인 서울대에 선뜻 기부를 했다. 그가 걸어온 길을 돌이켜보면 회장이라는 호칭에 앞서 진정으로 성공한 공학도라 표현해도 부족함이 없다."

특별했던 시대, 특별했던 학번!
단기 92학번, 서기 59학번

허진규 회장과 나는 서울대 입학 동기다. 6·25 전쟁의 상흔이 캠퍼스의 곳곳에 그대로 남아 있을 때인, 지금으로부터 약 58년 전인 시절이다. 지금의 서울대 공대 캠퍼스는 서울시 관악구 신림동에 위치하고 있지만, 우리가 다니던 시절만 하더라도 캠퍼스는 노원구 태릉에 위치하고 있었다. 일제 강점기 말에 경성제국대학京城帝國大學 이공학부를 수용하기 위해 지은 캠퍼스이다 보니 공간은 넓었지만 주변 시설이라고는 기차역 근처의 음식점 한두 개와 당구 시설이 전부였고, 전쟁 당시 미군의 의무 시설로 사용되어 비교적 건물은 온전하게 남아 있기는 했지만 학교의 시설이라고는 책걸상이 전부나 마찬가지였다. 또한 지금은 태릉이 서울시이지만 이때만 하더라도 경기도에 속해 있었다. 따라서 서울에서 캠퍼스를 가는 교통편이 흔치 않았다. 청량리에서 기차를 타고 역까지 가는 방법과 이마저도 여의치 않으면 동대문구 중랑교中浪橋에서 버스를 타는 수밖에는 달리 방법이 없었다. 상황이 이러하다 보니 오전 8시에서 9시가 되면 그야말로 통학생들로 등교 전쟁이 벌어지곤 했다. 그 수가 얼마나 많았던지 버스 문조차 제대로 닫지 못하고 도로를 달리는 날이 허다했으니, 지금 생각해도 아찔하기만 하다. 하지만 돌이켜보면 이처럼 녹록하지 않았던 시절의 상황들이 더욱 애틋하게 당시를 기억하게 하곤 한다.

사회생활을 하다 보면 종종 사람들이 학번을 묻고는 할 때가 있는데, 이럴 때면 허 회장을 포함한 우리 동기들은 92학번이라고 이야기한다. 그러면 사람들이 고개를 갸우뚱거리곤 한다. 아무리 셈을 해봐도 70살이 훌쩍 넘은 내가, 그것도 석사와 박사까지 마친 것을 따져보면 산법이 맞지 않을 터다. 하지만 92학번이라는 것 또한 틀린 말이 아니다. 당시만 하더라도 우리나라는 공식 연

대학 시절 낙산사에서(뒷줄 오른쪽 첫 번째가 허진규 회장)

호로 서기西紀가 아니라 단기檀紀를 사용했다. 단기는 단군왕검의
탄생 연도인 기원전 2333년을 기준으로 연도 수를 세는 것이며,
서기는 예수의 탄생을 기준으로 연도를 세는 것을 말한다. 우리
나라의 경우, 일본 독립 후 민족의 자긍심과 자주 독립 국가임을
알리기 위해 1945년부터 단기를 사용하다가, 1962년에 서양처럼
서기를 사용하는 것으로 바뀌었다. 상황이 이렇다 보니 입학 당시
에는 단기를 사용했으므로 입학한 해가 단기 4292년, 즉 92학번
에 해당하는 것이라 할 수 있다. 하지만 지금의 서기에 맞추어 계
산해보면 1959년에 해당되어 59학번이라고도 할 수가 있다.

　이외에도 당시의 학창 시절은 지금과는 다른 부분이 많았는데,
특히 우리 학년은 여느 학년과 달리 입학 후 1년간은 학과를 따로

편성하지 않고 단순히 반만 편성해 수업을 받았다. 그래서 첫해에는 학과의 장벽 없이 서로 친구가 되곤 했는데, 이것이 훗날 사회에 나와서 다양한 분야의 친구를 곁에 둘 수 있게 된 이유가 되어주기도 했다. 또한 우리 학년이 3학년이 될 무렵 처음 ROTC가 창설되었다. 물론 인원 제한이 있기는 했지만 같은 대학의 동기들이 곧바로 군대 동기가 되어 그 돈독함은 이루 말할 수가 없을 정도다. 더군다나 1기라는 자부심도 대단했는데 반세기가 지난 지금까지도 허 회장을 포함한 동기들의 군대 이야기는 밤새워 이야기 꽃을 피울 수 있다.

창업이라는 낯선 길을 선택한 공학도

대학을 졸업하면서 허 회장은 여느 동기들과는 다른 길을 선택했다. 대학을 졸업하던 때인 1960년대의 경제 상황은 그야말로 참담했다. 당시 상황이 아프리카 여느 빈민국보다 못했다고들 하니, 가히 그 열악함이 어느 정도였는지 짐작될 터다.

그래서 대학을 졸업하기는 했지만 막상 취직을 할 곳도 마땅치 않았다. 제대로 된 조직과 규모를 갖춘 기업이 얼마 되지 않았기 때문이다. 서울대 출신이라고 해서 별다른 방법이 있을 리 없었다. 그저 오라는 곳이 있으면 서울, 지방을 가릴 것도 없이 달려가고는 했다. 지금도 취업은 쉽지 않은 문제지만, 졸업을 하면서 느꼈던 막막함은 이루 말할 수 없다. 하는 수 없이 나는 유학을 선택했고, 허 회장은 창업을 택했다. 유학이라는 것도 쉬운 일은 아니었으나 그래도 창업에 비견할 바는 아니었다. 일단 비행기 티켓 값만 있으면 아르바이트를 하며 학비와 생활비를 충당하면 될 일이었다. 하지만 창업은 완전히 다른 이야기다. 지금이야 벤처나 스타트업start-up 등과 같은 개념이 생겨나 정부에서도 나서서 청년 일자리 문제를 해결하기 위해 다양한 방법으로 도움을 주지만, 당시만 하더라도 창업은 맨땅에 헤딩이나 다름없는 일이었다. 겨우 만 28세에 불과한 나이로 어디서 그런 용기가 났는지 놀랍기만 할 따름이다. 그것도 10평 남짓의 제 집 앞마당에 주물 도가니 하나만 놓고 시작해 지금의 일진그룹으로 키워냈으니, 보통 사람으로서는 흉내조차 내기도 어렵다.

서로 가는 길이 달랐기에 허 회장과는 졸업 후 한동안은 특별한 교류가 없었다. 나는 유학 생활을 한 후 학교에서 교직을 맡으며 사회생활에 적응하느라 주변을 돌아볼 여유가 없었고, 아마 허 회장도 기업을 키워 나가느라 옆을 쳐다볼 여유가 없었을 것이다. 그저 동문들로부터 허 회장이 회사를 창업해 잘 성장시키고 있다는 정도의 소식만 간혹 듣곤 했다.

1990년도 즈음, 내가 교수로 재직을 하고 있던 서울대 내에 기업이 기부하는 연구소가 설립된다는 소식이 전해져왔다. 적지 않은 규모인 탓에 이 정도 기부 능력을 갖춘 곳이라면 으레 대기업일 것이라 예측했다. 그런데 뜻밖에도 일진이라는 중견 기업이라고 했다. 지금이야 수많은 계열사를 거느릴 만큼 일진그룹이 재계에서 차지하는 입지가 매우 높은 편이지만, 당시만 하더라도 일진은 그저 작은 중견 기업에 불과했다. 더군다나 학교 내 교수진들을 놀라게 한 것은 일진이 연구소를 기부하는 이유에 있었다. 바로 1976년 일진이 산업 협력으로 KIST와 연구 개발에 성공한 동복강선의 연구자 이동녕 교수에 대한 보은 차원이라는 점이다. 이동녕 교수와 허 회장은 서울대 금속공학과 동문으로 이동녕 교수가 허 회장 보다는 두 해 선배다. 허 회장은 이동녕 교수를 통해 동복강선 개발에 성공을 하고, 이를 계기로 사업이 크게 성장하게 되자 모교인 서울대에 그 의미와 가치를 담아 연구실을 기부하기로 했다고 했다. 중견 기업에서 자신의 회사에 도움을 준 연구자를 위해 연구소를 지어준다는 것은 당시로서는 생각지도 못한 발상이었다. 물론 연구 결과를 통한 생산품이 회사에 이득을 가져다준 점도 있겠지만, 그렇다고 이 같은 통 큰 결단을 내릴 수 있는 이는 흔치 않다. 더욱이나 그간 녹록치 않았던 산학 협력에 관한 인식을 전환시키는 계기가 되기도 했다. 사실 산학 협력은 진행 과정에서 기업과 연구 기관 사이에 서로의 이해관계가 종종 부딪히고 잡음이 나기 마련인데, 동복강선은 오히려 이를 통해 서로 시너지가 발생한 이상적인 사례가 됐다. 특히나 이 같은 일을 대기업도 아닌 중견 기업에서 선례를 남겼다는 점도 시사하는 바가 크다.

허 회장의 체격은 그리 크지는 않다. 하지만 작은 덩치에도 불구하고 허 회장이 지닌 생각은 한계가 없어 매번 이처럼 주변인들을 놀라게끔 한다. 허 회장이 남긴 이 선례는 이후 대학과 기업에게 좋은 본보기가 되어 현재 많은 대학을 비롯한 연구 기관이 기업과 손을 잡고 함께 나아갈 방향을 모색하고 있다.

회장보다 앞선 수식어 '공학도 허진규'

허진규 회장을 이야기할 때는 특히나 '공학도'라는 수식어를 빼놓을 수 없다. 단순히 한 그룹의 회장으로 설명하기에는 그가 지닌 공학도로서의 색깔이 너무나도 선명한 탓이다.

허 회장과 많은 시간을 가지며 교류하고 지낸 것은 내가 GIST 총장으로 취임한 이후다. 당시 GIST에 이사장 자리가 공석이 되어 허 회장에게 이사장을 맡아달라고 부탁했다. 성공한 기업가로서 조직을 리드하는 탁월한 능력을 갖추었으면서도 공학도 출신으로 한국의 과학 기술 발전에 크나큰 기여를 했으니, 이만 한 적임자가 없다고 판단했다. 다만 걱정인 것은 외부일이 워낙 많은 회사의 총수이다 보니 학교일에 관여할 만큼 시간이 가능할지가 우려였다. 허 회장에게 적지 않은 부담이 될지 조심스러웠지만 일단 부탁해보기로 했다. 뜻밖에도 허 회장은 흔쾌히 이사장직 제안을 받아들였다. 한 기업의 총수에 앞서 이 시대를 살아가는 공학도로서, 특히나 자체 국내 기술력 보급에 남다른 뜻을 두고 있었기에 이 제안을 수락했을 것이다.

한 번은 GIST를 통해 인연이 더해진 허 회장과 칼텍에 동행한 적이 있다. 세계 최고 공대 중 한 곳으로 손꼽히는 칼텍은 교수가 250여 명에 불과한 작은 대학이나 현재까지 노벨상 수상자를 무려 32명이나 배출했으며 그 명성이 대단히 높다. 당시 GIST와 칼텍 간에는 상호 학술 교류 협정이 되어 있었는데, 마침 이곳을 방문할 기회가 주어져 허 회장에게 동행할 것을 제안했다. 세계 최고의 공과대학을 방문하고 실험실을 견학한다는 것은 좀처럼 쉽게 접할 수 있는 기회가 아니다. 허 회장 역시 이 같은 사실을 잘 알고 있어 바쁜 스케줄을 쪼개 동행길에 올랐다.

마침내 도착한 칼텍은 명성만큼이나 상상을 뛰어넘는 연구실을 갖춘 것은 물론 놀라운 연구 주제들이 진행되고 있었다. 칼텍을 둘러보며 우리는 학교 운영에 관심을 가졌다. 칼텍이 세계 최고의 공과대학으로 성장하기까지 뒷받침된 운영 시스템을 보다 면밀하게 배우고 살피고자 했다. 하지만 허 회장의 시선은 비단 여기에만 머무르지 않았다. 그는 연구원들이 설명하는 연구 주제, 방식 등에 대해 어느 것 하나 놓치지 않고 꼼꼼히 관찰하고 집중했다. 기술적인 면에서 한국보다 한 발짝 앞서 나가는 선진국인 미국, 그곳에서도 세계 최강의 공과대학으로 불리는 곳인 만큼 과학 기술 부분에 있어 미래 사회에서는 어떤 환경이 구축될지 미리 예측해보고, 판단해보려는 생각에서일 것이다. 그리고 한국에 돌아가서 작게는 일진그룹, 크게는 한국의 과학 기술 발전에 적용해보려 부단히 상상의 날개를 펼쳤을 것이다. 기업 총수로서 허 회장의 눈빛은 보통의 사람들과 달랐다. 학자의 눈도 기업 총수의 눈도 아닌, 그 묘한 합의 지점에서 그 눈빛은 쉼 없이 반짝이고 있었다.

학자이자 사업가로서 살아가기란 쉽지 않다. 자칫 연구 개발에만 자존심을 높이다 시장 경제를 놓치기도 하고, 셈법만 밝아서 학자가 지녀야 할 가치를 놓치게 되기도 한다. 하지만 허 회장은 그 경계의 지점에서 균형을 이루며 기업의 총수이자 공학도로도 불린다. 주변인들 사이에서는 허 회장을 공학도로 더 자주 언급하기도 한다. 그가 회장이라는 자리에 오를 수 있었던 것은 대부분의 사업을 공학도로서의 시선과 사고로 먼저 접근한 덕분이다. 그리고 이것이 오늘날 소재·부품 산업 1위 기업으로서 그가 회장까지 오르게 된 이유이기도 하다.

세계적인 기업가가 되려면 공대를 선택하라!

유장희_前 동반성장위원회 위원장

●

    허진규 회장의 유명한 말 중에 "돈을 적게 벌고 싶으면 의대나 법대를 가고, 돈도 많이 벌고 세계를 주름 잡는 인생을 살고 싶다면 공대를 가라"라는 말이 있다. 과학 기술력이 지닌 무한 가치와 공학도의 사명감이 이 나라를 이끌어갈 것이라는 것을 허 회장은 언제나 강조하고 있다.

학자를 존중하는 사람, 허진규 회장

    국내에는 기업인으로 성공한 이들이 많다. 그중에서도 이른바 대기업으로 분류되는 기업의 창업자는 1,200명 정도가 된다고 한다. 이들 중의 대부분은 상품이나 서비스를 소비자에게 직접 판매하는 것으로 성공을 했다. 하지만 허진규 회장이 걸어온 일진그룹의 행보는 이와는 다른 방식이다. 소재나 부품을 기업에 공급함으로써 대기업들이 지금의 자리에 오르도록 해준 기업이 바로 일진그룹이다. 금구류, 동복강선, 전해동박 등 일진이 공급하는 소재들은 오늘날 전기, 통신, 교통, 전자, 스마트폰 제조 등의 산업에서 없어서는 안 될 필수 원자재로 1960~1970년대 수입에만 의존하던 국내 제조업 시장을 국내 순수 기술력으로 전환시키는 데 선도적인 역할을 해왔다. 더욱이 1968년에 창업해 50여 년간 숱한 위기와 고비 속에서도 포기하지 않고 버텨온 허 회장의 노력과 집념에는 가히 경이로움이 깃들어 있을 정도다.

허진규 회장과의 인연은 1976년으로 거슬러 올라간다. 학창 시절까지는 실제적으로 허 회장과 특별한 연결 고리가 없었다. 허 회장은 부안의 줄포중학교, 전주고등학교, 서울대 공대를 졸업했고 나는 전주북중학교, 서울 경기고등학교, 서울대 상대 출신이기 때문이다. 하지만 전주고등학교와 전주북중학교가 예전에 한 캠퍼스에 있었기 때문에 동문회를 같이하는데, 이를 통해 허 회장과 뜻밖의 인연이 맺어졌다.

처음 허 회장을 만난 것은 1976년 여름, 미국 클라크대학교 교수로 재직하며 휴가를 이용해 한국 경제 발전사 연구를 위해 방한했을 때였다. 전주가 고향이다 보니 재경財經 쪽에서도 전주 출신의 친구들이 많았는데, 그중 한 녀석이 한국 기업계에 촉망받고 있는 이가 있는데 같은 동문회 소속이라고 했다. 바로 허진규 회장을 말하는 것이었다. 당시 일진은 지금과 비교할 때 작은 중소기업에 불과했지만 공학도 출신으로 부품·소재 기술의 국산화에 주력한다는 점이 범상치 않게 여겨졌다. 다소의 호기심을 지닌 채 약속 장소에 나가서 만난 허 회장의 첫인상은 지금도 또렷할 정도로 뇌리에 각인되어 있다. 대부분의 사람들이 첫 만남에서 악수를 청하고 명함을 건넨 후에는 건성인 것과 달리 허 회장은 눈을 응시하며 상대의 이야기에 진심을 다해 귀를 기울이며, 허튼 말을 쉽사리 내뱉지 않는 진중한 인상을 풍겨냈다. 특히 내가 속한 클라크대학과 전공 분야의 학업에 대해 큰 관심을 보였는데, 자신 역시 한때는 대학을 졸업하고 소재공학을 더 공부하고 싶어 유학을 꿈꾸기도 했다는 속내를 털어놓기도 했다. 그리고 이날 우리는 비록 병과가 달라 서로 마주칠 기회는 없었지만 ROTC 1기라는 공통점을 발견하며 긴 시간 많은 이야기를 나눴다. 당시 조교수에 불과했으나, 허 회장이 학자로서 나를 대하는 존중과 배려는 지금과도 별반 다를 바 없었다. 이는 기업가이기는 하나 본인 스스로가 공학도로서 학자의 길 그 연장선에서 기업을 이끈 배경과도 일맥상통하는 것이다.

일진그룹에서 생산하는 대부분의 제품들은 자체 연구 개발에 의한 것으로, 사업이라는 형태만 더해졌을 뿐 그룹 자체가 거대한 연구실이나 다름없다. 학자적 시각에서 사업과 미래를 내다볼 줄 알았던 탁월함은 여느 기업이 흉내 낼 수 없었던 독자적 노선으로, 숱한 세월의 풍파 속에서도 오늘날까지 일진이 건실한 기업으로 성장할 수 있었던 이유이기도 하다.

일진다이아몬드 분쟁을 통해 드러난
기업 총수의 결단력

기업 총수로서 허진규 회장의 능력과 자질을 설명하는 데는 일진과 세계적 기업 GE 간의 공업용 다이아몬드 송사가 대표적이다. 서울에서의 인연으로 허 회장과는 종종 서로의 안부를 물으며 친분을 두텁게 쌓아왔는데, GE와의 다이아몬드 소송이 미국 보스턴에서 진행되다 보니 이 사건의 진행 과정을 가까이에서 지켜보게 됐다.

1994년 4월, GE와의 기적적인 협상까지 만 4년여에 이르는 재판 과정은 웬만한 기업인으로서는 버텨내기 힘든 압박과 고충이 뒤따르는 일이었다. 1980년대 후반 허 회장은 공업용 다이아몬드에 주력하기 시작했다. 1970년대 국가 경제가 어느 정도 혼란을 극복하고 1980년대 성장 곡선을 그려 나가게 되자, 국내 공업용 다이아몬드 수입은 급속하게 늘어갔다. 자동차, 아파트 등의 근대적 산업이 속도를 내려면 절단, 연마 등의 용도로 사용되는 공업용 다이아몬드가 반드시 필요로 했기 때문이다. 하지만 당시 공업용 다이아몬드는 전량 수입에 의존하고 있었는데, 소재·부품의 국내 기술 개발 및 보급을 우선시 하던 허 회장의 입장에서는 이러한 상황에 크나큰 답답함을 느꼈을 것이다. 국내 기술력 향상은 그의 경영 철학이자 근간이라 할 수 있는데, 당시는 젊은 혈기까지 더해졌으니 그 사명감과 의무감은 절정으로 치달았다고 해도 과언이 아니다. 더욱이 공업용 다이아몬드는 한 국가의 경제 성장 수준을 좌우하는 것이었기 때문에 공학도 출신의 허 회장 입장에서는 좌시할 수만은 없는 사안이었다.

이에 따라 허 회장은 KIST와 연구 협약을 맺고 본격적인 기술 개발에 돌입, 1987년 6월 영국의 드비어스, 미국의 GE에 이어 세계에서 세 번째로 고품질의 공업용 다이아몬드를 개발하게 된다. 한국 정부도 이와 같은 연구 성과를 인정, '정부 지정 5대 극한極限 기술'로 평가하며 적극적인 지원에 나설 듯 보였다. 하지만 앞으로 올라갈 일만 남아 보였던 다이아몬드 사업에 날벼락이 떨어지고 말았다. 세계 다이아몬드 시장을 양분하고 있는 드비어스와 GE가 발끈한 것이다. 특히 GE는 경제 최강국을 자랑하는 미국의 국력을 배경으로 일진의 다이아몬드 개발이 자신들의 영업 비밀을 침해했다고 주장하며 미국법원에 제소하기에 이르렀다. GE의 이러한 다이아몬드 사업에 관한 독점욕은 유명한데 일본, 스웨덴, 미국 등의 크고 작은 기업들이 다이아몬드 사업에 진출하려다 GE의 방해 공작에 중단해야 했던 전력이 있다. 일진의 다이아몬드 사업 진출은 GE로서는 간과할 수 없는 사안이었고, 일진은 무려 4년간이나 수천 억 원의 손해가 발생할지도 모르는 싸움을 이어가야 했다. 미국 내 법률에 관해서는 잘 알지도 못하는 상황에서 거대 기업과 싸운다는 것은 결코 쉽지 않다. 협상이 타결되기 전인 1994년 1월 '7년 생산 중단' 판결을 받고, 생산 중단을 하지 않을 경우 법정 모독에 따른 페널티로 하루에 30만 달러라는 벌금을 물어야 하는 상황에서 끝까지 포기하지 않은 것은 당시 중소기업으로서는 회사의 존폐가 달린 공포에 가까운 일이다. 하지만 대부분의 사람들이 이길 수 없는 싸움이라 했어도 허 회장은 애초에 포기라는 것을 모르는 사람마냥 직접 진두지휘하며 완주해냈다. 미국 내 법률 해석은 특히나 어려움이 많아 허 회장은 내게도 여러 차례 자문을 구해왔는데 그 과정에서 기업의 총수로서 허 회장이 지닌 강인함과 결단력이 얼마나 견고한지 가히 놀라울 정도였다. 기업은 경영 철학이 확고할수록 위기를 헤쳐 나아가는 힘이 강한데, GE와의 싸움에서 질 수 없는 것은 국내 자체 기술력을 확보해 나아가겠다는 허 회장의 신념이자 경영 철학과도 같았기에 불가능의 기적적인 역전환이 가능했다.

인재 양성과 발굴에 힘을 쏟은 리더

허진규 회장의 리더십에 있어 특기할 사항은 인재 발굴 방식에서도 드러난다. 1981년부터 1년간 미국 대학에서 안식년을 받아 서울대 사회과학대학에서 경제학을 가르치고 있을 때였다. 하루는 허 회장이 만나자는 연락을 해왔는데 요지는 제자 중에 경제학에 우수한 능력을 갖춘 인재를 몇 명 추천해달라는 것이었다. 그래서 '우수한 사람'이란 무엇을 뜻하는지를 물었다. 그의 대답은 뜻밖에도 아주 심플했다. "유 박사 생각에 나와 일진에 딱 맞는 사람이면 되지 않겠소?" 이것이 허 회장의 스타일이다. 한번 관계의 신뢰가 쌓이면 허 회장은 시시콜콜한 요구나 지시를 내리지 않는다. 취지만 전달하고 그 후는 믿고 맡기는 식인데, 당시 허 회장은 기술 연구 개발에만 집중하던 초기 경영에서 한 단계 나아가 젊은 경영 전문 인재를 등용해 기업 조직을 더욱 견고하게 체계화시키려 했던 것으로 보인다. 이에 당시 내 연구 프로젝트에서 능동적으로 참여하고 있는 여러 학생들을 추천했는데 그중에 대표 인물이 현재 일진복합소재(주)의 박승권 사장이다. 대학원생으로 허 회장의 곁에서 경제·경영과 관련된 전문 지식을 보좌하는 것으로 일을 시작한 박승권 사장은 훗날 일진그룹의 지원으로 미국에서 MBA 과정을 마치고 경영 전문가로 성장, 이후 일진에 복귀해 GE와의 다이아몬드 소송을 승소에 가까운 협상으로 이끌어냈다. 뿐만 아니라 1990년 미국 보스턴 지역의 소규모 바이오 벤처 기업 ETEX를 인수해 성장시킨 후 세계적인 의료 기기 업체에 거액을 받고 되팔아 일진그룹 전체 재무 능력이 급상승, (주)일진, 일진전기의 시가 총액이 60~80%까지 뛰기도 했다. 이외에도 허 회장은 인재 개발에 과감한 투자 지원을 아끼지 않았는데, 기업 규모 대비 석박사 출신의 전문 인재가 많이 포진되어 있는 점은 일진그룹만이 지닌 괄목할 만한 성장 환경이기도 하다.

세계적인 기업가가 되려면 공대를 택하라

　　　　　허진규 회장이 오늘날 일진그룹을 일궈내기까지 성공의 근간은 과학 기술 연구 개발에 있다. 공학도 출신인 허 회장은 한국 경제가 선진국 수준으로 발돋움하려면 젊은 인재들이 특히 공대 분야로 진출해야 한다고 여기고 있다. 허 회장은 서울대 공대 총동창회 회장을 맡으며 학생들과 학부모들을 상대로 특강을 하기도 하는데, 그가 주장하는 대목 중 유명한 말로 "돈을 적게 벌고 싶으면 의대나 법대를 가고, 돈도 많이 벌고 세계를 주름 잡는 인생을 살고 싶다면 공대를 가라"가 있다. 특히 공학 분야에서도 소재·부품 분야를 주로 권하는데 이는 50여 년 전부터 국내 자체 기술화를 위해 부단히 애쓰며 지금의 일진그룹을 이뤄냈지만, 여전히 소재·부품 분야 중 국산화되지 못한 기술이 허다하기 때문이라고 피력한다. 특히나 과학 기술력의 국산화 미비 현상은 대일對日 역조 현상을 자아냄으로써 정부 역시 이를 심각하게 인식하고 정책적 지원에 적극적인 면도 있으니 용기를 가지고 뛰어들 것을 적극 권유하곤 한다. 이것이 이 나라의 엔지니어들의 사명이고, 애국하는 길임을 거듭 강조하면서 말이다. 또한 허 회장은 우리나라 기업 중 창업에서 시작해 시가 총액이 수조 원에 이르는 NHNNext Human Network, 엔씨소프트NCSOFT, 넥슨NEXON 등의 창업자들 모두 공대 출신임을 강조하며 이공계 분야야말로 세계적인 기업으로 나아갈 수 있는 길이자 이 나라의 미래를 밝히는 길이라 이야기한다.

이같이 공업 분야에 대한 남다른 신념과 애착심을 드러내는 허 회장은 기업가로서 성공한 과실을 사회에 환원하는 일에도 주저함이 없는데, 서울대에 신소재공동연구소(덕명기념관)를 지어주는가 하면 한국공학한림원National Academy Engineering of Korea, 韓國工學翰林院에 '일진특별상'을 제정해 매년 한국 과학 기술 발전을 위한 크나

서울대 공대 역사 홍보관 내에 설치된, '우리가 닮고 싶은 공대인'으로 선정된 허진규 회장의 흉상

큰 금액을 기부하고 있다. 이러한 허 회장의 노력과 업적, 가치는 2016년 서울대 개교 70주년을 기념해 세운 서울대 공대 역사 홍보관에 '우리가 닮고 싶은 공대인'으로 선정돼 홍보관 내에 그의 흉상이 설치되어 보다 많은 젊은이들에게 귀감이 되기도 한다.

가족에게도 허용치 않았던 공과 사의 경계

　　　허진규 회장의 지난 시절을 더듬어볼 때, 부인 김향식 여사를 언급하지 않을 수 없다. 김 여사의 내조의 공은 대단할 정도다. 일진이 1968년 노량진 자택 앞마당에서 벤처로 시작해 오늘날의 규모로 성장하기까지 수많은 고난과 시련들이 따를 때마다 김 여사는 직접 직원들을 돌보고 격려하며 이들이 동요되지 않도록 물심양면으로 돌봐왔다.

김 여사의 집안은 명문가로 유명한데, 전라남도 나주에 위치한 동신대학교 총장 김필식 여사, 장성군 군수를 지낸 고故 김홍식 선생, 그리고 제41대 대한민국 국무총리를 지낸 김황식 총리가 김 여사의 형제자매들이다. 한마디로 교육, 행정, 법조계의 내로라하는 인재로 활동한 분들이다. 특히 김황식 대법관이 국무총리가 되었을 때는 허 회장에게도 축하 인사가 쏟아졌는데, 허 회장은 김 총리가 재임하는 동안 애써 처남을 멀리하며 총리실 근처조차 가지 않은 것으로 알려져 있다. 호사가들 사이에서 오르내리는 입방아를 경계하며, 공사公私를 확고히 구분지음으로써 김 총리가 소신껏 국정을 살필 수 있도록 하는 동시에 정치와 철저히 분리된 기업 경영이라는 그의 소신과도 맞닿은 부분이기도 하다.

한국을 대표하는 원조 벤처 기업가

이희범
_現 2018 평창동계올림픽 및 패럴림픽대회 조직위원장

●

"요즘 세계적으로 젊은이들 사이에서 벤처나 스타트업이 대세다. 적은 자본으로 1인 또는 소수의 멤버들이 새로운 기술력이나 아이템으로 사업을 시작해 성장시키는 것이다. 우리나라에서 그 성공 신화의 원조를 찾는다면 단연 허진규 회장이다. 만 28세의 나이에 10평 남짓 되는 집 앞마당에서 직원 2명으로 시작해 연간 약 2조 원에 달하는 매출을 기록했으니 말이다."

한국을 대표하는 최초의 벤처 기업가

나와 허진규 회장과의 인연은 서울대 공대라는 틀 안에서 시작되었다. 나보다는 8살이나 위지만 허 회장과는 무역과 산

업 현장에서 같은 노선을 가다 보니 수없이 함께할 기회가 많았다. 허 회장은 우리나라가 산업화 초기인 1970년대 초부터 남들이 잘 가지 않는 최첨단 부품 산업과 소재 산업에 전념했고, 수입 대체 산업을 일구어 수출에 이르는 파이어니어pioneers 기업인이다.

허 회장에게는 혁신 리더십, 애국 리더십, 도전 리더십, 뚝심 리더십, 기술 리더십 등 수많은 닉네임이 따라다닌다. 또한 한국공학한림원 이사장과 서울대 공대 총동창회 회장, GIST 이사장, 전주방송 회장, 한국발명진흥회 회장, 대한민국 ROTC 예비군중앙회 회장, 한·코스타리카 의원친선협회 회장 등 수많은 직책을 가지고 있으며 이공계인들의 대부로서 우리나라 공학을 일으키고 이공계인들의 사기 진작을 위해 수많은 공헌을 하고 있다.

하지만 허 회장을 이야기하는 데 빠뜨릴 수 없는 것은 바로 한국의 대표적인 원조 벤처 기업인이라는 점이다. 보통 벤처 기업인이라고 하면 1980년대 외환위기 이후 뛰어난 아이디어를 가지고 혜성같이 나타난 젊은 기업가들을 연상하게 되나, 허 회장은 그보다 앞선 1968년 만 28세의 나이로 10평 남짓의 노량진 집 앞마당에서 낡은 노爐를 걸고 주물을 생산하는 것으로 금속 공업에 뛰어들었다. 대학을 졸업하고 잠시 취업했던 한국차량기계제작소의 공장장의 권유를 받고 시작한 일이다. 하지만 자본이 없었던 허 회장은 직원 2명을 데리고 직접 생산과 판매, 자금 관리까지 맡는 1인 3역을 소화하며 밑바닥부터 한 단계씩 밟아 나가기 시작했다.

'일진'이라는 낡은 간판 하나로 시작한 이 일은 배전용 금구류에서 시작되어 동복강선, 공업용 다이아몬드, PCB용 전해동박 등의 신제품을 개발하며 성장해 나갔다. 특히 이 과정은 수입에만 의존하던 소재·부품을 국산화함으로써 외화 절약은 물론 수출 산업으로 발전시켰다는 점에서 그 가치와 의미가 특별하다.

일진다이아몬드 전쟁으로 본 도전에 더 강한 남자

허진규 회장의 또 다른 특이점 중 하나로는 도전에 더 강해지는 불굴의 기업가라는 점이다. '남들이 하지 못한 일, 그러나 누군가는 반드시 해야 할 일'을 과제로 삼아 늘 도전하기를 멈추지 않았다. 이는 창업 당시부터 시작된 허 회장의 철학과도 일맥상통하는데, 1970년대 초 대부분의 소재·부품 등은 전량 수입에 의존하며 자체 개발을 엄두도 내지 않는 상황이었다. 오히려 수입 업체들의 선점한 시장을 교란시킨다고 신생 기업이 생겨날 경우 갖은 방해와 협박을 당하기 일쑤였다. 하지만 국내 기술력 향상이라는 철학 아래 허 회장은 남들이 좀처럼 가지 않으려는 소재·부품 산업 개발에 주력하며 힘든 싸움을 헤쳐 나가는 것은 물론, 첨단 소재 분야로도 멈추지 않는 도전을 계속해 나갔다. 세계 최초로 개발한 프로젝션용 싱글 LCD 패널은 물론 공업용 다이아몬드, 전기 배터리의 필수인 일렉포일 개발 등은 남들이 가지 않는 길, 힘든 싸움을 버티는 과정 속에서 얻어진 값진 결과물들이다.

허진규 회장이 일진그룹을 이끌어오며 가장 고됐던 여정은 미국 GE와 거친 힘겨루기를 해야만 했던 공업용 다이아몬드 개발

일 것이다. 일진은 1987년 6월 KIST와 공동으로 공업용 다이아몬드를 개발해 성공했다. 하지만 1980년대 후반의 세계 다이아몬드 시장은 세계적 기업인 GE와 드비어스가 단합해 45% 대 30%로 양분하고 있었다. 독점적 지위를 가지고 있던 GE는 어떤 기업이든 공업용 다이아몬드 시장에 진출하지 못하도록 방해 공작을 맹렬히 퍼부었는데 실제로 1970년대 일본의 도메이가 개발에 성공하자 특허 위반을 이유로 제소했고, 1989년 스웨덴의 샌드빅 Sandvik도 GE의 위협으로 결국 사업을 포기했다. 이와 같은 상황에서 한국이라는 작은 나라, 거기에서도 중소기업에 속하는 일진이 공업용 다이아몬드 개발에 성공해 세계 시장에 진출하겠다고 하자 GE는 1989년 10월 일진을 상대로 보스턴 연방법원에 민사 소송을 제기했다. 일진은 KIST와 공동 연구로 자체 개발한 기술이며, GE가 문제삼은 기술자가 퇴직 시 가지고 간 서류는 가치가 없다고 판정된 것이고, 공업용 다이아몬드 생산 기술은 1987년 특허가 만료되었다고 주장했다. 그러나 세계적인 다국적 기업과의 싸움은 '다윗과 골리앗'의 전쟁이었다. 1994년 보스턴 연방법원은 GE 측 주장을 받아들여 '일진은 공업용 다이아몬드 생산을 7년간 중단해야 한다'고 판결했다.

당시 미국은 소위 '슈퍼 301조(미국의 종합 무역법에 의해 보복 조치를 행할 수 있도록 명시된 특별법)'와 '스페셜 301조(교역국이 미국 업체의 지적 소유권을 침해했을 경우 이를 보호하기 위한 특별 조항)'를 동원해 한국에 대해 무차별적인 통상 압력을 가하고 있었다. 일진은 이에 굴하지 않고 미국 고등법원에 항소했고, 갖은 인맥과 방법을 동원해 무리한 주장을 펼치던 GE는 이 소송을 통해 그간 감추었던 내부 문제가 불거지게 될 위기에 처하자 일진에 도리어 화해를 요청해오며 소송은 마무리되었다. 이를 통해 일진은 독자적인 다이아몬드 생산 기술을 지켜냄과 동시에 안정적인 수입 대체원을 확보하게 되었다. 나는 당시 주미대사관 상무관으로서 통상 마찰의 현장에서 미국과 힘겨운 협상에 대표로 참여하며 이 모든 과정을 가까이서 지켜볼 수 있었다. 세계 그 어떤 기업도 GE와의 싸움에서 이기지 못했고, 모두가 질 것이라 예상했던 싸움! 하지만 일진의 허진규 회장은 위기 속에서 더 강한 힘을 내며 결국 승기를 거머쥐었다.

공학도 출신 사업가의 독보적 행보

허진규 회장은 기술 한국의 개척자다. 일진그룹은 중견 기업답게 연구 개발R&D 투자 비율이 매출액의 10%를 능가하며 전선연구소, 차세대기술연구원, 산업기술연구소, 중공업연구소, 디스플레이기술연구소 등 8개의 연구소에 근무하는 석박사급 인력도 100명이 넘고 있다. 허 회장의 기술우선주의는 일진그룹이 신개발품의 대부분을 자체 기술로 이뤄낸 원동력이 되었다. '제품을 개발하면 제품을 생산하는 기계까지 자체적으로 만들어야 직성이 풀린다'는 타고난 엔지니어, 기술 개발의 승부사로서 허 회장은 그 진면목을 보여주고 있다.

1991년 1월에는 공업용 다이아몬드 개발로 장영실상을 수상

1991년 1월, 공업용 다이아몬드 개발로 장영실상 수상(왼쪽 두 번째가 허진규 회장)

했고, 1996년 10월 인촌기념회는 우리나라 통신 전자 기술을 세계적으로 끌어올린 공적을 인정해 제10회 인촌상을 수여했다. 2006년 12월 서울대 공과대학과 한국공학한림원은 PCB용 일렉포일과 공업용 다이아몬드, 프로젝션용 싱글 LCD 패널 등 소재·부품 분야의 한 우물을 판 대표 엔지니어로 인정해 '한국을 일으킨 엔지니어 60인'으로 선정했다.

　허진규 회장은 이공계 기업인의 사표師表로서 우리나라 공학 발전과 이공계 인력 양성에 많은 기여를 했다. 2006년부터 2010년까지 서울대 공대 동창회 회장을 맡아 후진 양성에 노력을 쏟았으며, 1990년에는 서울대에 신소재공동연구소를 설립했다. 신소재공동연구소를 위해 기부한 35억 원은 당시 일진그룹 전체 이익금의 절반에 해당하는 거금으로 여타의 기업에서는 가히 상상도 하지 못할 일로 모두를 깜짝 놀라게 했다. 지상 4층, 지하 1층의 신소재공동연구소는 금속재료부, 전자재료부, 요업재료부, 섬유 및 고분자재료부 등 4개의 연구부와 2개의 지원부로 운영되어 지금까지도 소재 분야 개발과 인재 양성의 밑거름이 되고 있다.

1993년에는 일진과학기술문화재단을 설립해 서울대, 포항공과대학교POSTECH, KAIST 등 우수한 이공계 학생들을 대상으로 장학금 지원, 해외 유학비 보조, 학술 연구비 보조 사업을 펼쳐오고 있다. 일진과학기술문화재단은 2004년부터 매년 5,000만 원을 출연해 공학 기술 발전에 기여한 인물을 발굴해 '일진상'을 수여하고 있기도 하다. 또한 허 회장은 2005년부터 2015년까지 한국공학한림원 이사장으로서 우리나라 공학 발전과 공학인들의 사기 앙양에도 크게 기여했다.

허진규 회장은 사회 공헌에도 남다른 열정을 보였으며 수많은 수상을 기록하기도 했다. 2008년 12월, 정부는 수입에 의존하던 소재·부품을 국산화하는 데 노력한 공적을 인정해 기술진흥 부문 최고상인 금탑산업훈장을 수여했고, 2013년 11월에는 언스트앤영 최우수 기업가상을 수상했다. 이 상은 미국에서 기업가 정신을 널리 확산시키기 위해 제정된 것으로, 대한민국 원조 벤처인으로서 창업 정신과 경영 철학을 높이 평가해 허 회장을 수상자로 선정했다.

또한 허 회장은 2000년 전북대학교에서 명예 경영학 박사 학위를 취득했다. 2015년 GIST는 기업인으로서 연구 개발 혁신을 이끈 공로를 기리고 GIST 이사장으로 기여함을 인정해 내국인으로 첫 명예박사 학위를 수여했다. 2016년 서울대 공대는 개교 70주년을 맞아, 공대 학생들에게 롤 모델이 될 만한 동문 중 한 사람으로 허진규 회장을 '우리가 닮고 싶은 공대인'으로 선정하기도 했다.

기술력으로 승부하는, 무역을 이끄는 남자

허 회장은 우리나라의 대표 무역인이다. 1970~1980년대 우리나라는 만성적인 무역 적자에 시달렸고 그 주범은 소재·부품 산업이었다. 대기업들은 조립 산업에 의존하고 있던 터라 소재·부품 산업의 국산화는 정부의 최대 과제였다. 일진그룹은 이 점에서 돋보이는 기업이었다. 창립 40주년이 되는 2006년에는 그룹 매출 1조 원을 돌파했고, 일진전기는 1억 달러 수출의 탑을 수상했다. 허 회장은 2000년부터 한국무역협회 이사로서 큰 역할을 했다. 내가 2006년 2월 한국무역협회 회장이 되면서 허 회장은 지적재산권보호특별위원회 위원장을 맡게 되었는데, 허 회장은 늘 '기업과 근로자의 지재권 관리에 관한 인식을 높여야 한다'고 강조하면서 무역인들의 지재권 보호에 앞장섰다. 2002년, 한국무역학회는 창업 이래 전기·전자·신소재 등 소재, 부품 분야에서 순수 자체 기술로 400여 품목을 개발하는 등 국내 핵심 기술 개발에 기여한 공로를 인정해 무역인 대상을 수여하기도 했다.

대기업보다는 최고의 기업으로서의 길을 걷다

　　허진규 회장은 1년에 몇 차례씩 후배들에게 밥을 사는 자리를 갖곤 한다. 큰 기업을 이끄는 수장이기는 하나 소소한 자리에서 뵐 때는 언제나 인간미가 넘쳐 만인의 맏형님으로 불리기도 한다. 때로는 웃음을 잃지 않는다고 해 스마일 맨으로 통하기도 한다. 이 자리에서 허 회장이 후배들에게 늘 하는 이야기가 있는데 바로 '부진즉퇴不進則退'다. 앞으로 나가지 않으면 뒤처진다는 의미다. 다소 뻔한 이야기로 비춰질진 모르겠지만 허 회장은 이를 철학으로 삼고 매 순간 나태해지는 자신을 경계했다고 한다. 한 분야에서 끈기를 가지고 도전을 해야 진정한 성공의 참맛을 느끼게 된다고 말이다.

　　물론 허 회장에게도 시련은 있었다. 1977년 7월 경기 지역을 강타한 집중 호우로 준공된 지 1주일밖에 되지 않은 문래동 공장이 물에 잠겨 첫 수출이 무산될 뻔한 위기에 처했으며, 1979년에는 2차 석유 파동을 겪으면서 주변 기업들과 마찬가지로 경영 위기를 겪어야 했다. 하지만 위기 때마다 일진은 주저앉는 법이 없었고, 오히려 더욱 강한 힘을 발휘하며 나아갔다. 1997년 외환위기 때도 어려움이 있었으나 전 직원들이 상여금을 반납하고, 임금 협상도 무교섭으로 체결하고 위기를 돌파했으며 여기에서 한 발 나아가 반도체 사업에 신규로 진출, 이천전기를 인수하며 성장 발판을 다졌다. 이는 외환위기를 가장 성공적으로 극복한 사례로 지금도 업계에서 회자될 정도로 이슈가 되기도 했다.

허진규 회장은 매 순간 대기업이 되기보다는 최고의 기업이 되겠다는 일념으로 기업을 이끌어왔으며 이러한 철학을 통해 오늘날 일진그룹은 전기, 중공업, 신소재, 다이아몬드, 디스플레이, 자동차, 나노텍, 경금속, 캐피탈, 방송 등으로 영역을 넓혀가고 있으며, 창업 50년 만에 연간 매출액 2조 원에 이르렀다. 허진규 회장의 삶을 고스란히 담고 있는 '일진日進'은 이름처럼 날마다 앞을 향해 전진해 '세계로 뻗는 21세기의 기업'으로 지금 이 순간에도 멈추지 않는 행보를 이어가고 있다.

허진규 회장과 함께한 50년

김황식_前 국무총리

●

　허진규 회장과 제 누님은 1964년 4월 광주에서 결혼했다. 결혼식을 마치고, 누님이 시댁인 전라북도 부안군으로 시집살이 가는 길을 나도 따라갔다. 꾸불꾸불 비포장 길을 한참이나 달려 겨우 도착한 그곳은 말 그대로 시골 벽지였다. 당시 고등학생이던 내 어린 소견에도 도시 생활만 하던 누님이 시골 벽지에서 어떻게 살아갈지 걱정스러웠다. 누님이 식구들과 헤어져 시집살이를 할 생각을 하니 안타까웠던 기억이 지금도 생생하다. 가풍을 익혀야 한다는 명목으로 서울에서 근무하는 자형과는 따로 떨어져 살아야 한다니 더욱 그러했다. 1년여의 시집살이를 마치고 누님은 서울로 갔다. 그 무렵 나도 서울 유학을 가게 되어 누님 댁에 기거하게 되었다. 그러다 보니 초기 몇 년간 자연스레 자형의 짧은 직장 생활과 이어진 일진의 창업 과정을 가까이서 지켜보게 되었다.

어느 날 자형은 직장을 그만두고 노량진에 있던 집에 당시로는 값비싼 전화를 1대 설치하고 10평 남짓한 앞마당에 작은 고로와 주물 작업에 필요한 설비나 도구를 들여놓고 우선 청년 한 사람을 종업원으로 채용해 일을 시작했다. "사장님을 바꾸어달라"는 전화를 받으면 나는 순간적으로 누구를 찾는지 의아해하다가 이내 자형을 찾는 것을 깨닫고 웃곤 했다. 당시 자형은 28세의 젊은 나이였으니 말이다. 얼마 되지 않아 공장으로 쓰던 마당이 비좁아져 영등포구 양평동으로 이전했다. 그 후 나는 사법 시험 준비에 매진하기 위해 누님 댁을 나와 대학이 있는 동숭동으로 옮겨갔다. 가끔 누님 댁에 들를 때마다 날로 발전하는 공장의 모습을 보았다. 금속공학도로서의 전공을 살려 창의적이며 진취적으로 사업을 일궈가는 모습에 깊은 감명을 받았다. 그 후부터 지금까지 먼발치에서나마 지켜본 일진과 허 회장의 발전의 모습도 감명의 연속이었다.

사업 초기부터 오늘까지 수입에 의존하는 부품들을 국산화하고 이어서 최첨단 소재 부품이나 제품들을 개발하고 나아가 이들을 수출해 국가 발전에 기여한 것은 도전 정신이자 애국심의 발현이었다. 맨 처음 시작한 배전 금구류의 국산화 작업이 그 예다. 당시 초고압 전기 공사에 사용되는 배전 금구류 등은 외국에서 전량 수입했는데 이를 국산화하면 우리 경제에 도움이 될 것은 너무 당연했다. 당시는 정부 주도로 한창 산업화와 함께 농어촌 전화 사업 등이 활발하게 진행되고 있었기 때문에 그 수요가 급격히 증가하고 있는 때였다. 이런 일이야말로 금속공학을 전공한 허진규 회장이 해야 할 일이었고 또한 자신 있는 일이었다. 그리고 불철주야 연구에 매진한 끝에 개발에 성공했다. 그러나 기존 수입업자들의 방해 공작도 집요했다. "엉터리 국산 기술로 만든 불완전한 제품이 가져올 전기 사고의 재앙"을 근거로 내세웠다. 그러나 허 회장은 완벽한 제품 개발로 한전 산하 전기시험소의 시험을 통과하고 관련 공무원이나 한전 측 관계자에 대한 진정 어린 설득으로서 방해 공작을 극복해냈다.

그 당시 박정희 대통령의 국산화 정책 의지를 잘 수용해 열린 마음과 소신을 갖고 이를 추진해준 정래혁 한전 사장 등 한전 고위 관계자들의 도움이 그것을 가능케 했다.

이와 같이 국산화하거나 새로이 개발한 제품은 동복강선, 섬유 생산에 필요한 보빈, PCB용 전해동박(일렉포일), 폼스킨 케이블 등 통신용 케이블, 공업용 다이아몬드 등 이루 헤아릴 수 없이 다양했다. 그간 개발된 순수 자체 기술이 400여 이상의 품목에 이른다. 개발된 제품에 대해서는 특허를 출원해 지적재산권의 확보도 게을리하지 않았다.

또한 신기술 개발 과정에서 KIST, 서울대 공대 등 학술 연구 기관과 창의적 협력을 통해 이뤄내는 산학 연구 협력을 잘 활용했다. 위험을 무릅쓰고 모험적으로 사업을 진행한다고 하지만 철저한 준비나 계획으로 실력을 갖추지 않으면 요행을 바라는 무모함에 지나지 않기 때문이다.

예를 들면, 1974년 4월 KIST와 동복강선 공동 개발 계약을 체결하고 각자 연구비 3,000만 원을 부담하기로 했다. 3,000만 원은

1986년 12월 준공 직후의 일진 마포 사옥

당시 일진의 총 자본금에 해당하는 큰 금액이었다. 이를 두고 업계는 물론 회사 내부에서도 매우 위험한 일이라고 우려했다. 하지만 이것은 공학도로서의 허 회장의 냉철한 판단 위에 도전 정신이 빛난 결단의 순간이었다. 2년 후 개발에 성공해 전 세계 4개국

4공장만이 갖고 있던 신기술을 갖게 되었고 일진 창사 이후 최초로 외국에 대량 수출하게 되었다. 이때 개발에 참여한 세계적 금속공학자이며 서울대 교수인 이동녕 박사를 만난 것은 일진이나 허 회장에게 큰 행운이었다. 그 후로 두 사람은 업무상으로만 아니라 인간적으로 서로 신뢰하며 의지하는 동반자가 되었다.

1986년 일진기술연구소와 KIST(은광용 박사팀)가 공업용 다이아몬드 공동 개발에 성공해 생산 준비에 들어가자 당시 해당 업계에서 독점적 지위를 누리고 있던 미국의 세계적 초거대 기업 GE가 보스턴 연방법원에 소송을 제기하며 생산 방해 공작을 벌여왔다. 심지어 충북 음성 소재 일진다이아몬드 공장의 가동을 중지시켜달라는 가처분 신청도 제기했다. 당시 공업용 다이아몬드를 생산할 능력을 가진 나라는 미국과 영국 단 두 나라뿐이었고 GE는 이 사업 부문에 있어 공룡 같은 존재였다. 일진의 외롭고 힘든 싸움은 이제부터 시작되었다. 관련 업계나 언론들도 그 싸움이 싱겁게 끝날 것이라 보았다. 3년여의 피나는 연구를 통해 이룩한 성과를 거대 기업의 탐욕과 불의 앞에 무無로 돌리며 무릎 꿇을 수는 없는 일이었다. 오히려 일진은 '경쟁사 사업 부당 방해에 대한 손해 배상' 맞소송을 제기하며 일진의 기술 개발 과정과 권리의 정당성을 밝혀 나가자 GE는 소송을 포기하고 화해를 제안해 오기에 이르렀다.

이 일은 골리앗을 상대로 승리한 다윗에 비견될 만한 것으로서 부당한 요구에는 결코 굴복할 수 없다는 불굴의 정신을 보여주었다. 그 과정은 참으로 험난했다. 공정한 자세로 재판을 진행하던 담당 판사가 바뀌더니 새로 담당한 판사는 재판을 배심원 재판으로 변경해 진행했다. 고도의 기술과 관련된 재판을 배심원 재판으로 변경한다는 것은 미국인의 애국심에 기대어 재판하려는 의도로밖에 보이지 않았다. 그러면서 판사는 화해를 종용하기도 했으며 GE 측도 생산 중단을 전제로 한 화해를 제시하기도 했다. 그러나 허 회장은 이를 단호히 배격하고 재판을 진행했으나 결과는 "7년 생산 중단, 위반 시 1일 30만 달러 페널티"라는 어처구니없는 것이었다. 그렇지만 이에 불복 항소해 재판을 계속하는 것은 너무나 위험한 일이었다. 그러나 허 회장은 항소해 끝까지 다툴 것을 주장했다. 편파적이고 부당한 미국의 재판에 승복하는 것은 불의에 굴복하는 것이며 미국이 양심적인 국가라면 항소심에서 반드시 바로잡힐 것이고, 미국 판결을 한국에서 집행하려면 한국에서 집행 판결을 받아야 하는데 한국법의 법리상 쉽지 않을 것이라는 나름의 판단과 확신 때문이다. 얼마 후 하늘도 이에 공감했는지 GE 측은 기존의 입장을 접고 일진에 유리한 조건으로 협상을 제안해 문제는 해결되었다. 그야말로 허 회장의 냉철한 판단과 불굴의 투지의 결과다. 이렇게 탄생한 일진다이아몬드는 세계 3대 메이커로서 시장 점유율이 30%에 이르고 있다.

허진규 회장은 대한민국을 먹여 살리는 분야는 누가 뭐래도 '제조업'이며, 공대 출신 엔지니어의 땀과 노력이 제조업의 기반을 이룬다는 생각하에 이를 뒷받침하기 위한 다양한 활동을 전개했다. 공학도들의 연구 터전을 만들기 위해 1989년에 서울대 공대에 신소재공동연구소를 건설해 기증했다. 지금은 흔히 있는 일이지만 당시로서는 대한민국 최초의 일이었고 더구나 대기업이 아닌 중견 기업이 해낸 산학 협동의 모범 사례로 평가되었다. 이를 계기로 기업들과 대학 연구 기관과의 산학 협력이 활성화되었다. 일진그룹 스스로도 신기술 개발 과정에서 KIST, 서울대 공대 등 학술 연구 기관과 창의적 협력을 통해 이뤄내는 산학 연구 협력의 모범을 보여주었다. 또한 덕명학술문화재단(현 일진과학기술문화재단)을 설립해 국가 사회에 기여할 인재를 발굴 육성하기 위한 장학 사업을 추진했고, 한국공학한림원에 거금을 출연해 일진특별상을 제정 수여함으로써 공학자들의 사기 진작에 기여했다.

뿐만 아니라 허진규 회장은 한국공학한림원 이사장, 서울대 공대 동창회 회장, GIST 이사장, 한국발명진흥회 회장, 대한민국 ROTC 예비군중앙회 회장 등의 직책을 맡아 사회 공헌 활동, 특히 공학 발전 및 이공계인을 위한 사기 진작 활동을 전개했다. 이러한 공로로, 1996년 우리나라 통신 전자 기술을 세계 수준으로 끌어올린 공적을 인정받아 제10회 인촌상(산업 기술 부문)을, 2000년에 일진그룹을 창업해 혁신적인 경영을 이끌어온 공적을 인정받아 전북대학교에서 명예 경영학 박사 학위를, 2008년 수입에 의존하던 소재 부품을 국산화하는 데 노력한 공적을 인정받아 산업기술진흥 유공자 기술진흥 부문 최고상인 금탑산업훈장을, 2013년 '대한민국 원조 벤처인'으로서 창업 정신과 경영 철학을 평가받아 언스트앤영 최우수 기업가상을, 2015년 GIST 이사장으로 활동하면서 GIST가 연구 역량을 키우고 칼텍과의 교류 협력을 추진하는 등 GIST 발전에 기여함을 인정받아 명예 공학 박사 학위를 각각 수여받았다.

이상이 내가 지켜보아서 알고 있는 허진규 회장의 주요 활동과 업적들이다. 나는 이를 자랑스럽게 생각한다. 허 회장은 처남인 내가 공직 생활을 하는 동안 고위 공직자로서 공직 생활을 깨끗이 할 수 있도록 배려했다. 그는 친형이나 삼촌 같은 분이었다. 우스개삼아 말하지만, 많은 사람 앞에서 이야기하는 것이 다소 서툴러 나를 긴장(?)시키는 일은 있었지만 한없이 소탈한 성품을 지닌 분이다. 그러나 필요할 때의 열정과 집념은 대단해 그것이 오늘의 허 회장을 만든 바탕이 아닌가 생각한다. 예컨대 허 회장의 골프 실력은 상당한데, 이것 또한 무슨 일이든 하려면 제대로 해야 한다는 평소의 성품이 드러나는 대목이 아닌가 생각한다.

일진그룹의 성장 과정을 이야기하려면 허 회장의 부인이자 누님인 김향식 여사의 내조에 관한 얘기를 빼놓을 수 없다. 남다른 꿈을 안고 취업했던 직장이 부도 위기에 몰리자 허 회장은 독자적으로 사업할 생각을 품게 되었다. 누님의 걱정도 함께 시작되었다. 젊은 나이에 아무런 기반 없이 사업에 뛰어드는 것이 불안했기 때문이다. 마침 허 회장은 한양대학교 공과대학으로부터 교직 제의를 받았고 누님은 지인이 명동에서 미용실을 함께 운영하자는 제의를 받게 되자 누님의 마음도 흔들리게 되었다.

그때 낯선 서울 생활을 하며 늘 의지하고 상의하던 외숙모의 안내에 따라 통인동의 유명한 작명 점술가를 찾아갔다. 이 점술가로부터 "남편은 교수를 하지 않더라도 장차 교수 이상의 추앙을 받을 것이니 교수로 갈 필요는 없고 차라리 사업을 하는 것이 나은데 그 사업은 크게 성공할 것이다. 그러니 미용실 같은 것은 할 생각도 말라"는 엄명(?)을 받고 물러 나왔다. 그 말을 다 믿은 것은 아니었지만 남편의 사업 성공을 확신하고 오직 그길로 내조하는 데 정성을 다했다. 지금 생각하면 점술가의 말대로 사업에도 성공했고 교수는 하지 않았지만 교수들과 늘 가까이 지내며 서로 협력해 일하는 가운데 학교나 교수들의 존경을 받았으니 그의 말이 틀린 것은 아니다. 물론 사명감을 갖고 성실하게 하지 않았으면 그 모든 것들이 이뤄지지 않았을 것은 자명하다.

한 번은 노량진 마당 공장에 쌓아둔 원자재나 제품들이 도난당하는 일이 발생했다. 이를 막기 위해 누님은 밤새워 지키는 일도 많았다. 또한 일감을 수주해 부지런히 생산해야 하는 시점에 공장을 그만두겠다고 몽니를 부리는 종업원을 달래기 위해 고기와 술을 사들고 집을 찾아가 달래고 부탁해서 마음을 돌려놓는 일도 누님의 몫이었다. 공장에 딸린 집에서 살 때는 물론 따로 집을 마련해 살 때도 직원들을 챙기는 일을 게을리하지 않았다. 경우에 따라서는 회사와 협력 관계에 있는 회사 밖 사람들도 깍듯이 챙겼다. 그것은 이해관계를 넘어 인간적 신뢰와 존경을 바탕으로 한 것이다. 화목한 직장 분위기를 만들고 좋은 대외 관계를 만들어 회사 발전에 기여하는 데 누님의 역할이 컸다.

회사에 중요한 일이나 어려운 일이 있으면 전심전력으로 기도했다. 그럴 때마다 문제가 좋은 방향으로 해결되곤 했다. 한때 허회장의 건강이 위중했다. B형 간염으로 인해 활동이 어려웠고 의학적으로 완치의 가망도 없어 보이는 상태에 이르렀다. 여의도성모병원에 입원해 치료를 받는 한편 목숨을 걸다시피 하는 기도를 하고 치료에 도움이 되는 식품을 구해 병간호에 전력을 다했다. 절망스러운 상황에서도 허 회장이 병실 밖 마른 나뭇가지에 새싹이 움트는 것을 보면서 자신은 건강을 회복할 수 있다고 자신하며 즐거운 노래까지 흥얼거리는 것을 보고 누님도 더욱 자신을 갖고 매달렸다. 의사와 가족들이 합심해 노력한 덕으로 드디어 간염 항체가 형성되어 완치되었다. 주치의도 참으로 드문 케이스로 기적 같다며 고마워하고 즐거워했다.

허 회장 내외는 2남 2녀의 자녀를 두었다. 자녀 모두 좋은 학교 및 가정 교육을 받고 훌륭하게 장성했다. 이 또한 내 누님의 노력이자 역할 덕분일 것이다.

허진규 회장이 살아가는 모습

최규완_現 일진그룹 비서실장

●

일흔에도 배움을 향한 등굣길

2016년 허 회장의 저녁 스케줄은 빽빽하게 채워져 있었다. 그룹을 이끄는 리더이다 보니 모임이나 행사가 비일비재한 것은 다반사라지만, 허 회장이 향하는 곳은 뜻밖의 장소였다. 바로 서울대의 한 강의실이다. 서울대 공대 출신인데다 그간 산학 협력 등으로 일진과 오랜 인연을 이어온 곳인 만큼 학교를 가는 것이 뭐 그리 대수로울까 싶겠지만, 허 회장의 등장은 현장에 있는 이들을 모두 깜짝 놀라게 했다. 이는 단순한 방문이 아닌 바로 등굣길이었기 때문이다.

2016년 허 회장은 서울대에서 진행하는 두 교육 과정에 수강 신청서를 냈다. '나노융합IP최고전략과정'과 '바이오최고경영자과정'이다. 각 과정은 총 6개월로 진행, 일주일에 1번씩 하루 3시간씩 수업이 진행된다. 빠르게 변화되는 산업 시대에 맞춰 새로운 학문과 지식을 습득하기 위한 방편이라고는 하나 일흔이 훌쩍 넘은 나이에 소화하기에는 만만치 않은 일정이었다. 하지만 허 회장은 6개월 과정 동안 90%가 넘는 출석률을 보이며, 항상 강의실 맨 앞자리를 지켜왔다. 사실 최고경영자과정이다 보니 대부분이 현업에 종사하는 수강생들이 많아 시간이 지날수록 나름의 사정으로 출석률이 저조해지는 것이 다반사다. 하지만 허 회장은 사업상 피치 못한 한두 번의 경우를 제외하고는 과정 기간 동안 모든 저녁 스케줄을 수업에 초점을 맞추고 참여해왔다. 고령의 나이에 보인 이 같은 학구열은 수업 분위기에도 큰 영향을 끼쳤다. 최고경영자과정 역사상 최고령의 학생이었음에도 불구하고 해박한 지식과 열정적인 태도는 강단에 선 교수들마저 긴장감을 불러일으키게 했고, 진중한 면학 분위기를 조성하며 함께 수업에 참여한 젊은이들에게 귀감이 되곤 했다.

새로운 지식에 대한 허 회장의 호기심과 학구열은 그룹 내에서도 유명하다. 일주일에 1번씩 매주 수요일이면 전 계열사 사장단의 마포 본사 사옥 모임이 있다. 오전 8시부터 2시간 반 남짓 진행되는 이 자리는 미래 산업, 환경, 경영 등 다방면에 걸쳐 각 분야의 전문가를 초빙해 강의를 듣는다. 사실 이 같은 모임에 대한 고충은 있다. 각 계열사마다 워낙 바쁜 스케줄들을 소화해야 하는 사장단들이라, 특히 지방에 위치한 계열사 사장 입장에서는 일주일에 1번씩 새벽같이 일어나 서울 마포 본사 모임에 참석한다

는 것이 여간 힘든 일이 아닐 것이다. 당장에 계열사 사업 운영에
필요한 내용도 아니다 보니 볼멘소리도 하곤 한다. 하지만 해마다
횟수의 차이는 있지만 1997년부터 20년간 꾸준히 지속된 이 모임
을 통해 축적된 지식과 배움은 변화 시대에 맞춰 발 빠른 대응과
성장을 이어갈 수 있도록 하는 데 큰 동력이 되어주곤 한다.

성공한 인생이 말하는 일과 가정

　　　　보통 1세대 재벌 그룹의 리더들은 대부분이 일중독이
다. 전쟁을 치른 빈민국에서 1970~1980년대의 거친 근대사를 거
쳐오며 오늘날의 성장세를 보이기까지 기업의 리더들은 산업 현
장에서 크고 작은 풍파를 매 순간 겪어내야 했다. 허진규 회장 역
시 상황이 크게 다르지 않았는데, 특히나 수입에만 의존하던 부
품·소재 산업에 국내 기술력을 확보하고 안착시키기까지 보통 사
람으로서는 상상하기도 힘든 고된 인내의 과정을 버텨내야 했다.
이 경우, 대부분의 리더들은 가정에 소홀하기 쉽다. 삶의 초점이
일이 우선이다 보니 아무래도 가정에서는 불만의 목소리가 나올
수 있기 때문이다. 실제로 지근거리에서 본 대부분의 재벌 총수
들의 경우 이러한 가정사를 이겨내지 못하는 경우가 많았고, 급
기야는 신문 사회면으로까지 이슈가 돼 세간의 이목을 받기도 한
다. 여기에는 일을 가정보다 우선시 하는 것을 당연하게 여기는,
특히나 가부장적인 생활 모습이 오래도록 관습화된 우리 사회 전

반의 분위기 요소가 크게 작용하고 있다. 상황이 이러하다 보니 일적인 성공과 가정의 평화는 공존하기 어려운 요소로, 특히나 성공한 리더일수록 이들의 상극 관계가 더욱 첨예하다고 한다. 하지만 허 회장은 이와는 정반대다. 슬하에 2남 2녀를 둔 허 회장을 가까이서 지켜본 이들은 대부분 사모님과의 금슬에 대해 입을 모아 으뜸이라고 말하곤 한다. 허 회장의 성격이 다소 급하고 불과 같다면 사모님은 온정이 많고, 섬세하며 배려가 크신 분이다. 정반대의 성향이 만나 부부의 연을 맺은 셈이다. 하지만 이 반대적인 성향은 가정에서 이상적인 조화를 만들어 화목한 과정을 꾸리게 했다. 물론 허 회장이 그룹 전체를 이끄는 수장인 만큼 아이들의 교육 같은 대부분의 일은 사모님의 역할이 컸을 것이다.

허진규 회장은 사업적인 스케줄 외 대부분의 시간을 가족들과 보내는 '가족 충실형'이다. 흔히 사업가라고 하면 밤늦게까지 이어지는 술자리도 허다하지만 허 회장은 평소 술을 즐기는 성격도 아니며 사업이 기술 연구를 기반으로 하다 보니 이러한 자리에서 일어나는 비즈니스를 선호하지 않는다. 대신 사업을 제외한 대부분의 시간을 가정에 충실하며 자녀들의 훈육에서도 모범적인 아버지로서 그 역할을 다하고 있다. 이 모습을 가까이서 지켜보면서 나는 주변인들에게 허 회장에 대해 1등 남편감이라고도 이야기하곤 하는데, 보통 명사의 1등이 아니라 대한민국 전체 남자 중 1등이라는 표현이 적합하다고 생각한다.

경계를 허무는 소통의 메시지 창!

업무를 보던 일진의 평사원 중 종종 전화나 카카오톡 메시지에 깜짝 놀라는 일이 있곤 한다. 발신자가 허진규 회장이기 때문이다. 대부분의 그룹 구조가 그렇듯 허 회장과의 대면 보고는 임원이 하게 되며, 특수한 주요 안건일 경우 평사원이 임원과 함께 동반 보고를 하게 된다. 하지만 일진에서는 조금은 다른 광경이 종종 벌어지곤 한다. 보고서 중 특이할 만한 상황이거나 관심 가는 분야가 있으면 허 회장이 담당자를 찾아 직접 연락을 취해 프로젝트에 대해 묻기도 한다. 신입 사원부터 임원까지 그 경계는 없다. 상황이 이렇다 보니 처음 허 회장의 연락을 받은 직원은 당황하는데, 이는 경영에 있어 직원들과의 벽을 허무는 허 회장만의 소통법이기도 하다.

간단한 보고일 경우, 허 회장은 카카오톡 메시지로도 직원들과 소통한다. 여기서 허 회장의 직원과의 소통이 굉장히 인상적이다. 보고 안건의 비중에 상관없이 늘 직원들의 메시지에 '잘 봤습니다'라든지 '고생했습니다' 등과 같은 답글로 응하며, 직급이 낮은 직원일수록 말이나 메시지에 더욱 정중함을 갖춘다. 자칫 일을 잘못 진행했을 경우 꾸중을 하는 경우도 있으나(대개는 임원진) 상대가 인격적으로 상처를 입는 행위나 말은 극도로 경계하고 삼가는 편이다. 대신 개선점이 필요하다면 업무의 전문성에 대해 보다 날카로운 질문으로 직원들이 문제점을 직시하고 해결할 수 있도록 말에 무게 중심을 둔다. 기업의 리더로서 직원들을 아우르면서도

경계를 허문 소통을 이어가는 허진규 회장

스스로 긴장감을 잃지 않게 하는 허 회장만의 통솔법 중 하나인
데, 이는 실제로 조직의 구조가 클수록 폐쇄적이고 보수적인 방
향으로 치중되는 경영 방식에서 탈피해 열린 구조 속에서도 조직
을 더욱 견고히 하는 리더십을 발현, 그룹의 성장에 지대한 영향
을 끼치고 있다.

메모, 정리, 시간의 달인!

허진규 회장의 집무실에 가면 눈길을 끄는 물건이 하나
있다. 바로 허 회장 데스크 뒤 벽면을 가득 채운 서류함이다. 수

십 개에 이르는 서류함에는 계열사별로 보고되는 각종 서류를 보관해놓았는데, 그 정리법의 정교함에 보는 이들이 혀를 내두를 정도다. 허 회장의 메모광은 직원들 사이에서도 잘 알려진 이야기다. 보고를 위해 집무실에 들르게 되면 허 회장은 담당자의 말 중 특이 사항을 포스트잇에 따로 일일이 메모한 다음 보고서에 함께 첨부한다. 때로는 지시 사항을 메모해 전달해주는데 그중에는 과거 허 회장이 현장을 둘러봤거나, 해외 출장 및 세미나에서 보고 습득한 정보나 지식도 상당수 기재되어 있어 실제로 어려움을 겪고 있던 업무 해결에 큰 도움이 되곤 한다.

또한 허 회장은 시간 개념도 철두철미하다. 종종 우리는 지위가 높을수록 미팅이나 행사, 모임에 늦게 참여하는 리더들을 보게 되곤 한다. 그것이 리더의 위엄이라고 생각했는지도 모른다. 하지만 허 회장은 시간 약속을 철저히 엄수한다. 때로는 예정된 시간보다 이른 시간에 참여해 담당자들이 당황하는 경우가 있을 정도니 그 철두철미함이 어느 정도인지는 짐작이 되고도 남을 것이다. 상대를 기다리게 하는 것보다 기다리면서 상대를 환대하고, 대화를 이어 나가는 것이 허 회장만의 경영 방식이다.

중견 기업이 설립한 대학 연구소

최규완_現 일진그룹 비서실장

●

산학 협력의 첫 포문을 연 신소재공동연구소

서울대에 지어진 신소재공동연구소는 우리나라 최초로 기업이 대학에 기부해 설립한 연구소다. 지금이야 기업과 대학 간의 산학 협력은 흔한 일이 되었지만, 1990년대 당시만 하더라도 이윤을 향해 달려가는 기업이 연구 기관에 기부를 한다는 것은 매우 어려운 결정이었다. 특히나 이제 갓 성장세를 구축한 중견 기업의 결정이었기에 이는 업계 전반을 놀라게 하는 최대 이슈였다.

1989년 어느 날, 허진규 회장은 1통의 전화를 받았다. 서울대 이동녕 교수였다. 이 교수는 허 회장의 서울대 금속공학과 2년 선배이기도 하나, 무엇보다 1970년대 일진의 성장에 핵심 역할을 한 동복강선을 공동 개발하면서 맺은 인연으로 그 의미가 각별한 인물이다. 모처럼 이 교수로부터 걸려온 전화에 허 회장은 매우 반가워했고, 곧바로 서울의 모처에서 만남을 가졌다. 하지만 이로부터 며칠간 허 회장은 밤잠을 이루지 못할 정도로 고심이 깊어졌다.

"조금만 시간을 주십시오. 긍정적으로 검토한 후 답을 드려도 되겠습니까?"

긍정적이라는 단서를 달기는 했으나, 며칠을 거듭한 고민에도 허 회장은 쉽사리 결정을 내리지 못했다. 회사 내 임원진들 사이에서도 반대의 목소리가 높았다.

"회장님, 아직 저희 기업 규모로서는 무리입니다. 대기업도 선뜻 나서지 못하는데 일진이 굳이 그 부담을 떠안을 필요는 없지 않습니까?"

무엇이 이처럼 허 회장과 일진그룹 임원진들을 고심에 빠지게 한 것일까? 바로 서울대 내 신소재공동연구소 건축 설립을 위한 기부였다. 1987년 문교부는 우리나라 공업 전반의 부흥을 위한 발판으로 재료 연구의 중요성을 인식하고 서울대에 이를 요청, 교내에 신소재공동연구소를 설립했다. 하지만 학교나 정부의 의지가 컸던 연구소라 해도 거액의 연구용 건물을 짓는 것이 순조롭지만은 않았다. 실질적으로 예산 편성이 기대했던 것보다 그리 넉넉하지 않았던 까닭이다. 이에 서울대 측은 문교부와 상의한 끝에 기업체로부터 기증을 받는 것으로 그 대응 방편을 강구했다. 하지만 이 또한 간단하지 않았다. 대학이 기업체로부터 기증받을 경우 사회적으로 받는 주목이 상당하므로 그에 걸맞은 규모와 사회적으로도 검증된 기업이어야만 했다. 물론 기업의 기부 의사도 중요한 요소였다. 당시만 하더라도 기업이 대학에 연구 시설을 기증하는 전례가 없어서 선뜻 큰 규모의 기부금을 내놓을지도 미지수였다. 이 두 요소를 놓고 고민하던 중 신소재공동연구소의 책임 역할을 맡고 있던 이동녕 교수는 일진을 떠올렸다. 앞서 동복 강선과 공업용 다이아몬드 개발을 통해 산학 협력을 성공적으로 이끈 경험이 있는 만큼 신소재공동연구소의 취지를 누구보다 잘 이해할 수 있으며, 소재 산업을 전면으로 한다는 기업이라는 점과 허 회장이 서울대 금속공학과 출신인 만큼 후배들을 위한 본보기로서 그 역할을 할 것이라 판단했다고 한다. 또한 일진의 경우 다른 기업과 달리 정치적인 세력과는 철저한 거리 두기를 하고 있어 기증 이후 만약의 경우 발생할지도 모르는 복잡한 잡음도 없을 것이라 여겼던 것 같다. 이에 이 교수는 일진을 제안 후보 기업으로 우선순위에 두고 연구소 내 다른 교수들의 의중을 물었다. 교수들 역시 이 교수의 판단에 긍정적인 의견을 두기는 했으나, 이제 갓 성장하는 중견 기업인 만큼 기업 차원에서 큰 금액을 출연하는 것이 과연 가능할지 의구심을 품었다. 이 교수 역시 이를 우려하지 않은 바는 아니지만 국내 공학 기술 개발에 있어 누구보다 큰 뜻을 품고 있는 허 회장의 바람을 알기에 일단 만남을 제안해왔다.

"허 회장, 소재의 발전이 없이는 산업 발전도 없다는 것을 자네도 잘 알 걸세. 소재는 모든 산업의 뿌리나 다름이 없네. 에너지·정보·유전공학 등 미래의 문명사회를 주도해 나갈 각종 첨단 산업의 근간이 되는 재료, 신소재의 역할이 그 어느 때보다도 중요

일진의 후원으로 세워진 서울대학교 신소재공동연구소

한 시기일세. 일진이 그 뜻을 함께했으면 하는데 고심해주게나."

물론 그 취지만큼은 허 회장 역시 전적으로 공감했다. 하지만 총 건평 1,500평에 지하 1층 지상 4층 규모의 총 약 35억 원의 공사비를 기부한다는 것은 일진으로서는 무리수에 가까운 일이었다. 당시 일진은 총 매출 1,550억 원을 달성하고 있던 터라 외부 기부보다는 기업 내 성장 가도를 위한 내부 투자가 더욱 절실한 상황이었다.

그로부터 허 회장과 이 교수가 다시 만난 것은 10여 일이 지났을 무렵이다. 이 교수가 국제 학술 세미나 참석 차 스웨덴으로 일주일간 출장을 떠난 터라 시간적인 여유가 있었다. 금액이 큰 만큼 회사 차원에서도 열띤 논의가 이어졌다. 그렇게 10여 일 후!

"일진에서 기증하겠습니다."

허 회장은 이 교수와 만난 자리에서 신소재공동연구소 건물 기증을 하겠노라며 그 뜻을 전달했다. 물론 허 회장 역시 당시의 일진으로서는 무리한 결정이라는 것을 알고는 있었으나 미래 산업으로 향하는 국내의 기술력 향상은 소재·부품 산업에 있어 수입에만 의지해 기술력에 있어 불모지나 다름없던 국내에서 처음 일진을 창립할 당시 지녔던 꿈의 그림이었기에 이 교수의 제안이 쉽사리 뇌리에서 떠나질 않았다. 이와 같은 상황에서 주저하는 허 회장을 설득시킨 것은 다름 아닌 사모님이다.

"돈을 움켜쥐고 자녀들에게 물려주는 것보다 연구 시설이 있어 아까운 재능을 썩히는 후배 공학도들에게 연구의 터전을 마련해 주는 것이 훨씬 값진 일이지 않을까요? 당신이 진정으로 원하는 것에 있어서 주저함이 없었으면 해요."

사모님의 말은 허 회장이 의중을 굳히는 데 큰 힘이 됐고, 실제로 신소재공동연구소에는 금속재료부, 전자재료부, 요업재료부, 섬유 및 고분자재료부 등 4개 연구소가 마련돼 후배 공학도들을 위한 연구의 터전이 되었고, 대한민국이 첨단 산업 분야로 성장해 나가는 데 중요한 산실이 되었다.

1989년 6월 15일 착공을 시작한 신소재공동연구소 연구동 건물은 약 1년 만에 공사를 마치고 1990년 7월 4일 준공식을 가지며 제1호 산학 협력 연구소로 첫 포문을 열며 소재 분야에 있어 연구 개발에 속도를 내기 시작했다. 각 분야별 연구 과제가 선정돼 본격 연구에 돌입했고 빠른 속도로 결과물을 내며 대학과 기업에 그 결과가 공개되며 대한민국 산업 발전의 기반을 다져 나갔다. 일진이 보인 이 같은 산학 협력의 사례는 국내 산학 협력에 새 바람을 일으키며 각종 언론에서 '대단위 산학 협동의 모범', '신소재 연구 활성화의 계기' 등의 기사를 통해 주목했으며, 이후 각 기업들이 각 대학 연구 기관과 산학 협력을 적극적으로 이어가는 데 지대한 영향을 끼쳤다.

인재 양성을 향한 멈추지 않는 지원, 덕명학술문화재단(현 일진과학기술문화재단)

　　신소재공동연구소 설립을 기점으로 일진은 우수 인재 발굴을 향한 산학 장학금 제도를 보다 활성화시켜 나갔다. 산학 협동의 취지로 시작된 이 제도는 매년 각 대학의 우수한 인재를 발굴해 집중 지원하고 예비 일진의 가족으로서 그 연대감을 구축해 나가는 장학 제도다. 실제로 동복강선과 공업용 다이아몬드 연구 개발 및 운영에 참여한 많은 일진의 인재들이 이 산학 장학금 제도를 지원받았으며, 일진이 성장해 나가는 데 주요한 역할을 해왔다. 이러한 산학 장학 제도의 강점을 인식한 일진은 1993년 12월 15일 '덕명학술문화재단'을 설립해 적극적으로 인재 발굴에 앞장서 나갔다. 국가 사회에 기여할 수 있는 인재 발굴과 육성, 학술 및 학문 분야의 개발과 진흥을 목적으로 하는 덕명학술문화재단은 이듬해에 재단을 설립한 후 처음으로 서울대 학생에 대한 장학금 수여식을 가졌으며 이후 중·고등학교와 대학교에 학비 지원과 자연 및 인문 과학 우수 논문 시상, 학술 연구비 보조, 교육 학술 기술 연구 단체에 대한 보조 등을 통해 적극적인 행보를 이어갔다. 재단 외 그룹 차원의 사내 인재 육성에도 활발한 활동을 이어갔는데, 석박사 학위 취득 제도 시행, 특성화고 및 전문대 채용 확정자에 대한 장학금 수여 등 다양한 지원 제도를 마련해 나갔다. 이는 인재 육성이야말로 일진그룹, 나아가 국가의 희망이라는 인식 아래서 시작된 것으로, 일진은 21세기를 리드하는 인재의 발원지로서 그 역할을 다하기 위해 이 순간에도 아낌없는 지원과 노력을 하고 있다.

김향식 여사에게 듣는
허진규 회장 이야기

인터뷰어 임동수_일진그룹 커뮤니케이션팀 상무

●

김황식 전 국무총리의 누님이자, 일진그룹의 허진규 회장과 함께 평생을 함께하신 반려자이신 김향식 여사를 인터뷰했습니다.

Q 회장님께서 무척 젊은 나이에 사업을 시작하셨는데요?

A 회장님께서 회사를 다니다가 부도가 났을 때는 앞날이 막막했지요. 회장님을 아끼시던 교수님이 한양대에 계셨는데, 회장님 보고 계속 오라고 하셨어요. 본래 회장님이 유학도 가시려고 했고, 학자의 길에 뜻이 있었으니까 학계에서 키우려고 하셨던 것 같아요. 그래서 그 길로 가야 할지, 저라도 뭔가 일을 해야 하지 않을까 고민도 했었죠.
그러다 너무 답답해서 연모하는 외숙님의 소개로 역학을 하는 스님께 물어보기도 했습니다. 그런데 그분 말씀이 회장님이 사업을 하면 교수님보다 더 성공하고 존경을 받는다고 하셨어요. 무엇보다 회장님의 의지도 워낙 확고하고 해서 그때부터는 마음을 비우고 회장님께서 하자는 대로 도와야겠다는 생각만 했습니다.

Q 회장님이 40대 초반에 간염 때문에 많이 아프셨다고 들었어요. 그때 내조하느라 많이 힘드셨겠어요?

A 부처님을 믿고 불공 많이 드렸습니다. 간에 좋다는 음식은 다 해드리려고 했어요. 고단백 음식을 섭취해야 하니까 장어 같은 음식들을 구해드린 게 기억이 나네요. 새벽에 영등포 시장에 냄비를 들고 가면 연탄아궁이를 갖고 장사하는 분이 있어요. 거기 가면 손질도 하고 초벌구이까지 해줍니다. 그러면 집에 와서 물을 붓고 장어탕을 끓여드렸죠. 광주에 있는 여동생이 도와줘서 간에 좋다는 고둥, 다슬기 같은 음식도 고속버스로 공수해서 많이 해 드렸고요.

Q 회장님이 사업가보다는 학자가 되셨으면 어땠을까요? 사업가의 아내로 산다는 것이 쉽지만은 않으셨을 텐데요?

A 주위의 친구들은 제가 공무원 부인이나 했어야 맞을 사람인데, 사업가의 부인이 되었다는 소리를 가끔 해요. 공무원 남편을 둔 친구들이 네가 더 잘 어울리는 자리가 여긴데라는 식으로 말들

을 하더군요. 제가 매사에 조심스러운 성격이니까 그렇게들 말하는 것 같아요. 그냥 저는 불교의 가르침대로 마음을 비우고, 그저 저에게 주어진 것을 한다는 생각으로 지금까지 살았어요.

Q 전적인 기업의 기부로 서울대학교에 연구소를 설립하는 게 당시로서는 처음 있는 일이라 결정하기가 쉽지는 않으셨을 텐데요?

A 사실 당시 저희들에게는 벅찬 일이었는데요. 기자들이 전화를 걸어서 물어보기에, 자식들에게 건물이나 넘겨주는 것보다는 훨씬 보람 있는 일이 아니겠냐고 대답을 했어요.

당시 기부할 사람을 물색하던 이동녕 서울대 교수가 부모님에게 물려받은 재산으로 기부를 하는 것보다 같은 동문 출신으로 국가를 위해서 이바지한 사람이 기부하는 것이 좋겠다는 의견을 말했고, 조완규 총장님도 좋아하셨기 때문에 우리가 하게 되었죠. 회장님의 뜻도 강하셨고요. 저는 이런 기회가 와서 감사하다고 생각하고 있어요.

근본적으로 후학을 양성하고 싶은 마음은 누구나 있는 거잖아요. 저희들에게 그럴 수 있는 기회가 와서 감사할 따름입니다. 아무리 하고 싶어도 기회가 오지 않으면 못하는 것이니까요.

나중에 회장님이 서울대에 들르셨다가 연구소가 새벽 3~4시까지 불이 꺼지지 않는 모습을 보고 뿌듯해하셨어요. 그 늦은 시간까지 연구를 한다면서, 일생에 잘한 일이라고 크게 기뻐하셨죠.

Q 세계적인 대기업인 GE와 소송할 때는 회장님이랑 같이 마음고 생을 많이 하셨겠어요?

A 회장님은 처음에 많이 억울해하셨죠. 내가 잘못한 게 없는데 왜 물러나야 하냐고, 힘만으로 밀어붙이는 것은 용납할 수 없다 고. 내가 옳다는 확신이 있으니까 억울해서라도 끝까지 가겠다고 하셨어요. 뭘 하든 뚝심이 있는 분이니까요.

Q 여사님께서 보시는 회장님은 어떤 분인지 궁금하네요.

A 회장님이 본래 넉넉한 농가의 막내아들로 좋은 환경에서 잘 자 라 타고난 인성이 좋으세요. 들로 산으로 뛰어다니고, 학교를 몇 십 리를 걸어 다니면서 순수하게 자랐죠. 동서님들이 시동생을 아주 예쁘게 보고 사랑을 듬뿍 받고 자라서 착하고, 모범생으로 공부도 열심히 하고 그랬던 것 같아요. 본래 그렇게 다정한 성격 인데, 한번 화를 내시면 또 무섭게 화를 내세요. 그런 강한 면이 있고, 또 스스로에게도 그렇고 엄격한 점이 있으시니까 힘든 사업 을 이렇게 오랫동안 잘 이끄셨겠죠.

Q 여사님은 어떤 가정 환경에서 자라셨는지요?

A 아버님이 교육열이 높았어요. 장성長城이 고향인데 애들 교육할 때가 되니까 광주로 이사를 가셨죠. 그래서 저희 형제들이 다 광

주에서 고등학교까지 마쳤어요. 아버님이 향교 전교典校도 하시고 지역 유지여서, 군청에서 국회의원 같은 큰 손님이 오시면 다 맞이하고 하셨어요. 손님이 많아 아버지께서 손님을 모시고 오면 어머니께서 늘 그분들 모시고 대접하는 것이 일이었어요.

형편이 어려운 사람들도 많이 찾아왔어요. 어머니께서는 그렇게 찾아오는 사람들을 다 거둬 먹이고 입히고 하셨어요. 자식들은 굶겨도 손님은 대접을 하셨거든요.

광주에 살던 때, 고향 사람들이 시험 보러 광주에 오면 전날 밤 저희 집에서 묵고 갔으니까요. 그런데 못살던 시절이니까 얼마나 남루했겠습니까? 그러면 목욕 후 저희들 옷을 입혀 시험 보러 가게 했어요. 그리고 그 사람들이 성장하면 일반 기업과 선생님 같은 일자리까지 알아봐 주시고 했어요.

그런 어머니께서 살아생전에는 자식들 체면이 있으니까 외출할 때는 차려입고 나가셨지만 안에서는 아버지 파자마 떨어진 것으로 속옷을 해 입을 정도로 검소하셨어요. 어머니 돌아가시고 나서 생전에 쓰시던 방을 치우려는데 치울 게 없을 정도였으니까요. 그때는 어려서 몰랐죠. 살아가면서 점점 더 느껴요. 불편하기만 하다고 여겼지 살아가면서 참 철학이 있고, 지혜가 있으신 분들이구나라는 생각이 많이 들어요.

오신 분들을 한 번도 그냥 보내지 않으셨으니까요. 내 집에 발을 디딘 사람들은 밥을 먹든 뭘 먹든 어떻게든 대접을 해줘서 보낸다는 주의였어요. 우체부가 오면 항상 미숫가루를 타서 시원하게 마시고 가게 했고, 담배도 미리 사뒀다가 한 갑씩 드리고 했었어요.

나이가 들면서 이게 이런 거구나 저게 저런 거구나 인생에 대해 조금씩 깨달으면서 부모님 생각을 더 많이 하게 되죠.

Q 회장님이 가정적인 편이셨는지 궁금하네요?

A 동네에 같이 살던 분들도 다 기억하는데 딸들을 특히 예뻐하셨어요. 목말도 많이 태워주셨고, 자전거에 태워서 일 보러 갈 때도 같이 가고 그랬죠. 사업하면서 강해진 부분도 있지만, 본래 다정다감한 성격이시니까요.

부부끼리 모임이 있어서 만나면 지금도 친구들이 다른 분들에게는 그렇게 못해도 회장님에게는 항상 가깝게 장난도 걸고 그래요. 회장님이 소탈한 걸 아니까 편하게 대하는 것 같아요.

Q 끝으로 회장님께 바라는 점이 있으시다면요.

A 제가 얼마 전 이비인후과를 다녀왔어요. 첫 시간에 예약을 해놓아서 아침 일찍 갔는데도 사람이 많았지요. 그런데 한쪽에 어떤 분이 단아하게 앉아 계세요. 모자를 이렇게 쓰고 참 단아하신 모습이 눈에 딱 띄었어요. 제가 먼저 예약을 했는데, 저에게 양해를 구하더니 그분을 먼저 치료해주셨어요.

그때 친한 간호사 분이 다가와 넌지시 말하기를 저분이 아흔다섯이신데 저렇게 고우십니다라고 하길래 깜짝 놀랐어요. 치료실 문이 열려 있었는데, 그분이 의사 앞에 갈 때는 또 모자를 벗으면서

예의를 딱 갖추더라고요.

그래서 간호사 분에게 "어떻게 저분이 귀가 아파서 오셨나요" 하고 물어보니까 "귀는 아무렇지도 않습니다. 저분은 1년에 딱 2번 귀 청소하러 오세요"라고 하시는 거예요. 그 연세에 몸 관리를 그렇게 잘하는 모습이 얼마나 보기가 좋습니까? 태도도 좋고, 그 어르신의 모습이 참 좋아서 오랫동안 기억에 남았어요.

회장님이 어떤 면에서 일만 보고 일생을 사셨잖아요. 가끔 골프나 칠 뿐이지, 회장님은 노시는 것도 잘 모르세요. 다른 부부들은 편안하게 놀러 다니면서 여생을 보내는데 회장님은 아직도 일 밖에 모르시니 다른 친구들도 회장님한테 예전에는 같이 놀러 가자고 연락을 하다가 이제는 부르지도 않아요.

제 마음 같아서는 이제는 회장님이 전쟁터 같은 곳에서 벗어나 좀 편안해지셨으면 좋겠어요. 그 이비인후과에서 봤던 어르신처럼 단아하게 그렇게 함께 늙어갔으면 좋겠다는 생각을 하는 거죠. 그런데 한편으로는 그것도 제 욕심이 아닌가 하는 생각도 들어요. 평생 일만 하신 분이 또 일이 없으면 더 빨리 늙으실 수도 있으니까요. 어쨌든 슬기로운 분이니까 마무리도 지혜롭게 잘하실 거라고 믿습니다.

Q 회장님께서 반세기 동안 사업을 하시면서 기술로 애국도 하시고, 국가적으로 기여도 많이 하셨는데 거기에는 여사님 내조의 공도 컸다고 생각합니다. 오늘 인터뷰 감사합니다.

일진그룹 허진규 회장
주요 수상 기록

●

광주과학기술원GIST **명예 공학 박사**

수여일: 2015. 11. 16.

수여 기관: GIST

주요 내용: 기업인으로서 연구 개발 혁신을 이끌어온 공로를 기리고, GIST 이사장으로 활동하면서 GIST가 연구 역량을 키우고 칼텍과의 교류, 협력을 추진하는 등 GIST 발전에 크게 기여함을 인정해 GIST 설립 22주년을 기념해 명예 공학 박사 학위를 수여함

언스트앤영Ernst&Young **최우수 기업가**Master**상**

수여일: 2013. 11. 21.

수여 기관: 한국 EYErnst&Young한영

주요 내용: EY 최우수 기업가상은 미국에서 기업가 정신을 널

리 확산시키기 위해 제정된 상으로, '대한민국 원조 벤처인'으로
서 허진규 회장의 창업 정신과 경영 철학을 높이 평가한 바, 한국
EY한영에서 제7회 최우수 기업가상 중 최고의 영예인 기업가상
을 수여함

금탑산업훈장–대한민국 기술대상 기술진흥 부문 최고상
수여일: 2008. 12. 22.
수여 기관: 지식경제부 주최, 한국산업기술재단 주관
주요 내용: 1968년 일진금속공업사 설립 이후 수입에 의존하던
소재·부품을 국산화하는 데 노력한 공적을 인정받아 산업 기술
진흥 유공자 기술진흥 부문 최고상인 금탑산업훈장을 수여함

한국을 일으킨 엔지니어 60인
수여일: 2006. 12. 5
수여 기관: 서울대 공과대학, 한국공학한림원
주요 내용: 1968년 창업 이래 PCB용 일렉포일과 공업용 합성
다이아몬드, 정밀 공구 소재인 마이크로 드릴용 소재 특수 동박
등을 개발하고, 프로젝션용 싱글 LCD 패널 개발에 참여하는 등
40여 년간 소재·부품의 한 우물을 판 대표 엔지니어로 인정해 선
정됨

무역인 대상

수여일: 2002. 8. 22.

수여 기관: 한국무역학회

주요 내용: 1968년 창업 이래 전기, 전자, 신소재 등 소재·부품 분야에서 순수 자체 기술로 400여 품목을 개발하는 등 국내 핵심 기술 개발에 크게 기여한 공로를 인정받아 2002년 무역학자 전국대회에서 무역인 대상을 수여함

인촌상-산업 기술 부문

수여일: 1996. 10. 11.

수여 기관: 인촌기념회

주요 내용: 산업 기술 분야에서 탁월한 업적을 남긴 인사들이 수상하는 상으로, 우리나라 통신 전자 기술을 세계적으로 끌어올린 공적을 인정받아 제10회 인촌상을 수상함

3부

기술 보국의 비전

허진규와 반세기의 집념

김황식_前 국무총리

●

허진규 회장의 성장 및 학창 시절

　　허진규許鎭奎 회장은 1940년 12월 1일 전라북도全羅北道 부안군扶安郡 보안면保安面 부곡리富谷里에서 아버지 허병묵許秉默과 어머니 황성녀黃性女 사이에서 7형제의 막내로 태어났다. 당시 해방 후 그리고 6·25 전쟁으로 이어지는 어수선한 시기였고 평범한 농가의 7형제 중 막내아들로 태어났기 때문에 학교를 다녀오면 동네 아이들과 어울려 산과 들을 돌아다니며 놀거나 때때로 어른들의 심부름을 하거나 소에 풀을 뜯기는 등 집안일을 돕는 것이 전부였고, 학교 아닌 집에서 공부해야 한다는 생각은 미처 하지 못하며 지냈다. 보안국민학교는 집에서 4km 남짓 떨어져 있어 통학하는 데 왕복 2시간이 걸렸다. 비나 눈이라도 많이 내리면 아이들은 학교 가는 것을 포기했지만, 허 회장은 누가 가르쳐준 것은 아니었지만 학교를 빠져서는 안 된다는 생각을 갖고 있어서 결석하는 일은 없었다.

그런데 허 회장은 6·25 전쟁이 일어난 해에 작은 계기를 통해 지금까지의 생활 습관과 생각을 바꾸게 하는 일을 경험했다. 그해 전주에서 한 아이가 전학 왔는데, 얼굴은 하얗고 고무신 대신 운동화를 신고 행동거지도 세련된 아이였다. 전학 오자마자 공부도 1등을 차지했다. 지금까지 어울려 지내던 아이들과는 전혀 다른 타입의 아이였고, 그가 새롭게 끼어든 학교는 별세상 같은 느낌이 들었다. 허 회장은 자신도 무엇인가 변화해야 한다는 생각을 했다. 우선 공부를 열심히 해야 한다는 자각을 하게 되었다. 그때부터 학교에서는 물론 집에서도 공부하기 시작했다.

한 번은 담임 교사인 김병달 선생이 수업 시간 중 "아무개는 머리는 좋은데 공부를 열심히 하지 않아 문제고, 아무개는 머리도 좋고 공부도 열심이어서 칭찬받을 만하고…" 하는 식으로 아이들 이름을 거명하며 머리의 좋고 나쁨을 평가하면서 공부를 열심히 하는 아이와 하지 않는 아이를 구분해 나갔다. 그런데 한 여자아이가 느닷없이 끼어들며 "선생님, 허진규는요?" 하고 물었다. 그러자 김병달 선생은 "허진규, 머리가 참 좋지" 하시는 것이다. 이 말은 허 회장에게 칭찬이자 자신감을 심어주는 계기가 되었다. 아무튼 이런 일들을 계기로 공부를 열심히 해 1~2등을 하게 되었다.

당시는 중학교에 진학하기 위해서 전국 공통의 학력고사를 치렀는데, 허 회장은 성적이 좋아 그 점수로 여유 있게 전북 최고 명문인 전주북중학교에 진학할 수 있었다. 그러나 집 안에서는 전쟁 끝 무렵으로 불안하다는 이유로 줄포중학교茁浦中學校로 진학하도록 했다. 이 학교는 집에서 8km 이상 떨어져 있어 빠른 걸음으로 2시간 가까이 걸렸다.

중학교 시절 하루도 빠지지 않고 그 먼 거리를 통학한 것은 힘든 일이었지만, 지나고 보니 성실과 끈기를 배우고 훈련하는 좋은 기회였고 평생 건강에 큰 도움이 되었다. 등하굣길에 계절에 따라 변하는 자연을 즐기고 그 가운데 평범한 이치를 깨닫기도 했다. 비라도 내려 진창이 된 길을 걷노라면 신발 바닥에 흙이 떡 반죽이 되어 들러붙는 바람에 발걸음이 무거워졌다. 흙을 털어내기 위해 발을 내던지듯 흔들면 신발이 빠져 저만큼 달아나곤 했다.

그러나 오가는 통학 시간까지도 공부하는 시간으로 활용했다. 학교 근처에 살면서 허 회장과 1~2등을 다투는 한 아이가 자기가 허 회장을 따라잡고 1등을 하겠다는 다짐을 하고 있다는 이야기를 듣고 나서부터다. 그 아이가 방과 후 놀다가도 "이제 곧 허진규가 집에 도착해 공부를 시작할 시간"이라며 놀기를 그치고 공부를 시작한다는 이야기를 전해 들은 것이다. 허 회장은 그 이야기를 듣고 뒤지지 않겠다는 다짐을 하며 집에 돌아가는 길에도 책을 펴 들고 읽으면서 걷기 시작했다. 그런 집념과 열성으로 전교 최고의 성적을 놓치지 않았다. 그렇게 성실하게 학교생활을 하며 미래에 대한 꿈을 키워갔다.

1956년 중학교를 졸업한 후 전라북도 도청 소재지인 전주全州로 유학, 명문 전주고등학교全州高等學校에 진학했다. 전주에서 외가 친

고등학교 시절의 허진규 회장(왼쪽)

척집에 기숙하며 학교를 다녔는데 전주고 화학 교사인 외6촌 형 황혁구와 함께 기거했다. 재학 시절 내내 최상위권 성적을 유지했는데, 특히 물리를 포함한 과학 과목에서 탁월한 재능을 보였다. 아무래도 함께 기거한 형의 영향과 자극을 받았기 때문이다.

대학 진학을 앞두고는 부모님은 의대를, 형님들은 법대를 진학할 것을 권했으나 허 회장은 공대를 택했다. 과학 과목에 재능이 있었을 뿐 아니라 공대에 진학해 공학을 전공, 장차 산업 발전을 위해 능력을 발휘할 수 있다는 자기 나름의 확신을 했기 때문이다. 마침 서울대학교 공과대학 금속공학과에 진학한 1년 선배 조정완이 진학 지도 차 학교를 찾아와 권유한 것이 금속공학과 진학의 계기가 되었다.

허 회장은 1959년 서울대 금속공학과에 지원, 무난히 합격함으로써 마침내 공학도로서의 커리어를 시작했다. 허 회장은 4년간의 대학 생활 동안 수업과 실험에 전념해 실력을 키워 나갔다.

1~2학년 때는 시골이나 다름없던 공릉동에서 하숙 생활을 했고, 3~4학년 때는 신축한 기숙사에서 생활하며 공학도로서의 꿈을 키워 나갔다. 특히 대학 3학년 때는 'ROTC'에 입대해 예비 장교로서의 길을 걷기 시작했다. 우리나라가 이 제도를 도입한 것은 1961년이었고, 허 회장이 바로 그 첫 기수였다. 1기생 절반 정도가 서울대 출신이었고 이들은 졸업 후 사회에 진출해 각계에서 큰 활약을 했다. 허 회장으로서도 전공이 다양한 이들과 오랫동안 교류하면서 다양한 지식과 경험을 나누었기에, ROTC 생활은 살아오는 동안 큰 자산으로 작용했다. 허 회장은 1994년부터 1996년까지 2대에 걸쳐 ROTC중앙회장을 역임하기도 했다.

1963년 대학 졸업과 동시에 허진규 회장은 소위로 임관해 군 생활을 시작했다. 근무지는 서울 용산에 있는 육군본부 병기감실 조병造兵위원회였다. 병기감실은 총포와 탄약, 차량 등 군부대의 필수 장비들을 관리하고 개발하는 곳이다. 유사시를 대비해 관련 장비나 징발 대상이 될 차량 등을 파악하고 점검하는 것은 물론 무기 국산화 작업을 추진하는 부서다.

특히 박정희 정권이 출범한 당시로서 각종 병기의 국산화와 고급화가 국가적인 과제로 강조되었기 때문에 부서의 책임이 막중했다. 서울대 공대 원자력공학과 출신 2명, 기계공학과 출신 2명, 금속공학과 출신 1명 등 총 5명의 갓 임관된 소위들이 위원회에 배속되어 미국 유학을 다녀온 영관급 엘리트 장교들과 더불어 일하는 것은 매우 보람 있었다. 총포, 탄약, 차량과 관련된 기업들의 현장을 방문해 실태를 파악하고 때때로 미8군과 협조하고 함께 회의하는 일도 유익한 새로운 경험이었다. 여기에서 얻은 지식과 경험은 자신이 앞으로 나아가야 할 길을 열어주었다.

그러나 무엇보다 중요한 깨달음이 있었다. 자국을 지키는 대부분의 군수 물자를 미국으로부터의 수입에 의존하고 있는 현실에 눈을 뜬 것이다. 허 회장의 눈에 비친 우리나라 산업의 참담한 현실은 비단 군수 물자에 그치는 것이 아니었다. 군부대 안에서나 사회에서나 전기, 발전, 건설 등 대부분의 기간산업이나 기초 산업이 전적으로 외국의 기술과 자본에 의존하고 있었다. 만약 미국 같은 외국의 기술 지원이나 자본 원조가 끊긴다면, 당장 나라의 존폐를 걱정해야 하는 것이 당시 우리나라의 현실이었다.

당초 2년의 군 생활을 마치면 미국 유학을 떠날 계획이었으나, 늙으신 부모님의 재촉에 따라 1964년 4월 30일 전남 장성 출신인 동갑내기 김향식 여사와 결혼을 하게 되었다. 또 병기감실에서 근무하는 동안 느낀 바를 토대로 유학보다는 바로 현장에 뛰어드는 것이 바람직하다는 생각을 갖게 되어 유학을 단념했다. 당장 나라의 운명이 위태로울 만큼 낙후된 한국 공업의 현실 앞에서, 외국에 나가 기약 없는 공부를 한다는 것 자체가 사치스럽게 느껴진 것이다. 그리고 그 현실을 바꾸기 위해 비록 작은 힘이라도 보태는 것이 공학도의 꿈을 키운 자신의 사명이라는 사실을 깨닫게 되었기 때문이기도 했다.

어린 시절 수십 리 길을 오가며 배움을 키우고 고등학교 시절 이미 공학도가 될 확고한 꿈을 세웠던 허 회장, 그가 대학을 나와 처음 접했던 세계는 군대였고 그 군 생활을 통해 깨달은 것은 바로 자신이 가야 할 길이었다.

첫 직장에서의 경험과 창업의 결심

허 회장은 군 복무를 마친 직후인 1965년 3월, 경기도 부천에 있던 단조 제조 업체인 한국차량기계제작소에 입사했다. 당시 금속공학과 출신이 선호하는 기업은 인천제철, 한국기계(대우중공업, 두산인프라코아의 전신) 등 대기업이었으나 허 회장은 고심 끝에 대기업이 아닌 한국차량기계제작소를 선택했다.

그 업체는 일본에 있는 주물 공장을 매입해 해체한 뒤 그대로 한국으로 이전해 왔는데, 병기감실 근무 시 수시로 방문해 잘 아는 기업이었다. 대기업보다는 그곳이 전공에 맞는 실무를 잘 익히고 자신의 능력을 발전시켜 나가기에 적합하다고 생각한 것이다.

각종 금속 제품을 생산하던 이 회사에서 허 회장이 맡은 역할은 엔지니어였다. 하지만 말이 엔지니어지, 철근 운반과 절단 작업 등 각종 궂은 현장 일도 반복해야 하는 고단한 신입 사원 역할이었다. 이 같은 근무 환경 탓에 허 회장과 함께 입사한 동기생 10명 중 1년을 넘긴 사람이 절반에 불과했을 정도다.

그러나 허 회장은 묵묵히 자신에게 주어진 일에 책임을 다했다. 단 한 번의 지각이나 결근도 하지 않았고 항상 남보다 먼저 출근해 늦게 퇴근했고 덜 쉬고 더 많이 일했다. 앞으로 산업 현장에서 일하며 자신의 꿈을 펼치기 위해서 그 정도의 고생은 마땅히 감수해야 한다는 것이 허 회장의 생각이었다. 실제로 당시 현장에서 어려움을 경험하고 또 그 어려움을 이겨내는 과정을 통해, 허 회장은 장차 어떤 역경도 이겨낼 수 있는 인내와 용기를 배울 수 있었다. 그 정신이 후일 일진의 창업과 성장에 큰 밑거름이 되었음은 물론이다.

하지만 첫 직장에서의 경험은 그리 오래가지 않았다. 입사 1년 8개월 만인 1966년 11월, 회사가 부도가 나는 바람에 본의 아니게 다른 직장을 찾아야만 했다. 그러던 어느 날, 퇴사를 앞두고 다른 직장을 알아보고 있던 허 회장에게 공장장이 진지하게 말문을 열었다. '미야하라'라는 이름의 일본인으로 평소 허 회장의 합리적인 일 처리와 성실한 모습을 눈여겨보고 있었다. 미야하라는 일본에 있던 원래 공장의 공장장이었는데, 자신이 애정을 갖고 키워온 공장이 한국에 팔리자 자진해 공장을 따라 한국으로 올 정도로 일에 대한 강한 열정을 지니고 있었다.

미야하라는 고급 기술자로서의 우월 의식을 갖고서 곧잘 테스트삼아 한국 직원들에게 이런저런 질문을 하곤 했다. 그때마다 허 회장이 답을 하면 뜻밖이라는 표정을 지으며 놀라워하곤 했다. 낚시를 즐겼는데, 허 회장과 주말에 낚시를 함께하며 이런저런 이야기를 나누기도 했다.

미야하라는 "내가 평소 자네를 눈여겨봐왔는데, 자네는 다른 회사로 옮겨갈 것이 아니라 직접 창업을 하는 게 훨씬 나을 걸세. 한국에서는 비철금속을 비롯한 주물 사업이 이제 막 시작 단계고, 그만큼 장래도 밝아. 내가 확신하건대, 자네라면 기술도 좋고 성실하니까 반드시 성공할 수 있어. 그러니 좀 무리가 되더라도 스스로 창업하는 길을 한 번 찾아보게."

공장장의 충고는 분명 뜻밖이었다. 이제 갓 28살의 어린 나이에다 현장 경험도 일천한 마당에 창업이라니. 그러나 공장장의 충고는 허진규 회장의 머릿속을 떠나지 않았으며 머릿속에 다음과 같은 생각이 맴돌았다.

'시작이 반이라고 하지 않는가. 어차피 공업 발전에 투신하고자 했다면, 직접 회사 간판을 걸고 스스로 뛰어다니는 편이 나을 수도 있지 않을까? 창업이라고 해서 막대한 자금을 들이고 많은 종업원을 두는 것으로 거창하게 생각할 필요는 없다. 최소한의 창업 자금을 들여서 혼자의 몸으로라도 일을 시작하면, 그 또한 더 나은 미래를 꿈꿀 터전이 될 수 있지 않은가.'

며칠간의 고민 끝에 허 회장은 마침내 결심을 굳혔다. 공장장의 충고가 결정적인 계기가 되기는 했지만, 허 회장의 마음속에는 이미 공업 발전에 기여하고자 하는 뜻이 확고했고 그 뜻이 확고한 만큼 창업의 결심 또한 확고할 수 있었다.

공장장은 창업의 길을 택하기로 한 허 회장에게 진심으로 격려를 보내주었다. 그리고 자신이 갖고 있던 주물 도면을 건네주며 기술 개발에 참조하라고 말해주기도 했다.

그리하여 1966년 11월, 허 회장은 첫 직장이던 한국차량기계

제작소를 나왔다. 그의 손에는 공장장이 들려준 주물 도면이 있었고, 그의 마음속에는 창업의 부푼 꿈과 의지가 담겨 있었다. 한 금속회사 입사와 고단한 현장 경험, 그리고 회사의 부도와 공장장의 충고…. 이 모든 과정은 허진규라는 한 청년의 운명을 고스란히 바꾸어놓았다. 그리고 그 운명은 곧 일진그룹 50년의 운명을 의미하는 것이기도 했다.

허 회장은 언젠가 일본에 간 기회에 미야하라 공장장을 찾아간 적이 있다. 미야하라는 아들이 운영하는 병원의 경비로 근무하고 있었다. 제복을 단정하게 입고 병원장인 아들에게 깍듯이 거수경례를 하는 미야하라를 보고 "아들에게도 그렇게 하느냐"고 웃으며 물었더니, "병원에서는 아들이 대장이고 집에서는 내가 대장"이라며 씩 웃었다고 한다.

일진그룹의 모태, 일진금속의 탄생

입사 1년 8개월 만에 본의 아니게 직장에서 조기 퇴사한 허 회장은 곧바로 창업 준비에 들어갔다. 창업을 꿈꾸는 젊은 청년의 발걸음은 조금도 망설임이 없었다. 허 회장이 창업을 하게 된 직접적인 계기는 직장에서의 퇴사와 공장장의 조언이었다. 그러나 일찍부터 허진규 회장의 마음속에는 공학을 전공한 사람으로서 해야 할 일이 무엇인지에 관한 고민이 가득했었다. 그리고 언젠가는 자신의 손으로 기술을 개발하고 사업을 시작해, 그 과제를 수행하겠다는 각오를 다지고 있었다. 직장에서의 조기 퇴사와 공장장의 조언은 그 결심을 앞당기게 했을 뿐이다. 허 회장의 마음속에는 이미 오래전부터 창업의 꿈이 싹트고 있었던 것이다.

창업을 위해 가장 먼저 할 일은, 무슨 사업을 할 것인지를 정하는 것이었다. 허진규 회장은 마음속에 구상하고 있는 사업 분야가 있었다. 금속 기술과 관련된 군 생활과 직장 생활을 거치며 허 회장의 머릿속을 가득 메우고 있는 일이기도 했다. 군 병기감실에서 일하는 동안 허 회장은 낙후한 우리나라의 산업 수준에 가슴 아파했으며, 특히 국가 기간산업에 쓰이는 모든 주요 부품이 외국으로부터 수입되어 온다는 사실이 안타까웠다. 그 같은 생각은 잠시 동안의 직장 생활을 거치는 과정에서 더욱 피부로 와 닿았다.

이와 같은 인식을 바탕으로 허진규 회장은 금속 사업, 그 가운데서도 구리, 알루미늄, 납, 아연 같은 비철주물 사업을 시작하기로 했다. 철주물 사업에는 막대한 시설비가 소요되지만, 비철주물 사업은 비교적 적은 시설비로 시작할 수 있기 때문이다. 또한 동합금銅合金이나 알루미늄 합금 등은 각종 제조업이나 기간산업 분야에서 쓰이는 필수 자재였지만, 당시에는 일본 같은 선진국으로부터의 수입에 의존하고 있는 형편이었다.

남들이 하지 못한 일, 그러나 누군가는 반드시 해야 할 일, 허 회장은 바로 그 과제를 찾아 도전을 시작했다. 그리고 마음속으로 '대한민국이 일본으로부터 해방됐지만, 기술은 아직 그들의 식민지다. 기술 국산화만이 그들로부터 진정으로 해방되는 것이다. 이것이 대한민국 엔지니어의 사명이자 나의 사명이다', '일제 강점기와 6·25 전쟁 때는 몸을 바쳐 나라를 구하는 것이 애국이었다면 21세기에는 외국 기업과 보이지 않는 기술 전쟁에서의 승리를 위해 일류 기술을 개발하고 일류 상품을 생산하고 일자리를 만드는 것이 애국'이라고 굳게 다짐했다.

업종을 정하고 나니 이제 창업 준비를 해야 할 차례였다. 하지만 창업 준비라고 해봐야 거창할 것도 없었다. 우선 허 회장의 수중에 있는 창업 자금은 30만 원이 전부였다. 군 생활을 하면서 모은 돈과 직장에서 받은 월급, 거기다 시골 고향집에서 일부 융통한 돈까지 합친, 그야말로 전 재산이나 다름없는 돈이었다.

그러나 그 돈은 허 회장에게 그 어떤 기업의 창업 자금보다 귀하고 큰돈이었다. 게다가 대학에서의 전공, 이후 군 생활과 직장 생활을 통해 얻은 소중한 경험, 그리고 기술에 대한 자신감이 있었다. 그렇듯 창업과 기술에 대한 자신감이 있는 한, 허 회장의 수중에는 이미 막대한 창업 자금이 쥐어져 있는 것이나 다름없었다.

당시 허 회장의 집은 서울시 영등포구 노량진동 211의 53번지였다. 지금은 번화한 도심으로 발전했지만, 당시만 해도 실개천 주위로 낡은 주택들과 영세한 가내 공장들이 있는 변두리 동네였다.

창업 자금이 많지 않던 허 회장으로서는 자신의 집 외에 별도로 공장을 얻을 돈이 없었다. 따라서 결론은 간단했다. 집에서 숙식을 하며 동시에 공장을 운영하는 것이다.

허 회장의 집은 50평 정도의 살림집으로 10평 내외의 앞마당이 있었다. 허 회장은 100kg 흑연 도가니를 비롯해 목형 같은 기본 주물 설비를 사다가 그 마당에 설치했다. 그리고 종업원 2명을 뽑았다. 이제 회사 간판을 걸 차례다.

허 회장은 고심 끝에 회사 이름을 '일진日進'으로 정했다. '날마다 앞을 행해 전진한다'는 뜻이다. 이렇게 기본 창업 준비가 모두 끝난 뒤 허진규 회장은 마침내 일진금속공업사日進金屬工業社를 창립했다. 1968년 1월 22일, 노량진동 211의 53번지. 일진그룹 50년의 역사가 시작되는 순간이다.

10평 남짓한 공간에서 허진규 사장과 기술자 2명이 어울려 일하려니 여간 힘든 게 아니었다. 하지만 허 사장에게는 꿈이 있었고, 집 앞마당에 펼쳐놓은 일진금속의 공장도 그 큰 꿈만큼이나 드넓은 도전의 무대였다.

한겨울에 추운 마당에서 일하거나, 자재를 구입하고 제품을 납품하는 일도 쉽지 않았다. 자전거나 리어카에 물건을 싣고 운반하는 동안 허 회장의 발은 꽁꽁 얼어붙기 일쑤였고, 동상에 걸려서 고생을 하는 경우도 없지 않았다. 또 밤에는 도둑이 들어 제품 원료나 완성된 제품을 훔쳐 가는 일도 빈번했다. 허 회장 부인은 도둑을 지키겠다며 밤을 새우는 일도 마다하지 않았다. 하지만 허 회장의 가슴은 새로운 도전의 열기로 뜨거웠고, 집 앞마당의 흑연 도가니에서는 한겨울 추위를 녹여낼 만큼 뜨거운 도전의 열기가 뿜어 나오고 있었다.

갓 창업한 일진금속이 먼저 생산한 제품은 선풍기에 쓰이는 알루미늄 부품이다. 좁은 공간과 설비였지만 허 회장은 기술과 품질만큼은 자신이 있었다. 그 결과 초창기 생산한 소량의 제품은 삼양전기 등 비교적 규모가 큰 전자 제품 생산 업체에 납품되었다.

일진금속공업사 양평동 공장

　이어서 변전소 변전 시설 연결 부위에 사용되는 변전용 금구류를 국산화하는 데 매진했다. 당시 이런 제품들은 대개 일본에서 수입해 사용하고 있었는데, 무명의 신생 기업 일진이 생산해 납품을 시도하자 한전 내부의 저항이 만만치 않았다. 만약 품질이 낙후된 부품을 사용하다 전기 사고라도 생기면 치명적인 일이니 그 위험을 한전이 떠안을 필요가 없다는 것이다. 서울대 공대 전기공학과 출신인 엘리트 직원들도 마찬가지였다. 허 회장은 그 직원들을 만나 열심히 설득했다.

　"전기는 당신들이 잘 알겠지만 금속은 내가 더 잘 안다. 시험에

다 합격한 제품을 선입견을 갖고 의심하는 것은 잘못이다. 정부도 수입 제품의 국산화를 주요 정책으로 내세우고 있지 않느냐.”

아무튼 납품하는 물건이 늘어나면서 공장으로 사용한 앞마당은 사람이 걸어 다닐 공간마저 부족해졌다. 그리하여 1968년 9월, 노량진 집을 처분하고 영등포구 양평동에 더 큰 공장을 찾아 이전했다. 대지 92평에 건평이 63평인 그 공간에는 25평의 살림집과 공장으로 쓸 수 있는 40여 평의 건물이 있었다. 그러나 그곳도 곧 좁아졌다.

한 번은 한국전력 고위 간부가 실태 조사를 위해 일진 공장을 방문했다. 중요한 부품을 국산화해 납품하고자 하는 일진의 납품 자격을 확인하기 위함이었다. 허 회장은 기술력 등 모든 면에 자신이 있었지만 공장 규모가 작은 것은 마음에 걸렸다. 그래서 길 건너편에 있는 흥일염직 공장주의 양해를 얻어 그곳에도 일진금속의 간판을 걸었다. 두 곳을 둘러본 한전의 이사가 조용히 허 회장을 불러 “저곳은 일진의 공장이 아니지요?”라고 물어왔다. 허 회장은 솔직하게 “예, 제 공장이 아닙니다”라고 인정한 뒤, “하지만 일진은 지금까지의 수입품에 뒤지지 않는 제품을 생산할 실력이 있습니다”라고 강조했다. 그리고 그러한 제품을 이미 상당 부분 생산해두었다며 공장에 쌓아둔 제품들을 보여주었다. 이렇게 한전 측을 설득함으로써 납품에 성공했다. 지금으로서는 허용될 수 없는 편법이지만, 당시의 절심함이 얼마나 대단했는지를 사례로서 과거를 회상할 때마다 웃음을 자아내게 하는 장면이다.

일진전기

노량진 자택 앞마당에서 시작된 벤처 신화!

김희수_現 일진전기 대표

●

미래를 품은 씨앗

말 그대로 '조촐한' 창업이었다. 공장이라고 해봐야 자기 집 앞마당의 10평 남짓한 공간이 전부였다. 여기에 100kg급의 작은 흑연 도가니 하나를 놓았고 목형 등의 기본 주물 설비만 갖추었다. 종업원은 달랑 2명. 아직 홍안이 가시지 않은 스물여덟의 공학도 출신 사장은 결연한 눈빛으로 간판을 내걸었다. '일진日進.' 날마다 앞을 향해 전진한다는 뜻이다. 이날 이 장면을 주의 깊게 보는 사람은 없었다. 화려한 의식도 축하 화환도 보이지 않았다. 아무도 이곳에서 작은 역사의 첫 페이지가 쓰이기 시작했음을 눈치채지 못했다.

1968년 1월 22일, 일진그룹의 모태가 된 일진금속공업사는 이렇게 출발했다. 흔히 열악한 환경에서의 출발은 그 회사의 창업 '신화'가 되곤 한다. 일진 창업보다 30여 년 앞선 1937년, 빌 휴렛 Bill Hewlett과 데이비드 팩커드David Packard는 팰로앨토의 한 주택에 딸린 조그만 차고에 작업장을 차림으로써, 훗날 실리콘밸리 벤처 기업 시대의 초석을 놓았다. 그리고 일진 창업 13년 후인 1981년, 손정의孫正義 회장은 삐걱거리는 10평 사무실에서 사과 상자 위에 올라가 2명의 직원 앞에서 연설을 함으로써 소프트뱅크SoftBank Group Corp.의 서막을 열었다. 어찌 보면 일진의 창업은 작게 시작한 위대한 기업들과 그 모습이 닮았다. 하지만 일진의 출발에는 이들 기업에는 없었던 독특한 가치가 존재했다. 바로 '기업 보국企業報國'의 애국심이었다.

창업자 허진규 회장은 일제 강점기에 태어나 유년기에 전쟁의 참화를 보았고 전후의 피폐함과 미개발 속의 가난한 조국의 현실과 부대끼며 성장했다. 공학도로서 과학 기술을 연구하고, ROTC 출신의 초급 장교로 그리고 제조 업체의 엔지니어로 근무하면서는 작은 기계 부품 하나 제대로 개발하지 못하는 한국 산업의 현주소를 바라보며 안타까워할 수밖에 없었다.

창업을 결심하기까지 그의 마음속을 압도한 생각은 단순했다. 국가 기간사업에 쓰이는 대부분의 주요 부품을 수입하고 있는 현실에서 기술을 개발해 제품을 생산한다면 국익에 큰 도움이 되리라는 것이었다. 누군가는 이 일을 해야 했고 그 사명이 자신에게 주어졌다고 믿었다. 굳이 '기업 보국'이나 '기술 보국'이라 이름 붙이지 않았지만 기업가 정신의 강렬한 열망으로 들끓었다.

청년 허진규는 한국의 산업과 기술 발전에 운명을 내맡긴 셈이었다. 제조업의 여명기에 초기 진입을 했기에 한국 산업과 기술이 발전한다면 그와 그의 회사도 함께 성장할 터였다. 그가 문을 연작은 공장은 한국 산업과 기술의 출발점을 상징하는 듯하고, '일진'이라는 이름 역시 한국 산업과 기술의 비전을 담은 듯 보인다.

일진금속공업사

허진규 회장은 서울대 금속공학과를 졸업한 후 ROTC 1기로 임관해 기술 관련 분야의 장교로 군 생활을 했다. 전역 후에는 한국차량기계제작소의 엔지니어로 직장 생활을 했다. 성실하고 열정적으로 일했지만 직장 생활은 오래가지 못했다. 회사가 부도로 문을 닫았기 때문이다. 이때 허 회장은 직장을 옮기는 것 대신 창업을 선택했다. 탁월한 엔지니어였던 전 직장 공장장의 권유가 마음을 움직였지만, 실은 아주 오래전부터 열정과 사명감이 그의 마음속에 잠재되어 자라고 있었던 것이다.

군 생활과 1년 8개월간의 직장 경력이 전부인 스물여덟 젊은이에게 창업은 무모해 보이는 도전이었다. 하지만 허 회장은 과감하게 결단했다. 그간 모은 돈과 고향집에서 융통한 돈을 모두 합쳐 30만 원의 자본금을 만들었다. 기업을 일으키기에 턱없이 작은 금액이었지만, 전 재산이자 사업의 첫발을 내딛게 해줄 귀한 종잣돈이었다. 사업장은 거주하던 노량진 자택에 마련했다. 별도로 공장을 확보할 여력이 부족하기도 했거니와 일상생활 전체를 업무에 쏟기 위한 불가피한 선택이었다.

10평 정도의 마당에 100kg의 흑연 도가니를 설치하고, 목형 같은 기본 주물 설비를 사다가 공장의 골격을 갖추었다. 직원 2명도 뽑았다. 기술 개발과 제조, 영업과 관리를 하기에는 부족한 인력이었다. 하지만 일당백의 각오로 혼신의 힘을 쏟자며 의기투합했다. '일진'이라는 이름에 걸맞게 하루하루 성장해 나가 불모지나 다름없는 한국 땅에서 국내 기술력을 정착시키겠다는 야심찬 포부를 다졌다. 사업 분야는 금속 기술 관련 업종으로 정했다.

이렇게 일진금속공업사가 문을 열었다. 1978년 '일진전기공업㈜', 1982년 지금의 '일진전기㈜'로 회사 이름을 바꾸긴 했지만 그 뿌리와 줄기를 유지하며 일진그룹의 모태 기업으로 성장했다.

일진금속공업사의 첫 생산품은 선풍기에 쓰이는 일부 알루미늄 부품이었다. 알루미늄 합금 기술을 이용해 만든 작은 제품이었지만, 창업 후 출시하는 첫 제품인 만큼 그 의미가 각별했다. 그리고 첫 생산품치고는 반응이 좋고 빨랐다. 가내 수공업 수준의 초라한 공장에서 만들었지만, 품질 하나만은 웬만한 수입품을 능가할 정도로 뛰어났기 때문이다. 삼양전기 같은 대기업에서 제품을 주문하기 시작했으며 서서히 관련 업계에 입소문도 퍼져 나갔다. 비교적 성공적인 입성이었다.

하지만 고생은 이루 말할 수 없을 정도였다. 자본과 인력이 부족하다 보니 경쟁자들보다 몇 갑절의 땀방울을 흘려야 했다. 뜨거운 도가니 옆에서 제품을 만드는 일도 여간 힘들지 않았거니와 주문받은 제품을 운반하는 일조차 쉽사리 되지 않았다. 자전거와 리어카를 이용해 직접 운송까지 해야만 했다. 금속 제품이다보니 무게도 만만치 않았고 제품 표면에 긁히거나 베어서 온몸이상처투성이가 되는 날이 허다했다. 여름이면 땀띠로 뒤덮일 정도로 더위와 싸워야 했고, 겨울이면 손발이 동상에 걸려 갖은 고생을 했다. 하지만 처음으로 만든 제품이 시장에 성공적으로 입성해 유통된다는 사실은 이 고초를 이기게 하는 힘이 있었다. 그것은 그 무엇으로 설명할 수 없을 만큼 가슴 벅찬 감동이었다.

전봇대가 준 도전, 자체 변전용 금구류 개발

일진금속공업사는 그 이름처럼 하루하루 꾸준한 성장세를 이어갔다. 선풍기 부품에 이어 작은 주물류를 만들어 팔기 시작했는데 주문량이 점점 늘어났다. 높은 품질력에 비해 공급가가 낮았기 때문이다. 소규모의 효율적 운영을 바탕으로 다른 공급 업체보다 가격 경쟁에서 앞서 나갔다. 거래처 수와 주문량이 점점 증가했고 요청 품목도 생겨나기 시작했다.

사업이 그런대로 성공 가도에 접어든 듯 보였다. 허 회장은 기쁜 마음이었지만 고민도 뒤따랐다. 10평 마당의 작은 생산 시설로는 밀려드는 주문량을 감당하기 어려워진 것이다. 허 회장은 깊이 고민한 끝에 공장을 이전하기로 했다. 그간 벌어들인 돈과 노량진 자택을 팔아 자금을 마련하기로 하고 적당한 부지를 물색하기 시작했다. 시설과 설비, 인력 등 모든 면에서 창업 초기보다 커졌으니 더 넓은 부지가 필요한 것은 당연하지만, 아직 소규모 신생 기업이라는 점은 부인할 수 없는 현실이었다. 여전히 자본이 넉넉하지 않았기에 부지런히 발품을 파는 것밖에는 달리 방법이 없었다. 그렇게 해서 겨우 찾아낸 곳이 영등포구 양평동에 있는 한 공간이었다. 대지 면적 92평에, 건평이 63평인 이곳에는 25평짜리 집과 공장으로 쓸 수 있는 40여 평의 건물이 있었다.

본격적인 공장으로는 여전히 부족함이 있었지만, 10평 마당에서 자재를 켜켜이 쌓아놓고 일하던 것에 비하면 대궐이나 다름없었다. 더욱이 자본금 30만 원에서 시작해 창업 7개월 만에 이뤄낸 성과였으니 그 의미가 더욱 각별했다.

허진규 회장은 공장 이전을 질적 발전의 계기로 삼고 싶었다. 그간의 단순 주물 부품 생산에서 더 나아가 본격적으로 기술 경쟁을 할 수 있는 새로운 제품 개발에 나서기로 한 것이다. 구체적인 내용은 변전용 금구류 개발이었다. 그 당시 우리나라에서는 도심을 시작으로 농어촌 지역으로까지 전력 공급을 위한 전봇대가 빠른 속도로 확산되고 있었다. 이것을 일진의 사업에서 매우 중요한 기회로 삼고자 했다.

변전용 금구류는 변전소 변전 시설의 연결 부위에 사용되는 부품으로 전력 공급에 없어서는 안 되는 필수품이었다. 그런데 일본, 영국, 독일, 미국 등에서 전량 수입해 의지하고 있는 상황이었다. 이것을 국내 기술력으로 생산해낼 수 있다면 국익에 도움이 될뿐더러 사업적인 측면에서도 전망이 높을 것이라 판단했다. 더

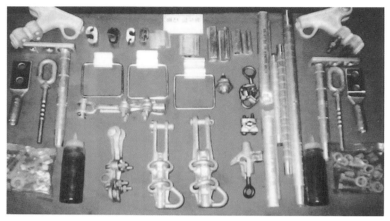

일진의 초기 생산품인 배전용 금구류와 변전소용 금구류

욱이 이는 열악한 국내 기술력을 끌어올리겠다는 허 회장의 창업 열망을 실현시키는 일이었다.

변전용 금구류 제품으로 사업 방향을 잡은 허 회장은 즉각적으로 연구 개발에 몰두했다. 자체 기술력을 확보하기 위해 매일같이 직원들과 함께 밤새우는 일을 마다하지 않았다. 그리고 숱한 노력을 기울인 끝에 기술 개발의 쾌거를 이루었다. 양평동 공장으로 이전한 지 1년 6개월 만인 1969년, 국내 최초로 변전용 금구류 기술을 완성시켰다. 1971년에는 변전용 금구류의 재료인 알루미늄 모합금 신기술을 개발했으며, 이듬해에는 배전용 금구류 알루미늄 제품인 파라렐 크램프를 비롯해 동銅 제품인 터미널 러그 외 다수의 제품을 만들어냈다.

기술력에 따른 품질력 또한 높은 평가를 받았다. 초기 개발된 변전용 금구류는 한국전력 산하 전기시험소에서 실시한 인증 시험에서 보란 듯이 합격을 받아냈다. 당시 시험 담당관들은 이름조차 생소한 업체가 자체 기술력으로 이 같은 제품을 생산해냈다는 사실에 대해서 놀라움을 감추지 못했다.

이로써 국가 기간사업인 전력 공급 산업에서 전량 수입에 의존하던 제품을 대체할 수 있는 제품이 처음 개발되었다. 이와 함께 일진의 미래에 서광이 비치는 것처럼 보였다. 국내 자체 기술력을 통한 비용 절감으로 가격 경쟁력까지 갖춘 제품을 양산한다면 막대한 수입 대체 효과를 기대할 수 있기 때문이다.

수입 업체의 방해 공작을 이기고 한국전력을 뚫어라

하지만 부닥친 현실은 희망적 기대와 다르게 흘러갔다. 변전용 금구류를 판매하는 일은 결코 쉽지 않았다. 변전용 금구류가 전량 수입에 의존한다는 사실은 이미 알고 있었다. 그런데 오랜 전량 수입 유통 구조가 높은 진입장벽을 드리우고 있으리라는 사실을 간과했었다. 제품을 판매하기 위해 내부 시장을 들여다보니 독점 이익을 위한 횡포가 극에 달한 상황이었다.

전량 수입품으로 안정된 이익 특수를 노리고 있던 수입 업체들은 제품이 국산화되면 자신들의 이익에 치명적인 손실이 발생할 것을 우려해 어떻게든 막으려고 사력을 다했다. 이들은 이미 인증 시험에서 당당하게 합격받은 제품에 트집을 잡았다. 국내 기술 환경이 열악하다는 것을 이유로 국산 제품을 사용하는 것이 불안정하다는 억지 주장을 펼쳤다. 그 의도가 훤히 눈에 보였다. 국산 제품이 시장에 들어오는 것을 원천적으로 차단하기 위해서였다.

이들은 일진에서 생산한 제품의 품질력이 명확해질수록 더욱 강도를 높여 노골적인 방해 공작을 펼쳤다. 오랜 기간 한국전력에 제품을 납품하며 쌓은 교분을 토대로 강력한 로비 활동을 벌이는가 하면 한국전력은 물론 정부 각 부처의 인맥까지 동원해 압박 수위를 높여 나갔다.

허 회장은 수입 업체의 방해로 납품 통로가 봉쇄되는 상황을 참다못해 한국전력 담당자들을 찾아가 항의했다. 하지만 담당자들의 반응은 냉담했다. 변전용 금구류 개발과 생산에는 선진국에서나 가능한 고도의 기술력이 필요한데, 이름조차 생소한 국내 작은 기업이 만든 제품이 제아무리 인증 시험을 통과했다 한들 그 기술력이 뻔하지 않겠느냐며 노골적으로 수입 업체의 편을 들었다. 그리고 국가 기간사업인 전력 사업에서 안정성을 보장할 수 없는 국산품을 사용했다가, 만약 사고라도 난다면 그 책임을 누가 질 것이냐며 난색을 표했다.

허 회장은 그들의 말을 도저히 받아들일 수 없었다. 국가 기간 사업이기 때문에 국내 기술력이 더욱 절실한데 말이다. 그런데 바로 그 분야에서 국산품이라는 이유로 외면과 멸시를 받는 것은 묵과할 수 없는 일이었다. 허 회장은 끝내 언성을 높였다.

"국산품을 사용하는 것이 그렇게 위험한 일이라면 왜 전기를 만들어 씁니까? 전기 자체도 아예 일본이나 미국에서 수입해 오면 되는 것 아닙니까? 여러분은 대학에서 전기를 전공해 이 분야에서 일하고, 저는 금속공학과를 나와서 그 방면의 일을 하고 있습니다. 전기에 관해서라면 여러분이 저보다 훨씬 더 잘 알겠지만, 금속 분야라면 제가 좀 더 많은 기술과 지식을 가지고 있지 않겠습니까? 그런데 제가 판단하기에 아무리 봐도 문제가 없는 제품을 자꾸 위험하다고만 하면, 저로서는 도무지 납득할 수가 없습니다. 도대체 왜? 무엇이 위험하다는 것인지 말씀을 해주십시오!"

허 회장의 논리적이며 끈질긴 설득이 이어지자 한국전력 관계자들도 조금씩 마음을 열기 시작했다. 100% 옳은 말이었다. 국가 기간사업에 쓸 제품을 국산이라는 이유로 외면하는 것은 모순이다. 그리고 국내 자체 기술력으로 제품을 국산화하고자 하는 젊은 사업가의 순수한 열정에 마음이 움직이는 듯했다.

그렇지만 당장 납품 계약을 허용하지는 않았다. 인증 시험 통과와는 별개로 납품 자격이 충분한지에 대한 엄격한 테스트를 한 후에 결정하겠다는 것이다. 이 검증에는 기술 수준과 공장 설비 현황이 모두 포함되어 있었다. 까다로운 과정이기는 했지만 인증 시험을 통과한 제품의 품질력 자체를 아예 인정하지 않으려 했던 기존 태도에 비해 장족의 발전이 이뤄진 셈이다.

이런 혹독하고 고생스러운 과정을 거쳐 일진은 개발 원년인 1969년 한국전력 납품 업체로 등록되어 납품 계약을 따냈다. 이는 한국전력 역사상 처음 영세 업체와 맺은 계약이며 경쟁 업체들의 지속적인 견제 속에서 이뤄낸 값진 쾌거라는 점에서 그 의미가 더욱 컸다. 훗날 허 회장은 당시에 대해 다음과 같이 회고했다. "남들이 다 하는 것을 따라 해서는 아무것도 할 수 없으며 남들이 하지 않는 것, 어렵다고 생각해서 남들이 쉽사리 뛰어들지 못하는 사업을 해야만 성공할 수 있다는 생각으로 변전 및 배전 금구류 개발에 뛰어들었다."

일진의 변전용 금구류는 국내 최초의 금구류 제품으로 전량 수입에 의존하던 시장의 판도를 뒤바꾸었다. 물론 납품을 시작하자마자 크나큰 성과가 나온 것은 아니다. 수입 업체들은 갖은 방법을 동원해 견제와 방해를 지속했고, 이를 불식시키고 국산품에 대한 인식의 전환을 이루기 위해 끊임없는 노력을 기울여야 했다. 그러나 남들이 어렵다고 생각해서 피하고 가지 않는 길에서 국내 자체 기술력을 추구하는 도전은 무엇보다 가치 있는 일이었다.

전력용 금구류 알루미늄 합금 신기술 개발

변전용 금구류의 한국전력 납품에는 성공했지만, 그것

자체로 만족할 수는 없었다. 여전히 남아 있는 부정적 이미지, 즉 영세 기업이 만든 국산품이라는 꼬리표를 떼어야 했다. 그러기 위해서 이미지를 바꾸어줄 획기적인 제품 개발이 요구되었다.

허 회장은 사소한 부분부터 실타래를 풀어가기 시작했다. 먼저 을지로 한국전력 본사 근처에 사무실을 하나 마련했다. 관련자들과의 접촉면을 늘리기 위해서였다. 그때까지 일진에는 사무실이 없었다. 그래서 사람을 만나는 등의 업무를 볼 때면 근처 다방을 전전해야 했다. 일이 길어져 다방에서의 보내는 시간이 지체되면 다방 주인의 따가운 눈초리에 등짝이 뜨끈해지곤 했다. 그러던 차에 사무실이 생김으로써 회사다운 꼴이 갖추어진 듯했다. 이어서 1970년에는 서울시 기계공업업자로 등록하고 양평동 공장에 발전기 등 생산 설비를 늘림으로써 제품 양산을 위한 더욱 확장된 인프라infrastructure를 갖추었다. 이렇게 일진은 조금씩 영세 업체의 허물을 벗어가고 있었다.

그러나 정말 중요한 것은 기술이었다. 사업의 성장세를 높이려면 제품 경쟁력을 확고히 할 수 있는 새로운 기술이 필요했다. 허 회장은 기술력을 드높일 방편으로 알루미늄 합금 기술력을 전망했고, 기술 개발에 착수했다. 앞에서 말한 것처럼 전 국토에 걸친 전력 공급을 목표로 농어촌 전력 공급 사업을 대대적으로 시행하고 있는 상황에서 전력용 금구류의 사용량이 기하급수적으로 늘 수밖에 없었다. 그런데 당시 전력용 금구류를 만드는 데 필요한 핵심 소재인 알루미늄 합금을 국내에서 생산하는 업체는 단 한 곳도 없었다. 전량을 일본에서 수입해오고 있었다. 만약 일진이 합금 기술을 개발해낸다면 일대 혁신이 일어날 수 있었다. 정부는 일본 측의 공급 부족으로 전전긍긍하는 일이 사라지고, 일진에게 는 막대한 판매가 예상되었다. 말 그대로 일거양득의 기회였다.

집중적인 투자를 통해 제품 개발이 빠른 속도로 진척됐다. 마침내 알루미늄과 마그네슘, 실리콘 합금에 조직의 미세화를 위해 티타늄을 첨가해 H4C 용체화 처리solution treatment를 한 후 서서히 냉각시키는 방법을 통해 알루미늄 합금술을 완성시켜냈다. 전력용 금구류는 인장, 강도, 경도, 전기 전도율, 내식성 등 그 조건이 매우 까다롭다. 그런데 이 신기술의 합금 과정을 통해 생산된 전력용 금구류는 기존 수입 알루미늄 합금 소재를 사용할 때보다 인장 강도와 경도가 매우 높았다. 또한 소량의 마그네슘을 더함으로써 내식성을 향상시켜 구리와 알루미늄 접속 시 부식이나 균열까지 방지할 수 있었다. 품질이 비약적으로 향상된 것이다.

이 획기적인 기술은 1972년 2월, 특허 출원 8개월 만에 특허를 획득했다. 일진은 국내 최초의 알루미늄 합금 기술을 통해 신기술 개발 기업으로 강력한 인식을 심어주었다. 막대한 수입 대체 효과가 실현 가능해짐으로써 국가 발전에 긍정적 영향력을 행사하겠다는 비전에 가까이 다가설 수 있었다. 하지만 이와 같은 노력과 성과를 막아서는 장벽들이 여전히 남아 있었다. 변전용 금구류 때에 비해 상황이 나아지긴 했지만, 수입 업체의 견제와 방해를 피할 수 없었다. 이런 고질적인 병폐가 여전했기에 대량 주문을 수주받기까지는 상당한 시간이 걸렸다.

국산 개발 업체에게 주어진 끝자리의 설움

변전 및 전력용 금구류를 생산하던 일진금속공업사 시절, 관련 시장은 수입 업체들이 장악하고 있었는데 이들은 우월한 지위를 이용해서 극심한 횡포를 부렸다. 특히 국산 금구류 업체인 일진을 눈엣가시처럼 여기며 갖은 견제와 방해를 펼쳤다. 이와 관련된 일화가 떠오른다.

한국전력 금구류 담당자와 공급업자 간의 모임이 있던 날이었다. 허 회장은 이 자리에 처음 참석했는데, 일진을 제외한 참가자 모두가 수입 업체 소속이었다. 허 회장을 알 리 없는 수입 업체 측 사람들이 누구냐고 물었다. 허 회장은 "변전용 금구류를 만드는 생산 업체를 운영하고 있습니다"라고 소개했다. 그러자 그들 중 한 사람이 거들먹거리며 말했다. "아~, 그러면 저기 저~ 끝쪽 남은 자리에 가서 앉으면 되겠네요."

그 시절에는 수입 업체들이 더 대접을 받고 상석에 앉았다. 하지만 세월이 지나면서 상황은 역전됐다. 일진을 시작으로 금구류 시장에 국산화 제품이 하나둘씩 생겨났다. 결국 한국전력에 수입품을 공급하던 업체는 모두 사라졌고, 공급품은 모두 국산품으로 대체되었다.

돌이켜보면 그때 어느 자리에 앉았는지는 아무런 의미가 없었다. 일진은 비록 끝자리에 앉았지만 다른 기업들과는 달랐다. 일진은 자체 기술력을 지닌 기업이었고 상석에 앉아 거만하게 굴던 그들은 실제로는 외국 물품을 수입해 팔기만 하던 장사치에 지나

지 않았기 때문이다. 그리고 이 차이는 최후의 승자를 가리는 결
정적 요인이 됐다.

알루미늄 합금의 자동차 부품 생산

　　　　알루미늄 합금 개발에 성공했음에도 한국전력의 발주
량은 기대치에 미치지 못했다. 이때 허 회장은 새로운 분야에 대
한 도전으로 돌파구를 찾고자 했다. 바로 국내 자동차 부품 산업
이었다. 그 당시 국내에서는 자동차 산업이 활성화되기 시작했다.
일진이 개발한 알루미늄 합금 기술력은 자동차 엔진 부품인 오일
팬oil pan, 매니폴드manifold, 실린더 헤드cylinder head 등에 유용하게 사
용될 수 있었다. 물론 이 역시도 전량 수입에 의존하던 상황이었
다. 개발된 알루미늄 합금 기술을 이용한다면 수입품을 국산 제
품으로 대체할 수가 있었다.

　그렇지만 개발 초기 단계에는 기술적 난관에 봉착했다. 1974년
대우자동차에서 지게차용 오일 팬 개발 의뢰가 들어왔으나, 당시
국내 기술력으로는 사형 주조에 필요한 목형을 제작할 수 없었
다. 하는 수 없이 지금은 고인이 되신 박영조 부사장이 일본으로
건너가 목형을 제작해 사형 주조를 시도해보기도 했지만 결과는
마찬가지였다. 그러던 1975년 내부 연구실 개발팀이 연구를 거듭
해 사형 주조에 성공했고, 국내 기술력을 통해 자동차 부품을 생
산해내기 시작했다. 이어 1985년에는 제품 가공 시 불안전 요소

였던 두께 편차를 안정화시키기 시작해 대우자동차 르망 매니폴드 개발에서 두께 4mm에 허용 오차 0.5mm 제품을 개발하는 데 성공했다. 1989년에는 대우자동차 국민차 사업에 참여해 800cc 국민차용 일체식 I형 실린더 헤드 개발을 성공시키기도 했다.

하지만 자동차 엔진 부품 주조 사업은 나날이 더해가는 원자재 가격 상승과 납품 단가 하락에 따른 수익 구조 악화로 사양 사업이 되었다. 그래서 2002년 11월 이 부문을 자동차 휠 생산 업체인 천양산업에 매각했고 일진은 전력용 중전기 개발과 생산에 집중하는 것으로 기업 구조를 정리했다.

폼스킨 케이블 개발 산업 도전

허 회장은 1983년 폼스킨Foam Skin 개발 사업에 도전장을 내밀었다. 폼스킨은 케이블의 심선 도체를 발포 폴리에틸렌으로 피복하고 그 위에 다시 얇은 폴리에틸렌으로 이중 피복해 다심으로 케이블화한 것이다. 종이 절연 케이블의 고주파 전송 특성 저하 등의 단점을 보완해 통신 선로의 배선 케이블로 사용되었다.

기술 개발의 첫 단계는 전문 기술 인력의 투입이었다. 폼스킨 개발을 위해 반월 공장에 전자, 통신 분야의 기술 인력을 집중 배치했다. 그동안 일진은 사업을 확장하며 양평동 공장을 제2공장까지 규모를 늘렸다. 하지만 이것으로는 확장 수요를 감당하지 못했고 1980년부터 화성산업단지로 공장 이전을 추진해왔다. 그러

1984년 FS 케이블 종합 성능 시험

나 공장 설립 허가 등의 행정적인 사항이 지연되는 바람에 계획
을 이루지 못했다. 그러던 중 마침 반월에 입주할 수 있는 공장이
있어 먼저 이곳으로 들어가기로 했다.

이 반월 공장에서 폼스킨 개발이 집중적으로 이뤄졌다. 1983년
12월 1일에 일진기술연구소를 발족하고 본격 연구에 돌입했다.
그 무렵 금성전선과 대한전선이 폼스킨 케이블을 연구 개발 중
에 있었고, 국제전선이 후발 주자로 개발을 착수한 상황이었다.
하지만 국내 최초로 그 기술력을 인증받은 곳은 단연 일진이다.
1985년에 한국통신 품질 인증을 획득했다.

개발 당시 폼스킨의 국내 시장 상용화는 시기상조였다. 기존에 사용하던 제품을 폼스킨 케이블로 전환하기 위해서는 제도적으로나 기술적으로 해결해야 할 문제가 산적해 있었기 때문이다. 그래서 허 회장은 외국 시장에 먼저 진출하는 전략을 세웠다. 외국에서 인지도를 쌓은 후 국내 시장을 개척하고자 한 것이다. 초도 수출 지역은 파나마였다. 그 당시 파나마는 영국 제품을 주로 쓰고 있었는데, 우리는 제조 원가 수준의 공격적인 가격 전략을 통해 계약을 성사시키고 이를 통해 제품 인지도를 쌓아가는 형태로 시장에 접근했다.

멈추지 않는 제품 개발, 상세과금 장치

새로운 기술력 개발과 이를 통한 제품 국산화에 대한 허진규 회장의 의지는 나날이 높아져갔다. 1985년에는 상세과금詳細課金 장치를 완성해냈다. 약 3년에 걸친 연구 개발 끝에 성공한 이 장치는 기계식 전화 교환기의 도수 전산식 요금 부과 방식에서 빚어지는 각종 문제를 해소한 전자식 통신 시스템이다. 이것은 DBSDetail Billing System라 불리는데, 전화 통화의 펄스Pulse 신호를 마그네틱에 수록해 과금하는 통신 시스템이다. 기계식 교환기에 부착해 전자식 교환기처럼 과금 기능을 수행한다. 과금 기준 자료에 총통화 시간, 발신 시간, 발신 번호, 통화 개시 시간 등이 수록되는 국내 최초의 제품이었다.

허진규 회장은 이 제품의 개발을 위해 과감한 인력 투자를 아끼지 않았다. 일진은 경기도 용인의 삼정전기를 인수했는데, 그때 연구 인력으로 영입한 오근수 연구원을 비롯한 25명이 바뀐 환경 속에서도 연구 활동을 계속할 수 있도록 지원하고 독려함으로써 제품이 탄생하게 되었다.

제품 개발 중에 잊지 못할 일들도 생겼다. 상세과금 장치 1차 개발을 완료하고 한국통신에서 납품 검사를 진행하기로 한 전날이었다. 문래동 공장 가건물에 보관되어 있던 제품 전체가 쓰러지면서 파손되는 일이 발생했다. 당장 납품 검사를 보내야 하는 상황에서 이런 일이 벌어졌으니 회사로서는 크나큰 위기였다. 자칫 그간의 연구 개발이 허사로 돌아갈지도 모를 일이었다.

위기 극복을 위한 전사적인 노력이 이어졌다. 허 회장의 진두지휘하에 모든 임직원이 자진해서 공장으로 달려갔고 3일간의 철야 작업에 매달렸다. 다행히 한국통신 측에서도 이 상황을 이해해주었다. 그 결과 무사히 장비를 복구하고 납품할 수 있었다.

이처럼 전 임직원이 하나가 되어 개발과 생산에 몰두한 상세과금 장치는 개발 첫해인 1985년, 단 6개월 만에 105억 원의 매출을 기록했다. 그리고 과학기술처로부터 국산 신기술 제품 보호 대상 품목으로 지정받았다. 이듬해 4월, '과학의 날'에는 일진기술연구소를 대표해 오근수 연구소장이 과학기술상을 수상하는 쾌거를 이루기도 했다.

일진산업단지로 이동

창업자 자택 앞마당에서 시작된 일진은 40평의 양평동 제1공장, 100여 평의 제2공장을 거쳐 1975년에는 1,900여 평의 문래동 공장으로 생산 규모를 점차 늘려왔다. 뒤이어 1978년에는 인천시 부평동 4,000여 평 규모의 대지 위에 부평 공장을 지었다. 비약적인 확장이었지만 그 정도로는 충분하지 않았다. 생산 규모가 점차 확대되면서 부평 공장에서의 작업에 불편한 요소가 점점 늘어났다. 인근 지역에 아파트촌이 형성되면서 제품 출하가 어려워진데다, 생산량이 이전보다 증가되어 더욱 넓은 부지를 필요로 하게 된 것이다.

허 회장은 이 무렵부터 부평 공장을 대체할 만한 부지 마련에 관심을 두었다. 그러던 중 경기도 화성군에서 적합한 곳을 찾았고 이곳을 새로운 공장 이전 부지로 확정했다. 화성 공장의 규모는 이전과는 질적으로 달랐다. 무려 3만 2,588평 부지 위에 8,216평의 공장 및 부대시설 설립을 계획했다. 구체적으로는 지상 4층의 사무동 1동과 공장 4동, 기숙사 1동을 짓기로 했다. 총 공사비가 43억 3,000여 만 원에 달하는 대규모 공장 설립 프로젝트였다.

이곳을 허진규 회장은 '일진산업단지'로 명명했고, 1984년 신축 기공식을 열며 본격적인 공장 건설에 착수했다. 그 후 무려 2년에 걸친 공사가 진행되었고, 1986년에 공장이 완공되었다. 완공 후의 이전 작업도 결코 녹록하지 않았다. 그야말로 대장정이라 할 만했다. 수백 대의 대형 트럭이 동원되어 기계 설비와 원자재, 반

제품 등을 실어 날랐는데 이 작업이 수개월 동안 진행될 만큼 그양이 방대했다.

일진산업단지의 규모는 더 커졌다. 1986년 6월, 화성 공장 동쪽 위에 ㈜일진의 통신 공장을 신축한 것이다. 1986년 10월에는 일진산업단지 내 일진전기 화성 공장과 ㈜일진통신 공장 준공식이 열렸다. 이 자리에서 허 회장은 "일진의 전 가족이 화성 공장 준공을 계기로 제2의 도약기로 삼아 2000년대 최고 기업 실현이라는 목표를 향해 다 함께 더욱 노력합시다"라고 선포했다. 화성 공장을 통해 일진이 제2의 도약을 이루기를 바랐던 것이다.

벽을 돌파한 초고압 케이블 공장 신축 허가

일진은 1992년 무렵 폼스킨 케이블 사업을 확장해 초고압 케이블 사업 분야에 진출하겠다는 계획을 세웠다. 그리고 이를 위한 생산 설비를 갖추려 했다. 그런데 이 과정에서 문제가 생겼다. 초고압 케이블 공장 신축이 허가되지 않았기 때문이다. 화성 일진산업단지 입주 당시에는 초고압 케이블 생산을 계획하지 않았기에, 제품 사업군으로 등록하지 않았었다. 그런데 신규 사업 계획에 따라 이 사업을 등록하고 공장 건축 허가를 받으려 하자 관이 제지하고 나섰다. 입주 당시 등록된 기존 허가 업종 외에는 건축 허가를 해줄 수 없다는 것이다. 수도권정비계획법, 공장배치법에 위배된다는 이유였다. 첨단 산업 업종이나 아파트형 공장만 신축 허가를 받을 수 있다고 했다.

공장 설립 자체가 안 된다면 심각한 문제였다. 초고압 케이블 사업 자체를 포기할 수도 있는 상황이었다. 회사 내부에서 볼멘소리가 터져 나왔다. "기업이 자기가 소유한 땅에 공장을 짓겠다는데, 그것이 무슨 문제냐?"는 것이다. 그러나 감정적으로 대응할 수는 없는 노릇이었다. 법률적으로 건축 인허가가 어려운 게 핵심이니, 그에 맞는 법률적 대책을 세우는 게 마땅한 해결책이었다.

이때 (주)일진의 최규복 사장으로부터 문제 해결을 요청받았다. 내가 대학에서 법학을 전공했으니 뭔가 뾰족한 방법을 찾아낼 수도 있으리라고 생각한 모양이다. 그러나 허가하지 않겠다는 방침이 분명히 선 상황에서 남다른 묘수가 있을 리 없었다. 그래도 부딪혀보아야 했다. 나는 산업자원부(현 산업통상자원부) 공업배치과를 방문해서 공장 등록 업종에 관한 법률 상담을 받았다. 하지만 이 자리는 수도권 지역에 케이블 제조업이라는 신규 업종을 등록하는 것이 불가능함을 재확인하는 데 그쳤다.

암울한 상황이었다. 하지만 사업성이 보이는 일을 그대로 포기할 수만은 없었다. 나는 각종 법률 서적과 허가 관련 자료들을 찾아 모았고 꼼꼼히 검토했다. 그 과정에서 한 가지 새로운 사실을 발견했다. 초고압 케이블을 친환경 첨단 사업으로 지정받을 수도 있겠다는 점이다. 그 무렵 산업자원부는 첨단 사업과 친환경 사업에 한해서 수도권 공장 신축을 허가하고 있었는데, 만약 초고압 케이블 제조가 이 업종 중 하나에 속한다면 난관을 해결할 수 있다는 데 착안한 것이다.

1997년 준공 당시 초고압 케이블 화성 공장

　이렇게 방향을 잡고 허가를 추진하기 위해서는 타당한 논리를 내세울 필요가 있었다. 우리는 154kV 이상의 초고압 케이블 제조 업체가 LS전선과 대한전선 두 곳밖에 없는 현실을 꼬집었다. 그리고 "도시 개발로 154kV 이상의 초고압 케이블 수요량 폭증이 자명한데, 그 제조 공장이 턱없이 부족하다. 따라서 대기업의 시장 독식이라는 고질적 병폐가 반복될 소지가 있다. 초고압 케이블 시장에서 이런 병폐를 막아야 한다. 또한 시대 변화에 따른 수요 급증이 예상되는 초고압 케이블 사업이야말로 첨단 사업이 아니겠느냐?"며 논리를 펼쳤다. "초고압 케이블 제조는 공해를 유발하지 않아 환경적으로도 유해성이 없으니 초고압 케이블을 첨단 산업으로 분류해 시장 경쟁의 다양성을 열어달라"고 강력히 요구했다.

결국 우리의 주장이 받아들여졌다. 산업자원부는 1993년 초고압 케이블의 첨단 업종 등록 요청을 국무 회의 안건으로 상정했고, 경제 부처 차관 회의를 거쳐 김영삼 대통령 주재로 열린 국무 회의에서 의결하기에 이르렀다. 154kV 이상 초고압 케이블 제조업이 첨단 업종으로 재분류된 것이다.

이 결정으로 LS전선과 대한전선이 큰 충격을 받았다. 이들 기업은 일진이 수도권에서는 공장 신축을 허가받지 못할 것이라고 확신하던 터였다. 그런데 논리적 설득 작업을 통해 시행령을 개정하면서까지 초고압 케이블 제조업에 진출하는 것을 보고 놀란 것이다. 그리고 일진의 저력을 인정하지 않을 수 없었다고 한다.

1994년 토목 공사를 시작으로 초고압 케이블 공장 신축이 진행되었다. 106m짜리 타워동 건물과 초고압동 등이 웅장한 모습을 드러내기 시작했고, 1997년 11월 20일에는 준공식을 했다. 이로써 일진은 명실상부한 국내 3대 초고압 케이블 업체 중 한 곳으로 그 이름을 알리기 시작했다.

이천전기 인수를 통한 종합 중전기 기업으로의 도약

IMF 외환위기 여파로 산업계는 물론 한국 사회 전체가 침울하던 1998년 9월경이었다. 나는 지인으로부터 뜻밖의 정보 하나를 전해 들었다. 삼성전자 자회사인 이천전기가 퇴출이 결정되었는데, 청산 과정에 어려움이 있다는 것이다. 직원들의 고용 승계 문제가 불거져 꽤나 골머리를 썩고 있다고 했다. 삼성전자는 매각 청산 과정에서 잡음이 끊이지 않자, 빠른 시일 내에 매각을 마무리하기 위해 예상 매각 가격보다 낮은 150억 원에 이천전기를 인수할 업체를 찾는 중이라는 정보였다.

나는 이 소식을 듣자마자 허 회장에게 달려갔다. 이천전기를 일진이 인수하는 것이 어떻겠냐고 제안했다. 당시 이천전기는 변압기를 생산하고 있었다. 만약 우리가 이 회사를 인수한다면 전력케이블 생산과 더불어 변압기와 차단기 기술력까지 갖춘 종합 중전기 회사로 독보적 위치에 오를 수 있었다.

그러나 이천전기 인수 제안은 내부 임원진들의 거센 반대에 부딪쳤다. 삼성전자가 인수했다가 경영 악화를 견디다 못해 재매각하려는 기업인데, 우리가 인수한다고 해서 성공할 수 있겠느냐는 회의적 의견이 지배적이었다. 이것은 일면 타당한 지적이었다. 삼성전자는 이천전기를 인수한 후 수천 억 원을 쏟아부으며 사업을 성공시키려 했으나 결과는 실패였다.

그럼에도 달리 생각할 여지가 분명히 존재했다. 일진이 이천전기를 인수한다면 효과와 이익을 거둘 요소가 상당이 컸다. 그 당시 일진전기는 배전용 금구류, 전력용 금구류 사업에서 독보적 위치를 구축하고 있었고 25.8kV 배전용 개폐기 및 차단기를 생산하면서 특고압 시장에서 강자로 활약하고 있었다. 하지만 154kV 이상의 초고압 시장에서는 기존 선두 주자인 현대중공업, 효성중공업, LS산전에 현저히 밀리고 있는 형국이었다. 이 상황을 돌파

이천전기 인천 공장

하기 위해 송변전 초고압 제품군의 핵심인 초고압 변압기 및 GIS
_{가스 절연 개폐 장치, Gas Insulated Swich Gear} 제품의 보유를 위한 역량 강화를
모색하고 있었으나 여러 난관에 부딪혀 좀처럼 시장의 문을 열지
못하고 있었다. 170kV GIS를 개발하기 위해 러시아 업체와 기술
제휴를 진행했으나 성과가 지연되고 있었고, 변압기는 경험한 적
이 없어 독자적인 개발 및 제조 설비 투자는 검토도 하지 못하는
실정이었다.

　이러한 때에 GIS 및 변압기 제품을 보유한 이천전기를 인수한
다면 일진전기가 종합 중전기 기업으로 도약하는 데 결정적 디딤
돌로 삼을 수 있었다.

　나는 이천전기 인수의 장점과 기대 효과에 대해 강력하게 주장

했다. 우려점들을 고려한다 하더라도 이대로 놓치기에는 정말 아까운 기회라 보았다.

"이천전기는 154kV, 345kV 변압기를 생산하던 업체입니다. 우리가 독자적으로 345kV 변압기를 개발한다면 수백 억 원의 비용이 투입되고, 개발하는 데 시간도 상당히 걸립니다. 개발에 착수해서 3~4년 후에나 사업에 진출할 수 있습니다. 이러한 시점에 일진이 이천전기를 인수하면 바로 변압기 사업을 할 수 있으며, 삼성이 러시아와 기술 제휴해 개발 중인 170kV GIS도 수년 내에 시장에 진입할 수 있는 길이 열릴 가능성이 높습니다. 우리가 기존에 생산해 판매하고 있는 금구류, 개폐기, 전력 케이블, 통신 케이블에 이천전기의 초고압 변압기, 차단기까지 갖춘다면 명실상부한 종합 중전기 회사로 도약할 수 있습니다."

그리고 이천전기를 인수할 때 예상되는 투자 비용의 리스크도 예상보다 크지 않을 것임을 강조했다.

"150억 원에 이천전기를 인수한 후, 최악의 경우 사업 부진으로 포기해야 하는 단계에 이르러 사업을 접는다고 해도 손실이 없습니다. 공장 토지가 2만 4,800평이고 토지 시세를 공시 지가로 계산해도 250억 원이나 되니 이는 오히려 남는 장사인 셈입니다. 어떤 면에서나 인수할 가치가 충분하다고 판단합니다."

논리적 근거를 가지고 이천전기 인수의 강점을 거듭 보고하자 허 회장의 마음이 움직이기 시작했다. 직접 이천전기를 방문해 공장을 둘러보자고 했다. 1998년 9월, 허 회장을 모시고 인천 화수동의 이천전기 공장에 방문했다. 그런데 현장 분위기는 예상보다 심각했다. 고용 승계를 놓고 직원들이 시위 중이라는 사실은 이미 알고 있었다. 그렇지만 상황은 훨씬 험악했다. 정문 앞에는 이천전기 직원들이 설치한 견고한 천막이 출입을 가로막고 있었다. 직원들은 이 천막에 난방용 구들장과 주방 설비까지 갖추어놓고 숙식을 하며 장기 농성에 대비하고 있었다.

공장 담벼락은 이건희 삼성전자 회장과 김시균 이천전기 전 사장을 비방하는 구호가 붉은 글씨로 적힌 현수막으로 도배되어 있었다. 직원들이 이건희 회장과 김시균 전 사장의 자택까지 찾아가 집회를 한다는 이야기도 들었다.

허 회장은 인수 가치가 있는 회사임은 틀림없으나 현재의 난맥상을 풀 수 있을지, 성공은 차치하고 정상화만이라도 시킬 수 있을지 의문이 든다고 말했다. 회의적인 결론이었다. 인수를 포기하는 쪽으로 가닥을 잡은 듯 보였다.

허 회장의 의중이 부정적인 방향으로 기울었다는 것을 알면서도 나는 이천전기를 도저히 포기할 수 없었다. 이대로 인수 기회를 놓친다면 일진전기가 종합 중전기 회사로 도약할 길이 영영 사라질 것만 같았다.

나는 허 회장에게 이천전기 인수에 대해 재고해달라고 간곡히 부탁했다. 다행히 상황이 다소 유리한 쪽으로 흘렀다. 삼성전자 측에서 매각 가격을 150억 원에서 120억 원으로 낮췄다는 소식이 들려왔다. 매각 적임자가 좀처럼 나타나지 않은 탓이다. 이것이 또 한 번의 절호의 기회라 생각했다. 어쨌든 보고라도 할 수 있는 명분이 생긴 셈이고 이 자리에서 인수 재고를 다시 한 번 간청할 수 있기 때문이다. 허 회장은 이천전기 첫 방문 후 부정적 의사를 밝힌 상황이었지만 재론의 여지가 없는 것은 아니었는지 공장을 재방문해보자고 했다.

한 달 만에 다시 방문한 공장은 첫 방문 때와 다르지 않았다. 정문 앞에는 여전히 농성용 천막이 쳐져 있었고, 직원들이 모든 문을 폐쇄하고 점거한 상황이었다.

그런데 현장을 둘러본 허 회장의 반응은 뜻밖이었다. 기획조정실에 이천전기 인수에 대해 검토할 것을 정식으로 지시한 것이다. 인수의 기회가 열리고 있었다. 기획조정실에서는 우발부채와 순자산 가치를 조사하기 시작했고, 이천전기 청산인인 삼성 출신의 담당자와 만나 협상에 대비한 대화를 시작했다. 이 과정에서 2종류의 우발부채 가능성이 있는데, 하나는 하자 기간이 남아 있는 기간 내 하자 발생 부채이며 또 하나는 대리점들의 피해 보상 부채가 발생할 수 있다는 사실을 확인했다. 그런데 공장 토지 외에도 외상 매출 채권과 제품, 현금을 보유하고 있기에 순자산 가치를 우발부채와 상계해도 충분하다는 판단이 내려졌다. 하지만 어찌된 영문인지 허 회장은 인수에 대해 유보적인 입장을 좀처럼 바꾸지 않았다. 나는 이유를 알 수 없어 답답했다.

그 무렵 삼성전자가 다른 인수자를 찾아 협상을 진행한다는 정보가 전해졌다. 당연한 일이었다. 삼성전자는 일진만 바라보고 있을 수 없었다. 2번의 공장 방문이 있었고, 빠른 처리를 위해 매각 가격까지 낮춘 상황인데 인수 협상의 진척이 없자 대안을 모색한 것이다.

나는 상황이 급박하게 돌아감을 느끼면서 허 회장과 담판을 지어야겠다고 생각했다. 우선 허 회장의 의중이 정확히 어디로 기울고 있는지를 알아야만 했다. 이미 2번에 걸쳐 재고를 요청했던 터인 만큼 정확한 의중을 알고 포기해야 한다면 더는 미련을 두지 말고 빠르게 마음을 접는 게 옳은 일이었다.

"회장님! 지금 삼성에서 이천전기를 빠른 시간 내에 정리하고 싶어서 그 청산 작업으로 설비 매각부터 진행하고 있다고 합니다. 한국전력에서 수주한 계약도 포기할 계획이랍니다. 인수를 더 늦춘다면 이천전기를 인수하더라도 이 사업을 영위할 수 없는 상황입니다. 속히 결단을 내려주십시오."

"그러면 어떻게 하는 것이 좋겠나? 누가 이 힘든 사업을 맡아서 운영할 것인가?"

허 회장의 뜻밖의 대답에 나는 잠시 멈칫했다. 그 말 속에 허 회장의 의중, 인수 작업의 핵심 과제가 모두 들어 있었다. 그리고 이천전기를 책임지고 직접 운영할 자신이 있느냐는 질문도 내포되어 있었다. 잠시 고민이 됐던 것도 사실이다. 사업적 전망을 보고 인수를 제안했으나, 그 현장에 직접 뛰어들어 경영을 한다는 것은 완전히 다른 문제였다. 개인적 결단이 필요했다. 이미 성장 가도에 오른 일진전기에서 근무하는 것과 바닥까지 곤두박질친 사업을 회생시키는 것은 차원이 다른 일이었기 때문이다. 나는 며칠을 고심했다. 그리고 다시금 회장실로 찾아가 답을 내어놓았다.

"제가 맡아서 인수 작업을 진행하고, 인천으로 내려가 사업을 정상 궤도에 올려놓겠습니다."

인수 건의만 하고, 실제적으로 가장 힘든 사업 정상화 과정에 빠지겠다고 한다면 무책임한 태도라 생각했다. 그리고 "고용 승계 문제는 당장에는 역경이 따르겠지만, 시간이 흐르면서 자연스럽게 해결 방안이 나올 것이며 법률적으로 기업을 인수하는 회사는 책임질 것이 없다"는 내용의 보고를 했다. 이제 허 회장의 최종 결정만이 남았다. 마지막 순간 허 회장은 한 가지 질문을 더 던졌다. "이천전기가 자산 가치가 있어 인수를 한다고 해도, 삼성전자가 실패한 회사를 성공시킬 복안은 있는가?"

나는 굳은 결심을 털어놓았다. "일진전기에 사표를 내고 이천전기로 들어가겠습니다. 소속을 바꾸겠습니다." 삼성전자가 이천전기를 인수할 당시, 삼성에서 파견된 직원들은 이천전기에서 근무하면서도 삼성전자에서 월급을 받았다. 만약 이천전기가 경영 부실로 사업을 접는다고 해도 삼성전자로 복귀할 수 있는 신분이었다. 상황이 이렇다 보니 삼성에서 파견된 직원들은 이천전기의 성공에 큰 의지를 가지지 못했다. 그들은 이천전기의 기업 문화에 융화되지 못하고 물과 기름처럼 분리되어 있다고 봐도 과언이 아니었다. 물론 이것이 이천전기가 실패한 원인의 전부는 아니다. 하지만 경영 악화에 일정 부분 영향을 끼친 것은 사실이다. 나는 이런 병폐를 미리 차단하기 위해 이천전기로 전보 발령되는 인력은 모두 소속을 이천전기로 변경하고, 이천전기와 운명을 함께하겠다고 보고했다.

결국 허 회장은 수락했다. 내가 책임지고 인수와 운영을 맡는다는 전제로 이천전기 인수를 최종 결정했다. 그사이 여건은 더 좋아졌다. 150억 원에서 120억 원으로 낮추어졌던 인수 대금은 94억 7,000만 원까지 내려갔다. 내가 인수에 매달리는 사이 허 회장은 시간 여유를 두고 협상의 묘를 발휘한 셈이고 그 결과 가장 좋은 조건에 인수를 성사시킬 수 있었다.

이천전기는 내부 공모를 거쳐 1999년 상호를 일진중공업(주)로 변경했으며, 2008년에는 일진전기와 합병했다. 2013년에는 일진전기 홍성 공장으로 이전해 초고압 변압기를 생산해내고 있다. 일진전기는 이천전기 인수를 통해 국내 유일의 종합 중전기 기업으로 빠른 성장세를 이어 나가고 있다.

일진전기

추억이 된 이야기들

홍순갑_前 일진전기 대표

●

007작전을 방불케 한 인천국제공항 입찰!

일진전기는 성장 과정에서 숱한 프로젝트를 진행해왔으며 수많은 입찰에 참여했다. 그중에서 인천국제공항 전력 설비 입찰 과정이 가장 인상적으로 기억에 남아 있다. 이 입찰은 마치 007작전을 방불케 할 정도로 치열했다.

2001년 3월 29일 개항한 인천국제공항은 1992년에 착공해 무려 8년에 걸쳐 이뤄진 대형 공사였다. 공사 기간 동안 각 분야에 걸친 입찰 경쟁은 치열하기 그지없었다. 당연한 일이었다. 공사를 수주한 기업은 국가 이미지를 대표하는 국제공항의 공사 참여 업체로서 브랜드 파워를 지니게 될 것이다. 또한 외국을 들고나는 관문에서의 광고 효과도 막대할 것이다.

154kV 초고압 케이블 설치 공사를 마친 인천국제공항 야경

　인천국제공항 공사 입찰은 경쟁이 치열한 만큼 아무나 끼어들 수 있는 일이 아니었다. 국가를 대표하는 대형 프로젝트답게 선발 기준이 매우 까다로웠고, 어렵게 입찰 서류를 제출했다 하더라도 큰 공사 경험이 풍부한 대기업에 우선권이 주어지는 상황이었다.

　공사 입찰이 시작되던 무렵 일진은 성장세에 있다 하더라도 유력 대기업의 반열에는 들지 못했었다. 이제 막 154kV 초고압 케이블 개발을 마치고, 초고압 공장을 준공한 지 1년 정도밖에 되지 않는 상황이라 입찰 경쟁에서 매우 불리한 처지였다. 하지만 이렇게 매력적인 사업 기회를 강 건너 불구경하듯 바라만 보고 있을 수는 없었다. 설령 안 되더라도 경험을 쌓는다는 측면에서 일단 부딪혀보는 게 옳았다.

그런데 내부에서조차 반대 목소리가 불거졌다. 가능성이 낮은 일에 괜히 참여했다가 시간과 인력, 돈만 낭비할 것이라는 우려가 컸다. 하지만 발상을 바꾸어 생각하면 입찰에서 떨어지더라도 대형 입찰에 참여하는 과정 그 자체에서 배우는 것이 많을 터였다. 허 회장도 이런 취지에 공감하며 입찰 경쟁 참여를 허락했다.

입찰 설명회 자리에는 초고압 전력 분야 선두 주자라 할 수 있는 L전선과 D전선이 참가했다. 사실 이 두 기업이 강력한 후보였다. 그런데 초고압 분야의 신생 기업이나 다름없는 우리 일진이 모습을 보이자 두 회사 관계자들은 불편한 기색을 감추지 않았다. 그들 입장에서는 이제 갓 초고압 케이블 연구 개발을 마친 업체가 겁도 없이 입찰 경쟁에 뛰어든 것이 내심 못마땅했을 터였다. 우리는 일단 자세를 낮췄다. "굳이 경쟁에 이겨 입찰을 따낸다는 생각보다는 경험을 쌓을 요량으로 참여했다"며 그 취지를 이야기했다. 그러자 L전선과 D전선 관계자들도 조금은 누그러진 태도를 보이며 경계를 푸는 듯 보였다.

그런데 두 기업은 한 가지 중요한 사실을 간과했다. 우리가 경험을 쌓는다는 취지로 입찰 경쟁에 참여한 것은 맞는 말이지만 이는 결과에 크게 연연하지 않겠다는 의미일 뿐이다. 일진 역시 참여 업체 중 하나로서 마지막까지 이기기 위해 최선을 다해 경쟁한다는 각오였다. 그 기업들이 오해한 것처럼 강자들의 경쟁을 그저 바라보기만 할 생각은 없었다.

불리한 상황에서 상대방의 견제를 피해가며 경쟁을 펼치기 위해서는 치밀한 전략이 필요했다. 그리고 처음부터 마지막까지 철저하게 보안을 유지해야 했다. 나는 일진전기에서 가장 믿을 만한 임직원으로 팀을 꾸렸다. 이직률이 높았던 터라 직원들은 상대 업체에 아는 사람이 많았다. 그러니 정보가 어떻게 새어 나갈지 모르는 일이었다. 물샐틈없이 보안 유지를 할 수 있는 소수의 직원을 모았고 정보를 등급별로 분류해 전체 공개를 하지 않는 등 철저한 보안 태세를 갖추었다. 입찰 전략 회의도 퇴근 시간 후에 비밀 장소에서 진행했다. 그러면서 L전선과 D전선이 가능한 한 우리를 경쟁자로 의식하지 않도록 하는 데 역점을 두었다.

마침내 입찰 서류를 제출하는 결전의 날이 왔다. 나는 가장 믿을 만한 직원에게 서류를 카폰이 장착된 차량과 함께 내어줬다. 그러면서 당부했다.

"지금부터는 내가 이 카폰으로 거는 전화 외에는 누구의 전화도 받아서는 안 되며 그 누구의 말도 들어서는 안 되네. 지금 이 서류에는 입찰 가격이 적혀 있지 않네. 자네가 현장에 도착해서 서류를 제출하기 직전에 내가 가격을 알려줄 것이네."

정확히 마감 시간 5분 전에 입찰 가격을 불러줬다. 그 직원은 현장 분위기, 내가 제시한 가격에서 유동적으로 움직일 수 있는 폭 등을 고려해 입찰에 가장 유리한 가격을 적어내면 되었다. 결과는 대성공이었다. L전선과 D전선과 근사치의 최저 가격으로 입찰 가격을 제출해 사업권을 따냈다. L전선과 D전선이 우리를 경쟁 업체라고 여기지 않고 방심한 틈을 타 얻어낸 결과였다.

이렇게 따낸 인천국제공항 공사는 일진전기가 성장하는 데 디딤돌이 됐다. 단군 이래 최대 공사라 불리는 인천국제공항 공사를 따낸 만큼 신생업체라 업신여기는 곳은 없었다. 그리고 대형 프로젝트가 진행될 때 앞다투어 일진전기를 찾고 일을 맡기기 시작했다. 만약 무모한 도전이라 여기며 엄두조차 내지 않고 포기했다면 어땠을까? 번번이 포기의 늪에 빠져 성장이 정체되었을 것이다.

단 1분의 차이가 가져다준 행운

1987년 한국전력 배전 자동화 경쟁 입찰 때의 일이다. 모든 경쟁 입찰이 녹록치 않지만 그 당시 배전 자동화 프로젝트는 특히 어려웠다. 첨단 중전기 사업군에 속하는 영역으로 업계의 집중도와 경쟁이 치열했었다. 이 시장은 H중전기(현재 현대중공업), 효성중공업, LS산전 등의 대기업들이 각축을 벌여왔었다. 일진은 이들 기업과 비교하면 규모가 한참 작았다. 다윗과 골리앗의 싸움이라 비유하면 되겠다. 다윗이 거인 골리앗을 쓰러뜨리기 위해 물맷돌이 필요했듯 일진에게는 정교한 틈새 전략이 요구되었다.

우리는 입찰에 참여하면서 이길 수 있는 모든 세세한 방법을 연구하고 검토했다. 그러다 라디오에 눈길이 갔다. 공식 입찰 마감 시간을 국가 표준 시간인 라디오 시보에 맞추고 이것을 잘 이용해야겠다는 아이디어였다.

지금으로서는 이해하기 어려운 발상이다. 거의 모든 사람이 휴대 전화를 가지고 있으니 정확한 시각을 인지하는 데 오차가 생기지 않기 때문이다. 하지만 그때는 각자가 손목시계를 차고 있었고 약간씩 기준이 달랐다. 무엇을 기준으로 삼느냐가 중요한데, 국가 표준 시간은 라디오 시보로 알려주었다. 경쟁자가 표준 시각에 철저히 대응하지 않는 허술함을 역이용하자는 발상이었다.

입찰 공고상의 접수 마감 시각은 오전 12시였다. 우리는 서류를 준비해 입찰 예정 시간보다 서둘러 접수처에 도착한 다음 접수대에 라디오를 올려놓고는 "입찰 마감 시간을 시보에 맞추어 지키는 것이 옳지 않느냐"고 보란 듯이 말했다. 접수 담당자는 황당한 듯한 표정을 지었지만, 대수롭지 않은 듯 업무를 이어 나갔다. 설마 라디오 1대가 접수하는 데 큰 영향을 주겠느냐고 여겼을 것이다.

하지만 마감 시간이 다가오면서 상황이 달라졌다. 마감 5분을 남겨놓고도 강력한 후보였던 H중전기 측 사람이 나타나지 않았다. 상황이 이렇게 흘러가자 접수처에 모인 사람들의 모든 시선이 라디오에 집중되었다. 만약 H중전기 측이 오전 12시 라디오 시보가 울리기 전까지 도착하지 않는다면 규정상 탈락하는 상황이었다.

마침내 라디오 시보가 울렸다. "오전 12시!"

그 짧은 순간, 현장에는 H중전기팀의 모습이 보이지 않았다. 사람들의 표정 사이로 묘한 희비가 오갔다. H중전기팀이 접수처에 모습을 드러낸 것은 그로부터 정확히 1분 후였다. 그 팀은 영문도 모른 채 접수처에 서류를 내밀었으나, 이미 시보에 맞춘 시간 엄수가 당연한 요구였기에 접수가 될 리 없었다. 그러자 H중전기 측은 거세게 반발했다. "아니 그동안 아무 문제없었잖아요. 겨우 1분 늦은 것 가지고 뭘 이렇게 빡빡하게 하시는 겁니까?"

H중전기 측은 당황한 듯 따져 물었고 어떻게든 접수를 밀어붙

일 요량이었다. 하지만 우리는 입찰 공고에 명시된 시간을 엄수해야 함을 주장했다. 결국 H중전기 측은 자신들의 실수를 인정하지 않을 수 없었고, 접수를 포기해야만 했다. 물론 입찰도 우리가 따낼 수 있었다. 단 1분을 통해 얻어낸 기적 같은 결과였다.

이 사건이 계기가 되어 입찰 경쟁에서 공식적 시간 엄수는 철저히 지켜졌다. 어떻게 보면 기발한 역발상이라 할 수 있지만, 사실은 지켜야 할 원칙을 지키지 않는 낙후된 관행이 존재했기에 가능한 일이었다. 이 일을 통해 우리는 입찰을 따내는 성과를 얻었고, 입찰 경쟁 현장은 다소 느슨했던 관행을 원리원칙에 맞게끔 조이는 계기로 삼았다. 일석이조의 효과가 일어난 셈이다.

일진금속공업사 명함으로는 장가가기가 힘듭니다

일진그룹의 모태는 일진금속공업사다. 일진그룹이 사용한 최초의 이름이다 보니 구성원들에게는 각별하다. 하지만 초창기 일진금속공업사 직원들은 회사 이름을 썩 달갑지 않게 여겼다. 그리 환영받지 못한 이름이었던 것이다. 법인이 아닌 개인 사업자라 그런 경향은 더했을 것이다.

경리과에서 일하던 한 직원의 이야기가 떠오른다. 그는 장가갈 나이가 되었고 교제하던 여성의 부모님께 인사를 하러 갔다. 그 자리에서 장인어른 될 분이 직업과 회사를 물었는데, '일진금속공업사'라고 하자 표정이 싸늘하게 변했다고 한다. 금속공업사라고 하자 직관적으로 동네 철공소를 떠올렸던 모양이다. 애써 키운 딸을 철공소 다니는 남자에게 시집보내야 한다고 여긴 이분은 크게 마음이 상했다.

급기야 결혼을 반대하기에 이르렀다. 당황한 딸이 아버지에게 동네 철공소가 아니라 번듯한 규모에 유망한 제조 업체라고 항변했지만 아버지는 막무가내였다. 졸지에 미처 생각도 못한 데서 결혼 반대라는 날벼락을 맞은 예비 신랑은 발등에 붙은 불을 꺼야 했다. 어떻게든 예비 장인을 설득해야 할 상황이었다. 결국 이분은 사윗감이 다니는 직장을 눈으로 확인하고자 상경하게 되었다.

사윗감과 함께 직접 공장을 방문할 당시는 부평동 백마장 입구에 공장이 들어설 즈음이었다. 이 광경을 목격한 예비 장인은 "금속공업사라고 해서 청계천 대장간 정도이겠거니 했는데 이건 뭐 대궐 같구먼…"이라며 감탄했다고 한다. 물론 당연히 결혼 승낙을 받아낼 수 있었다.

그런데 비슷한 종류의 일로 속앓이를 한 사람은 이 한 명만이 아니었다. 이런 일은 결혼을 앞둔 직원들 사이에서 비일비재했다. 남자 직원들이 결혼을 앞두고 예비 처갓집에 인사를 드리러 가면 대부분 '공업사'에서 일하는 것을 탐탁지 않아 했다는 것이다.

웃어넘길 수만은 없는 일이었다. 그래서 큰맘 먹고 허 회장에게 건의했다. "직원들 장가 좀 제대로 보내야 하지 않겠습니까?" 직원들의 애로 사항을 들은 허 회장은 이듬해 회사를 개인 사업자에서 법인으로 전환했고 상호도 '일진전기공업(주)'으로 변경했다.

전선 도둑을 잡아라

전국 각지에서 전봇대가 기하급수적으로 늘어나던 1978년에 알루미늄 파동이 일어났다. 전선의 핵심 소재인 알루미늄 수요량은 많은데 이를 구하기가 만만치 않았다. 그 무렵만 하더라도 전봇대 사이를 연결하는 전선의 품질이 그리 좋지 못해 시간이 지나면 늘어나곤 했다. 그래서 주기적으로 바꿔줘야 했다. 하지만 알루미늄 파동이 일어나 그 수요를 충족시키지 못했다. 결국 각 업체들은 수명을 다한 전선을 회수해 이를 순도 99%의 신재와 함께 사용함으로써 단가와 수요를 간신히 맞춰 나갔다.

일진도 마찬가지였다. 한국전력으로부터 전선을 회수해 사용했는데, 이를 위해서는 전국 각지의 변전소를 트럭으로 돌며 직접 가져와야만 했다. 그런데 이 과정에서 뜻하지 않은 문제가 발생했다. 보통 전선을 회수해 출발하기 전과 공장에 도착해 각각 무게를 측정하는데, 이 과정에서 늘 무게 차이가 생겼다. 물건을 실었을 당시 20kg이었는데 밤새 달려서 공장에 도착해 재보면 16kg이 되는 일이 계속해서 벌어진 것이다.

이런 상황이다 보니 의심의 눈길이 거세졌다. 전선을 회수해 오는 과정에서 물건을 빼돌렸다는 의혹이 생긴 것이다. 지방 구석구석을 다니며 밤새 힘들게 달려와서 의심을 받아야 한다니 몹시 억울한 마음이었다. 의심을 담고 말하는 사람들에게 언성을 높이기도 했지만 가장 답답한 것은 도무지 이유를 알 수 없다는 점이었다. 폐전선이 트럭에 실려 도로를 달리는 동안 무게가 준다는 것은 있을 수 없는 일이다. 분명히 무언가 있긴 있는데, 그 실체를 알 수 없어 속이 터질 정도였다. 그렇게 의심과 억울함이 쌓여가는 동안에도 이 신기한 무게 차이는 끊이지 않았다.

그러던 중 이 미스터리가 풀렸다. 뜻밖의 이유였다. 바로 트럭용 휘발유가 범인이었다. 전선을 싣기 전과 전선을 운반해 온 후에 무게 측정은 트럭째로 한다. 특정 위치를 트럭이 지나가면 무게가 측정되고, 전체 무게에서 트럭 무게를 빼는 방식으로 재는 것이다.

그런데 밤새 도로를 달릴 것을 대비해 휘발유를 가득 실은 트럭의 무게와 밤새 달려 휘발유를 소진한 트럭의 무게에는 차이가 있을 수밖에 없었다. 길에서 소비한 휘발유 무게만큼의 차이가 생겼던 것이다.

의심했던 사람이나 의심을 받고 억울했던 사람 모두 실소를 터뜨릴 수밖에 없었다. 돌이켜보면 이런 단순한 점을 미리 헤아리지 못한 것이 어리석게 느껴진다. 하지만 그때로서는 어쩔 수 없었다. 거의 대부분의 일이 처음 하는 것이었다. 또한 한 사람이 여러 사람의 몫을 해야 하는 처지였다. 체계적인 역할 분담이나 시스템이 부족했다. 그래서 이런 사소한 문제에서 억울함이 빚어지곤 했던 것이다. 어쩌면 이런 일은 제대로 된 회사로 커 나가는 데 꼭 필요한 성장통이었을 것이다.

일진전기

세계로 향하는 일진의 첫 비상飛上, 동복강선

이동녕_現 서울대 명예교수

●

사운社運을 건 결단

　　허진규 회장을 처음 만난 때는, 내가 KIST에서 동복 강선의 본격적 연구 개발을 위한 재원 문제로 고민에 빠져 있던 1974년이었다. 대학 동기 중 한 분이 허 회장을 소개해주었다. 서울대 금속공학과 2년 후배라고 했지만, 일면식도 없는 사이였다. 당시 허 회장은 일진금속공업사라는 6년 차의 중소기업을 이끌고 있었다. 회사 규모는 작았지만 변전, 전력 금구류를 잇달아 성공시켰고 야심차게 새로운 사업 아이템을 찾고 있다고 했다. 그는 내가 전력하고 있던 동복강선 연구 개발 투자에 큰 관심을 보였다.

　하지만 투자는 찻잔 속의 태풍으로 끝난 듯 보였다. 투자에 관해 이야기를 나눈 지 한 달여가 지나도록 감감무소식이었다. 충분히 이해할 만한 일이었다. 내심 큰 기대를 하지 않은 게 사실이다. 투자할 연구 개발비 3,000만 원은 중소기업이 감당하기에는 큰 금액이었다. 그 돈이면 서울에서도 큰 집 10채는 사고도 남았다.

허 회장이 투자하리라는 생각을 접었을 무렵 연락이 왔다. 그의 제안은 단순했지만 놀랍기 그지없었다. KIST와의 동복강선 공동 연구를 위해 3,000만 원을 투자하겠다고 했다. 3,000만 원은 그 당시 일진의 자본금과 똑같은 금액이다. 중소기업의 기술 투자로는 매우 이례적이며 또 위험한 일이었다. 회사의 운명을 이 프로젝트에 걸겠다는 의미로 받아들여졌다.

연락이 없던 한 달여 동안, 공학도 출신의 젊은 사업가 허진규는 숱한 불면의 밤을 보내며 숙고에 숙고를 거듭했으리라. 그리고 어슴푸레한 새벽 미명 속에서 사운社運을 건 고독한 결단을 내렸을지도 모른다. 하지만 기술에 대한 이해와 탁월한 사업 안목을 지닌 허 회장은 본능적으로 성공을 직감했을 수도 있다.

원하는 투자를 받는 데 성공했건만 그때부터 나는 천근만근의 짐을 짊어져야 했다. 이번에는 내가 밤잠을 제대로 이루지 못했다. 자칫 연구에 실패한다면 내실 있는 기술 기업이 도산하고 전도유망한 사업가의 앞길에 짙은 먹구름이 드리울 것이다. 무거운 책임감이 나를 짓눌렀다. 다행스럽게도 허 회장의 과감한 결단은 열매를 맺었다. 투자받은 지 2년 만에 파일럿 플랜트pilot plant를 운영해 동복강선 개발에 성공한 것이다.

1970~1980년대 동복강선은 농촌 근대화 사업과 함께 각 가정에 호롱불 대신 전기를 공급하며 퍼져 나갔다. 모두가 불가능이

라고 생각했던 이 국내 기술력은 수출로 물꼬를 텄으며, 세계 선진국 기업들의 대열 속에서 일진의 이름을 나란히 올리게 했다.

동복강선 개발에 나서기까지

미국 남부 테네시주에 위치한 밴더빌트대학에서 유학 생활을 하던 1970년 어느 날, 한국에서 1통의 전화가 걸려왔다. 12월 25일 이전까지 한국으로 돌아와 KIST 연구진으로 합류를 하라는 것이었다. 나는 박사 학위 논문을 서둘러 마무리하고 서울행 비행기에 몸을 실었다. 만 4년여 만의 귀국이었다. 떠나오는 당일까지 함께 공부했던 동기들과 선후배들이 "이 박사, 꼭 가야 하는 거야, 정말 후회하지 않을 자신 있어?"라고 물어왔다. 하지만 서울행은 당연한 일이었다. 1966년 유학을 떠나오며, 이 순간만을 학수고대했기 때문이다. 물론 이러한 선택이 동기들의 우려처럼 후회로 가득할지도 모를 일이었다.

박사 과정이 끝날 즈음 지도 교수인 '리히터Barry D. Lichter'가 나를 따로 불러 앞으로의 계획을 물었다. 유학생이다 보니 미국에 남는 문제를 먼저 결정해야 했던 터였다. 말이 상담이지 리히터 교수는 내심 미국 잔류를 당연시 여겼다. 그도 그럴 것이 당시는 유학생 100명 중 99명이 남고, 1명이 자국으로 돌아가는 분위기였다. 하지만 나는 한국행을 선언해서 리히터 교수를 놀라게 했다.

지금과 마찬가지로 당시 미국은 이공계 세계 최고를 자랑하는 선진국이었다. 반면 한국은 전후 피폐함을 겨우 진정하고 막 경제 발전을 꾀하며 성장의 발판을 다지는 시점이었다. 낯선 영어와 씨름하고 비싼 학비를 내며 미국 학생들과 경쟁해서 쌓은 선진국 이론과 학문을 제대로 써먹을 수나 있을지 의문인 것은 당연한 일이었다. 그래서 한국으로 돌아가겠다는 결정은 누가 봐도 무모하게 여겨졌다. 이러한 반응은 한국에 돌아와서도 마찬가지였다. 고등학교 선배이자 연세대 교수로 재직 중인 한 선배는 나를 보자마자 대뜸 "왜 귀국했냐?"고 질책하듯 질문을 던지기도 했다.

같은 종류의 곤란한 질문을 받을 때면, 나는 "한국에 있을 때 고생을 많이 해서입니다"라고 답변하곤 했다. 유별난 대답이긴 하지만 속마음 그대로를 표현한 것이다. 유학을 떠나던 해인 1966년 한국의 경제 상황은 그야말로 참담했다. 전쟁의 후폭풍이 채 가시기 전이었다. 외국에서 물품 원조를 받아가며 겨우 생계를 버텨냈고, 경제 발전의 발판을 다진다고는 하나 모든 것을 수입에 의존하던 시절이었다. 물론 당시에는 이러한 상황이 얼마나 지독한지도 미처 깨닫지 못했다. 현실을 정확히 직시한 것은 미국에서 생활하며 그 간극을 온몸으로 느낀 후였다.

대부분이 이런 가난하고 낙후된 고국의 현실이 싫어서 돌아가는 것을 두려워하지만 나는 그 반대였다. 고국으로 돌아가겠다는 결심은 미련스러우리만치 확고해져갔다. 세상에서 가장 가난한 나라라는 오명을 벗고 성장의 발판을 다져 나가려면 누군가는 앞장서 내 나라, 내 땅에 선진의 학식과 기술을 뿌리내려야 했기 때문이다. 이런 사명감이 있었기에 금속 분야에서 미국에서 유학

후 귀국한 첫 사례를 기록하며 한국에 돌아올 수 있었다. 지금 생각해보면 영광스러운 기록이기도 하다.

다시 돌아온 고국에는 희망의 불씨가 살아나고 있었다. 1965년 박정희 대통령은 미국 존슨Lyndon B. Johnson 대통령과의 제2차 한미 정상회담에서 월남전(베트남 전쟁) 파병의 대가로 한국 산업을 책임질 과학 인재를 육성할 수 있는 시설을 지원해달라는 제안을 했다. 박 대통령은 단순한 경제 물자를 원조받는 것으로는 위기의 경제 상황을 타파해 나갈 수 없을 것이라 판단하고 고급 이공계 인력을 길러낼 수 있는 시설을 요청한 것이다. 이것이 바로 1966년 오늘날 KIST가 생겨난 배경이다.

KIST의 설립과 동시에 교수진들은 서둘러 이공 계열의 인재들을 물색하기 시작했다. 나라의 전폭적인 지원 아래 시작된 일인만큼 대우도 전례를 찾기 힘들 정도로 좋았다. 대우가 좋아야 우수한 인재를 영입할 수 있다는 생각에 연구원들의 인건비를 매월 20~30달러로 책정했다. 아시아 최고 수준이었다. 하지만 이러한 조건은 유학생들의 한국행을 설득하기에 충분하지 못했다. 1970년대 초 한국은 세계에서 가장 가난한 나라 중 하나로 손꼽힐 정도로 암담했다. 이러한 상황에서 나의 한국행은 판도라의 상자를 연 것이나 다름없었다.

KIST에서 처음 받은 과제는 '고체 탄탈 축전기 개발에 관한 연구'였다. 첫 출근을 한 지 얼마 되지 않아 연구실장은 연구원들 앞으로 5가지 과제를 내놓았다. 각자 연구 과제를 선택해 맡은 후, 독립적으로 연구하는 시스템이었다. 내가 속한 파트의 연구원은 총 5명이었다. 이 중 박사 출신은 나 혼자였고, 나머지 4명은 학사 출신의 후배였다. 먼저 후배들에게 선택권을 줬다. 박사 학위까지 받았으니 가장 어려운 것을 맡겠다는 자신감처럼 비춰졌을지 모르나, 속사정은 달랐다. 5가지 과제 모두 내가 모르는 분야였다. 어떤 과제가 주어져도 백지에서 출발하는 상황이었다.

미국 유학까지 마쳐놓고도 사회에서 처음 맞닥뜨린 연구 과제 앞에서 실력 부족을 느끼는 스스로를 향해 적지 않은 충격을 받았다. 방법은 토막잠을 자든 끼니를 거르든 어떻게 해서든 문제를 해결해 나가는 것밖에 없었다. 축전기에 관해서는 고교 시절 배운 기초 지식이 전부였다. 나는 숙소와 연구소만을 오가며 자리를 뜨지 않고 연구에만 몰두했다. 혹여나 연구가 실패했을 때 엉터리 박사라는 소리를 듣는 것이 죽기보다 싫었다. 꿈속에서조차 연구를 이어 나갔을 정도니 그 압박감은 엄청났다.

다행히 연구는 초반의 어려움을 해결하며 비교적 빠르게 진척됐다. 2개월 정도가 지났을 때는 어느 정도 가닥을 잡아가고 있었다. 그런데 이때 내가 축전기 개발 연구를 하고 있다는 소식이 업계에 퍼지면서 뜻밖의 사람이 찾아왔다. KIST 출범은 업계의 큰 주목을 받고 있던 터라 작은 과제 하나도 금방 산업계에 소문이 나던 상황이었다.

모 전선 기업체의 직원이라고 밝힌 그는 지름 0.5mm의 도선을 보여주며 이것이 무엇인지 아느냐고 물었다. 얼핏 보아 축전기에 흔히 사용되는 구리선이었는데, 그의 입에서 나온 단어는 생소하기만 했다. 표면이 구리여서 단순한 구리선인 줄 알았는데 '동복강선'이라는 것이다. 자세히 그 모양을 살펴보니 표면만 구리일 뿐, 중심에는 스틸이 심어져 있었다. 이 소재는 전기의 흐름을 좋게 하기 위해 철선 표면을 구리로 코팅한 전선으로, 쇠의 우수한 기계적 특징과 동의 전기적, 고주파, 내식성 등을 겸비한 제품이었다. 선진국에서는 일부 개발에 성공해 사용 중이지만 국내에서는 생소한 소재였다. 나도 처음 보는 제품이었다.

그 직원은 이 동복강선을 만들기 위해 자기 회사에서 10년간 연구에 매진했지만 결국 실패했다고 한다. 하지만 이공계 인재들이 모였다는 KIST의 한 연구원이 축전기를 연구 중이라고 하니 잊고 있었던 동복강선의 핵심 기술에 대한 답을 얻을 수 있지도 모른다는 생각에서 나를 찾아왔다고 말했다.

그의 말을 들으니 화가 치밀었다. 도대체 국내 연구 수준이 어느 정도이기에 전문 기업에서 10년간이나 연구를 하고서도 포기를 했는지 도저히 납득이 되지 않았다. 이것이 한국 이공계의 수준이라는 것에 학자로서 자존심이 상했다.

그길로 밤새워 동복강선에 관한 연구 제안서를 만들어 KIST에 제출했다. 욱하는 오기로 시작했지만, 적어도 한 기업이 10년간이나 연구했다면 산업화 가능성이 높다는 뜻이다. 해볼 만한 연구라 생각했다. 다행히 KIST에서 동복강선 연구 제안을 수락했고, 6개월간의 기초 연구를 통해 괄목할 만한 결과들이 나타났다.

하지만 문제는 여기서부터 다시 시작됐다. 기초 연구를 산업화하려면 파일럿 플랜트가 필요했다. 파일럿 플랜트는 신공법이나 신제품을 도입할 때, 본격적인 설비(커머셜 플랜트)를 건설하기 전에 준비 단계에서 구축하는 소규모 시험적 설비다. 그런데 이 비용이 만만치 않았다. 설비 전문가의 견적을 받아보니 5,000만 원이라는 큰 금액이 산출되었다. 제아무리 KIST라지만 신참 연구원의 말만 믿고 선뜻 투자하기에는 액수가 컸다.

나는 파일럿 플랜트 문제를 놓고 KIST를 끈질기게 설득했다. 장기적으로 봤을 때 산업화의 가능성이 크고 경제적 이익 실현 가능성이 높아 보였다. 이를 위해서는 무엇보다 파일럿 플랜트를 통한 연구가 절실했다. 파일럿 플랜트의 전 과정은 시약을 제외하고 모두 국내 자체 기술을 계획했다. 당시 KIST의 공장화 연구 중에는 선진국 부품을 가지고 와서 조립해 개발하는 경우가 많았다. 이를 순수 국내 기술력이라고 부르기에는 무리가 따랐다. KIST도 이를 충분히 공감하는 분위기였지만, 역시 재원이 문제였다.

KIST는 이 문제의 해결책을 제시했다. 3,000만 원을 지원할 테니, 나머지 부족한 금액은 산업계의 후원을 받자는 내용이었다. 그리고 전선 분야에서 잘나가는 대기업 두 곳을 소개해주었다. 하지만 나는 단숨에 이 제안을 거절했다.

대기업 입장에서 3,000만 원 정도의 금액을 투자하는 것은 쉬운 일이었다. 그런데 당시 대기업들은 기술 개발 연구가 성공해도 이를 산업화에 적용시키지 않고, 이미 검증이 끝난 선진국의 기술을 가져와 실용화시키는 경우가 허다했다. 이럴 경우 결국 애써 연구한 기술력은 빛을 보지 못하고 대기업의 지하 창고에서 썩는다. 대기업의 투자를 받았다가 결국 기술력만 뺏기고 낭패를 당할 게 뻔해 보이는 일을 결코 자처하고 싶지 않았다.

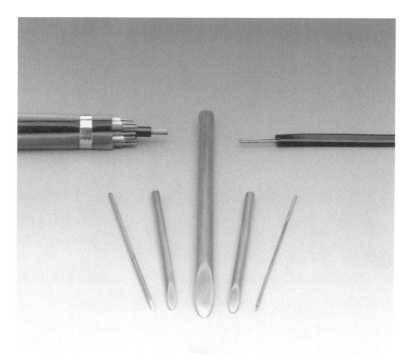

일진이 KIST와 공동 연구로 국산화에 성공한 동복강선

내가 완강하게 고집을 부리자, KIST는 차선책을 내놓았다. 무역업으로 크게 성공한 사람을 소개했다. 하지만 이번에도 거절했다. 기술과 생산 현장을 모르는 사람이 제품을 연구하고 생산하는 것이 얼마나 힘든 일인지 알 리 만무했기 때문이다. 이렇게 2번의 제안을 거절하자 KIST는 불편한 내색을 드러냈다. "이 박사가 연구비를 다 써버리면 다른 연구원들은 어떻게 하라는 것입니까?" 연구 개발에만 몰입해 욕심을 내다가 주변을 돌아보지 못한 것이 큰 실책이었다. 그렇다고 두 제안을 받아들일 수도 없었다.

그때 과감한 투자를 감행한 사람이 허진규 회장이다. 앞에서 말했듯, 자본금과 맞먹는 금액을 연구 개발에 투입한 허 회장의 결단력으로 동복강선은 빛을 볼 수 있었다.

대담한 도전, 수출

파일럿 플랜트를 이용한 동복강선 연구 개발이 성공한 지 얼마 되지 않은 어느 날이다. 나는 신문을 읽다가 소스라치게 놀랐다. 내 눈을 의심할 정도였다. 일진이 중동(이란)에 500만 달러 규모의 동복강선을 수출한다는 기사가 대문짝만 하게 실려 있었기 때문이다.

'500만 달러 수출이라니…' 기쁨보다는 두려움을 느꼈다. 연구 개발에 성공했다고는 하나 이제 초기 단계다. 파일럿 플랜트는 본격적인 공장이 아니다. 실험 공장에서의 생산에 성공했을 뿐이다. 양산을 위한 공장 설립과 안정화, 실제 생산까지는 몇 년이 더 걸릴지도 모른다. 당시 파일럿 플랜트의 규모와 생산 능력으로 계산해보니 하루 24시간씩 가동해도 12년이 걸리는 일이었다. 더욱이 이제 막 파일럿 플랜트를 영등포 공장으로 옮겨 생산 설비를 하나하나 갖추려는 상황이었다. '변변한 공장도 없이 수출이라니, 그것도 500만 달러라는 거액을…'

나는 놀란 가슴을 진정시키며 허진규 회장에게 전화를 걸었다. 허 회장은 뜻밖에 담담한 목소리였다. 그는 실제로 제품을 수출하려던 의도는 아니었다고 말했다.

"이 박사님, 저도 상황을 잘 압니다. 하지만 우리가 실제로 수출을 하려고 입찰을 했겠습니까. 그래도 연구가 진척되니 우리가 만든 동복강선을 실제로 시장에서 팔 수 있는지 궁금했습니다. 아직 한국에서는 쓰는 곳이 없어 외국 시장은 어떤지 테스트도 할 겸 알아본 겁니다. 마침 중동에서 입찰 공고가 났기에 그동안 들어간 원가를 고려해 금액을 써냈는데 이게 근소한 차이로 덜컥 낙찰이 돼버렸습니다. 이왕 이렇게 된 김에, 한번 해봅시다. 우리가 기술이 없는 것도 아니고, 수출을 따내는 것도 쉬운 일이 아니지 않습니까."

허 회장의 목소리에서는 두려움이 느껴지지 않았다. 그보다는 도전 의식과 결기가 강하게 풍겼다. 사실 그의 말이 틀린 것은 아니었다. 500만 달러면 그 당시로는 엄청난 규모였다. 무역 회사가 여러 품목을 합쳐서 수주해도 500만 달러에 미치지 못했다. 그런데 단일 품목으로 500만 달러면 기회를 잡은 셈이다. 그러니 이 소식이 신문에 보도된 것이다.

하지만 의지로만 될 일은 아니었다. 계약 기간 내에 제품을 생산해 납품하는 것은 불가능해 보였다. 고심을 거듭하고 있을 때 허 회장이 묘안을 냈다. 동복강선 생산 과정에서 가장 큰 어려움은 선을 얇게 뽑아내는 것이다. 그런데 이 선을 굵게 해서 생산한다면 시간이 절약될뿐더러 제품 단가도 높게 받을 수 있다는 논리였다. 간단하지만 충격적인 역발상이었다. 축전기의 얇은 리드 와이어만을 생각하며 동복강선 연구에만 집중했던 나로서는 생각조차 못해낼 아이디어였다.

허 회장은 한발 더 나갔다. 만약 굵은 형태의 동복강선을 만들면 송전용 전선으로 사용할 수 있다는 게 그의 생각이었다. 그 당시 전신주를 연결하는 전선은 대부분 구리만을 사용했는데, 구리는 온도가 높아지면 늘어지는 단점이 있었다. 그러나 가운데 철심이 박힌 동복강선을 사용하면 표면에는 전류가 흐르고 철심이 지지 역할을 해주어 전선이 늘어지는 것을 방지할 수 있다고 설명했다. 나는 허 회장의 혜안에 탄복했다. 공학도 출신의 사업가로서 최고의 역량을 드러낸 것이다. '이런 응용이 가능하다니….'

허 회장이 탁월한 아이디어를 내며 설득함으로써, 중동 수출을 감행하는 무모하지만 대담한 도전에 나섰다. 그래도 여전히 납품일까지 시간을 맞추는 것은 쉽지 않아 보였다. 초조한 마음을 알 길 없는 시곗바늘은 한없이 속도를 내고 있었다.

하늘이 돕다

납품을 향한 카운트다운이 시작되자 나는 불안한 마음을 감출 수가 없었다. 물론 모든 책임은 허 회장에게 있었다. 나는 KIST와 일진의 공동 연구에 참여한 연구원일 뿐이다. 그렇지만 언론에 대대적으로 보도되며 주목을 받는 수출이 실패했을 때 나 역시 그 책임에서 자유롭지 못할 터였다.

그런데 이때 생각지도 못한 일이 벌어졌다. 1977년 서울에 큰 물난리가 난 것이다. 서울 전체가 물에 잠겼고, 설비를 갖추며 양산을 준비하던 공장도 예외는 아니었다. 수재 규모가 얼마나 컸던지 전 세계 신문에 대서특필됐다. 다행히 일진의 영등포 공장은 여느 곳보다 피해 규모가 작은 편에 속했고, 동복강선 생산을 위한 공장 설비를 완성하는 데 오랜 시간이 걸리지 않았다. 아이러니하게도 서울 대홍수는 수출 납기일에 전전긍긍해야만 했던 당시 일진의 위기를 극복하는 데 큰 도움이 됐다.

납품 거래에서 납기일을 맞추지 못하면 페널티를 물기 마련이다. 동복강선 수출은 수주 금액이 컸던 만큼 지체 배상금 역시 만만치 않았다. 하지만 서울의 홍수 사태가 대대적으로 보도되면서 중동의 발주처에서 자연재해로 인한 지연을 허용해주었다. 그리고 납품에 문제가 발생했을 때 담당자가 현장 조사를 오는 게 일반적인데, 외신에 크게 보도된 사항이라 굳이 담당자가 공장을 찾을 일도 없었다. 만약 담당자가 공장을 방문했다면, 제대로 된 설비도 갖추지 않은 상황을 보고 아연실색했을지도 모른다.

하지만 하늘이 우리를 도왔다. 국내 순수 기술력으로 완성된 동복강선은 납기일을 맞추며 어떠한 페널티도 물지 않고 무사히 첫 수출에 성공했다.

지금도 돌이켜보면 간담이 서늘해진다. 허 회장은 투자 결정부터 수출까지 무모하리만큼 대담했다. 그 담대함이 불가능한 상황에서 탁월한 성과를 낳는 기적을 연출했다. 물론 연구 개발 과정도 쉽지 않았다. 하지만 대규모의 수출로 첫 판매의 물꼬를 튼다는 것은 상상하기 힘든 일이다.

기회와 위기는 동전의 양면이다. 대담한 도전에 실패했을 때 기업이 떠안게 될 리스크는 그야말로 어마어마하다. 이때 경영자의 안목, 확신, 강단, 승부사 기질, 추진력 등이 성패를 가른다. 허진규 회장은 위기의 동전을 뒤집어 기회를 거머쥐었다.

동복강선의 성공은 한 기업이 사업을 잘해서 높은 수익을 올린 것과는 비교할 수 없는 뜻깊은 가치가 있었다. 농가의 침침한 호롱불을 밝은 전깃불로 교체하는 데 견인차가 되며 농촌 근대화에 지대한 공헌을 한 것이다. 그리고 한국 기업이 기술을 개발해 수출할 수 있다는 자신감을 심어주었다.

기술의 진가를 아는 경영자

KIST가 기술을 개발하고 산업계로 이전하면 기술료 로열티를 10년 정도 받는 게 일반 계약 형태다. 나도 일진과 계약을 체결할 때 10년 계약을 생각했었다. 하지만 허 회장은 15년을 제안했다. 기술 문제에 대한 KIST의 지원을 장기적인 차원에서 고려했을 터였다. 동복강선 성공으로 KIST는 높은 수준의 로열티를 받았다. 허 회장은 간혹 "괜히 15년 계약을 해서 5년을 손해 보았다"며 너스레를 떤다. 하지만 그의 깊은 속마음을 안다. 그에게는 한국 과학 기술력에 대한 누구보다 깊은 애정과 열정이 있다.

그 강한 관심과 애정이 동복강선 성공의 밑거름이 되었다. KIST에서는 수많은 연구 과제가 쏟아진다. 하지만 이처럼 산업계와 협력해 눈에 띄는 성공 사례를 이루는 것은 지금도 쉽지 않다. 특별히 동복강선은 한국 과학계에서도 역사적인 일이다.

동복강선으로 시작된 허진규 회장과의 인연은 지금까지도 이어져오고 있다. 그 이유는 국내 연구 기술력 개발에 대한 철학을 공유하기 때문이다. 기술에 대한 허 회장의 안목과 철학을 보여주는 일화가 있어 소개한다.

동복강선이 안정화되고 난 후 한 업자가 허 회장을 찾아왔다. 당시 일진에서는 일반 규격보다 큰 파워 플랜트power plant에 들어가는 파워 서플라이power supply가 필요했는데, 이 업자는 일반 규격 파워 서플라이 1대 값을 주면 아예 기술을 개발해주겠다고 제안했다. 기술 연구 개발에 들어가는 연구비가 엄청난데, 고작 제품 1대 값으로 만들 수 있다는 것은 사기꾼 같은 헛소리였다. 허 회장과 나는 이 업자를 크게 꾸짖어 돌려보냈다.

허 회장은 국내 장비 개발에 대해서는 야박하게 흥정하지 않는다. 후하고 대범하다. 제값을 치러야 제대로 된 제품이 생산된다

동복강선 개발을 시작으로 일진과 깊은 인연을 맺고 있는 이동녕 서울대 명예교수

고 믿기 때문이다. 문제의 파워 서플라이는 제값을 주고 협력 업체를 통해 제작했다. 그런데 사이즈가 워낙 크다 보니 개발이 녹록치 않았다. 하지만 최고 수준의 엔지니어들을 투입하며 끈질기게 도전했고, 끝내 완성했다. 결국 이 협력 업체는 일진에 납품하는 과정에서 신기술을 보유했으며 이후에 공장을 지어 생산 제품의 단가를 반값으로 낮추는 역량을 쌓았다. 이렇듯 기술에 대한 허 회장의 애정은 회사 차원을 넘어 협력 업체까지 긍정적 영향을 주었다.

일진머티리얼즈

한국 전자 산업의 빛줄기 동박, 그 10년의 시간

양점식_現 일진머티리얼즈 전무

●

전자 제품에 없어서는 안 될 핵심 소재인 동박을 일진이 만들 겠다고 했을 때, 주변의 반응은 대부분 부정적이었다. 초고밀도의 세밀하고 정교한 이 기술력을 지닌 곳은 세계적으로 몇 곳이 되지 않았을 뿐더러, 기술력 정보 또한 철저한 비밀 체계가 유지되어 있었기 때문이다. 그 장벽을 뚫기까지 연구 개발에 소요된 시간만 무려 약 10년! 인내의 한계를 넘어선 이 힘난한 도전은 결국 한국 전자 산업을 찬란하게 피워내는 밑거름이 되었다.

동박의 매력에 빠진 공학도

일진에 입사해서 허진규 회장의 지휘와 전폭적인 지원

속에 동박 기술 개발에 참여하게 된 것은 운명과도 같았다. 그 운명의 씨줄과 날줄이 모습을 보이기 시작한 때는 1984년이었다. 그때 나는 군 복무를 마치고 서울대 금속공학과 3학년 2학기 복학을 준비하고 있었다. 그런데 그 당시 모든 여건이 좋지 않아 깊은 고민에 빠졌다. 등록금은 입대 전보다 3배나 올라 있었는데, 괜찮은 아르바이트 자리는 꽉 막혀버렸다. 과외금지법이 시행되면서 대학생들의 수입원이던 가정 교사 일자리가 사라졌기 때문이다.

가까스로 등록금을 마련해서 겨우 복학을 했지만 앞길이 막막했다. 앞으로 1년 넘는 시간을 어떻게 공부하고 생활해야 할지 가난한 시골 출신으로서는 암담한 심정이었다. 돌파구를 찾던 나는 지도 교수를 찾아가 당시의 어려운 형편과 진로에 대한 고민을 털어놓았다. 그때 지도 교수가 귀가 번쩍 뜨이는 방법을 알려주었다. 바로 산학 장학생이었다.

기업의 장학금을 받으며 학교에 다니고 졸업한 후에는 그 기업에 입사해 일정 기간 그에 상응하는 근무를 하는 제도였다. 등록금과 취업 문제를 동시에 해결할 수 있으니 나로서는 압박감을 덜 수 있는 기회였다. 지도 교수는 금속공학이라는 전공을 살릴 수 있는 기업으로 '일진'을 추천했다.

그 무렵 일진은 규모도 크지 않았고 잘 알려진 회사도 아니었다. 하지만 같은 과 선배인 허진규 회장이 소재·부품 사업에서 활약해온 이야기를 익히 들어왔던 터였다. 나는 강한 끌림을 느꼈다. 대기업을 선택하는 것이 더 좋을 수도 있었다. 하지만 '기술력의 국산화'라는 일진의 비전과 방향이 공학도인 나의 마음을 사로잡았다. 그 당시 일진이 산학 장학생 제도를 통해 인재를 확보하려 한 것은 쉽지 않은 선택이었을 것이다. 거대 규모와 탄탄한 재정을 지닌 대기업들의 전유물과 같았기 때문이다. 허 회장의 인재와 기술에 대한 애정이 각별했다는 반증이 아닐까 한다.

이렇게 산학 장학생으로 공부하다가 졸업을 앞둔 4학년 2학기 때부터 일진에서 근무하게 되었다. 나에게 주어진 첫 미션은 '동박'이었다. 동박은 각종 전자 장비에 사용되는 얇은 구리 박箔을 일컫는 말인데, PCB의 회로를 구성하는 주요 소재다. 전자 산업의 논과 밭으로 불리는 정도로 높은 중요도를 지닌 핵심 요소였다.

동박은 1940년대 말 미국의 동 제련 회사 아나콘다Anaconda의 엔지니어 예이츠Yates가 처음 개발했다고 한다. 상용화는 그보다 한참 늦은 1960년대에 이뤄졌다. 이때 굴드Gould, 아나콘다, 예이츠가 대표 동박 회사로 시장을 지배했다. 이후 동박 기술은 영국, 독일, 룩셈부르크 등 유럽 지역으로 건너갔고, 일본 업체들도 미국의 기술력을 도입해 본격적으로 동박 사업에 뛰어들었다.

하지만 우리나라는 동박 관련 기술이 전무하다시피 했다. 다만 두산전자와 한국카본, 신성기업이 일본에서 동박을 수입해 절연체에 가온·가압해 CCLCopper Clad Laminate 판을 제조하는 사업을 하고 있을 뿐이었다. 하지만 이조차도 녹록치 않았다. 국내 업체들이 제품을 사서 쓰는 구입처 입장이긴 했지만 오히려 공급자의 눈치를 보아야 했다. 동박을 제작할 수 있는 기업이 몇 군데 되지 않았기에 기술 우위를 가진 공급자가 갑의 위치를 차지했던 것이다. 더욱이 한국에는 A급이 아닌 B급 제품만 들어왔다. 고가 제품인데다 불량품을 팔아놓고도 쓰기 싫으면 쓰지 말라는 식의 뻣뻣한 태도를 보이는 공급 업체 때문에 골머리를 앓아야 했다.

이런 악순환이 반복되던 1974년 무렵부터 허 회장은 동박 기술 국산화에 대한 의지를 갖게 되었다. 하지만 그때 일진의 최대 과제는 동복강선 생산 안정화였기에 선뜻 실행에 옮기지 못하고 늘 마음에 담아두었다. 그리고 동복강선이 어느 정도 자리를 잡아가던 1978년부터 본격적인 연구 작업에 들어갔다. 이때 서울대 공대와 전해동박 개발을 위한 기초 연구 계약을 체결한 것이다.

철통 보안 속 가려진 동박 기술

허진규 회장은 동박 개발을 본격화하기에 앞서 일본의 후쿠다금속www.fukuda-kyoto.co.jp을 방문했다. KIST에서 연구원으로 근무하던 서울대 금속공학과 후배인 금속 분말 전문가 은광용 박사의 제안에 의해서다. 당시 금속 분말 제조 업체인 후쿠다금속은 분말 제조 전해법에서 파생된 기술로 전해동박을 생산하는 업체였는데, 한국의 두산전자와 신성기업에 동박을 납품하고 있었다.

허 회장은 이 공장을 견학하며 동박 기술에 대한 매력에 심취했고 예전에 어렴풋하던 동박 사업에 대한 뜻을 확고히 굳혔다고 한다. 공장 견학을 하면서 주요 설비와 공정을 꼼꼼하게 메모해두었는데, 워낙 충실하게 기록했기에 나중에 연구진들이 자료가 부족한 상황에서 기술 개발을 하는 데 큰 도움이 되었다고 한다.

일진의 동박 기술 연구는 서울대 금속공학과 출신인 김윤근 박사를 주축으로 진행되었다. 내가 입사할 당시는 주요 핵심 기술인 제박기와 후처리 기술 중 제박기에 관한 기술 연구가 어느 정도 윤곽이 잡힌 상태였고 후처리 기술 연구에 박차를 가하고 있었다. 일진의 동박 사업은 허 회장의 강한 의지에 따라 기술 연구와 공장 설립을 위한 준비가 동시에 진행되었다. 기술이 채 완성되기도 전에 공장을 짓기로 결정한 것이다. 그만큼 동박에 관한 허 회장의 의지가 컸고, 미래 전망을 확신했다.

먼저, 내가 입사하기 전에 진행된 공장 설립 사전 준비와 제박기 연구 과정을 살펴보자. 동박 연구가 본격화되면서 허 회장은 미국 애리조나에 있는 굴드 공장Gould copper foil plant, Arizona으로 두 번째 동박 방문에 나섰다. 당시 한국에는 동박 관련 기술 정보가 극도로 제한적이어서 외국 공장 견학을 통해 기초 정보나마 얻는 것이 시급했다. 다행히 당시 일진은 굴드의 산전사업부에서 생산하는 설비를 사용하고 있던 상황이라 이 사업부를 통해 가까스로 방문 기회를 얻었다. 하지만 기대와 달리 공장 방문에서 취득할 수 있는 정보는 제로 수준이었다.

굴드의 동박 공장은 사막 가운데 있었는데, 주변에 태양 전지판만이 늘어서 있을 뿐 밖에서는 안을 들여다볼 수 없을 정도로 완벽하게 차단되어 있었다. 내부 사정도 마찬가지였다. 공장 내부를 둘러보는 기회가 주어지기는 했으나 모든 제박기 설비에 커버가 덮여 있어 가동하는 소리만 들릴 뿐 설비 자체를 제대로 볼 수 없었다. 그나마 황금빛의 동박이 생산돼 감기는 장면은 볼 수가 있었는데, 이를 가까이 가서 지켜보려고 하자 덩치 큰 사내들이 제지하며 막아서는 바람에 이마저도 먼 거리에서 잠깐 스쳐보는 것으로 그쳐야 했다.

10시간이 넘는 거리를 날아간 수고가 허사로 돌아갔다. 보고 배우고자 했던 것을 하나도 손에 넣지 못했다. 허 회장의 심정은 오죽 답답했을까. 그날 저녁 "새가 되어서 저 공장 안으로 들어가 날아다니고 싶다"고 말했다고 한다.

한편 동박 공장을 짓기로 결정이 나자 김윤근 박사는 도쿄로 떠났다. 공장 설립을 위한 준비 때문이다. 기술 연구가 끝나지 않아 설비의 크기와 규모를 가늠할 수 없는 상황이었기에 공장을 짓기 위해 대략적인 정보라도 얻고자 한 것이다. 김 박사는 동박 강국이라 불리는 일본에서 정보 수집에 혼신의 힘을 다했다. 한번은 장비 소개 업체인 일본불소 직원과 함께 도쿄에서 100km 떨어진 후지에다 공장을 찾았다. 그런데 그곳은 미국의 굴드 공장과 크게 다를 바 없었다. 창문도 없을 정도로 철통 보안을 유지하고 있었는데, 외부인이 지붕을 통해 침입하지 못하도록 공장 지붕 곳곳에 막대기를 꽂아놓을 정도였다. 김 박사팀은 공장 가까이 접근하는 곳조차 어려운 상황이었다. 하는 수 없이 멀찍이 떨어진 철길에 서서 공장을 배경으로 사람이 서 있는 사진을 찍었다. 나중에 이 사진을 분석해 사람의 키와 비례한 공장의 좌우 전면 길이와 높이를 유추하고 필요 사양을 짐작했다고 한다.

그런데 역사는 참 아이러니하다. 20년 후 철통 보안을 자랑하던 이 회사는 운영이 어려워져 문을 닫았다. 그리고 공장 설비 중

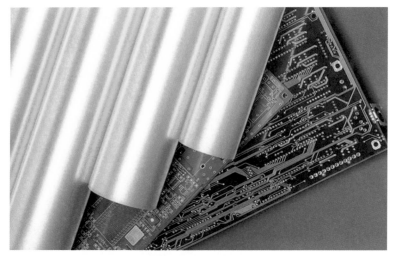

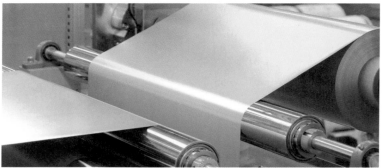

동박(일렉포일)

일부를 일진이 사들여 와 사용하고 있다. 만약 김 박사가 이곳을 방문했을 당시 내부를 둘러볼 기회가 있었다면 일진은 동박 기술력 개발의 시행착오를 줄이며 빠른 시간에 성장했을지 모른다. 이 회사 역시 일진과의 파트너십으로 더 발전하지 않았을까?

그리고 허진규 회장은 동박 기술 도입과 설비 구입을 위해 김 박사와 함께 도쿄에 있는 후루카와동박의 회장을 만났다. 하지만 이 미팅은 무의미한 시간 낭비였다. 후루카와동박 측에서 기술이나 설비를 판매할 생각이 없었기 때문이다. 백발의 마츠오카 회장은 저녁 식사 내내 눈을 내리깔며 "돈을 벌려고 해서 버는 것보다 동박을 잘 만들면 돈이 저절로 벌린다" 같은 훈시조의 이야기만 늘어놓았다. 이렇게 고자세를 유지하더니 결국 돌아가 중고 설비로는 터무니없이 비싼 가격의 견적서를 보내옴으로써 거절 아닌 거절 의사를 전해왔다.

그 밖에도 계속해서 일본 기업과의 접촉을 시도했으나 상황은 별반 나아지지 않았다. 견고한 철옹성을 만난 듯 보였다. 모든 회사가 담합이라도 한 듯 기술 이전을 거부했다. 이제 방법은 하나밖에 없었다. 금구류와 동복강선이 그러했듯 자체 국내 기술력을 개발하는 것이다. 이는 곧 자갈밭을 개간해 농장을 만들고 곡물을 수확하는 일이나 마찬가지의 험난한 과정이었다. 일진은 동박 기술을 향해 한 치 앞이 보이지 않는 어둠 속에서 험난한 파고를 넘는 거친 항해를 시작했다.

꺼지지 않는 연구의 밤, 제1공장이 세워지다

동박 연구 개발이 어느 정도 가닥을 잡고 파일럿 설비를 처음 구축한 것은 1984년이었다. 물론 그보다 앞선 1980년에 문래동 공장 2층에 파일럿 설비를 갖추기 위한 설계를 진행한 적이 있다. 하지만 이때는 관련 정보가 턱없이 빈약하고 설비를 구입하는 것조차 쉽지 않아 제대로 된 진척을 할 수 없었다. 그래서 시기상조라는 판단하에 잠시 연구를 중단했고, 그 대신 섬유 사업 부품인 보빈 개발에 몰두했다.

그렇게 4년이 흐른 1984년 말, 동박 연구 개발이 재개되었다. 문래동 공장에 스테인리스 드럼으로 만든 제박기를 임시 설치해 동박 생산을 위한 첫 가동을 시작했다. 이때 일본불소에서 동박 경험이 있는 야마구치 씨를 설비 전문가로 투입했다. 그는 와세다 대 전기과 출신인데 엔지니어라기보다는 관리자에 가까운 성향의 인물이었다. 하지만 그나마 동박에 대한 경험이 있었기에 야마구치 씨를 통해 베일에 가려졌던 정보의 일부나마 파악할 수 있었다.

야마구치 씨로부터 획득한 정보를 바탕으로 작은 크기의 실험용 티탄 드럼 제박기와 소형 후처리기를 부평 공장에 설치했다. 나는 이 무렵에 일진에 들어왔다. 김윤근 박사를 주축으로 나와 윤태환, 이남영, 전석호, 김동수, 성동열, 윤영길 등 많은 연구원들이 동박 사업에 투입되었다.

비록 연구용 설비이지만 동박 생산에 필요한 기반이 갖추어지자 우리 연구팀은 신바람이 났다. 밤새워 연구하는 것을 마다하지 않고 실험에 몰두했다. 그때 우리는 일본의 기술력을 극복하자는 뜻의 '극일克日' 구호를 책상 머리맡에 붙여놓고 개발에 매진할 정도로 뜨거운 열의를 보였다.

그 무렵 연구는 꽤 진척되어 제박기에 관해서는 어느 정도 윤곽이 잡힌 상태였다. 다음 과제는 후처리기 연구였다. 그런데 허 회장은 선뜻 공장 건설을 결정하지 못하고 있었다. 일진그룹 전체의 사활을 걸 정도로 대규모 투자를 해야 하는 상황이었기에 극도로 신중했던 것이다. 동박 기술력에 대한 남다른 열정을 가진 허 회장이지만, 회사 전체를 이끌어야 하는 최고경영자로서 치밀한 검토와 숙고를 거듭해야 했다.

그러던 와중에 생각지도 않던 일이 벌어졌다. 그 무렵 일진에는 동박 분석 장비가 없어 서울대 공대 분석실에서 샘플을 분석하곤 했다. 그런데 이곳에서 뜻밖의 놀라운 소식을 전해 듣게 되었다. 태양금속이라는 회사가 그동안 전해동박을 연구해왔는데, 양산을 위한 공장을 곧 짓는다는 이야기였다. 청천벽력이 내리치는 것 같았다. 국내 유일의 그리고 최초의 기술로 시장을 선점하려던 우리 계획에 결정적인 차질이 빚어질 수 있는 상황이었다. 나는 일개 사원이었지만 사안이 매우 중요하다고 판단해서 곧장 회장실로 달려갔다. 자칫 그간 공들여온 연구 개발의 성과가 무위로 돌아갈 수도 있다고 생각하니 식은땀이 절로 흘렀다. 허 회장은 태양금속에 대해 보고를 받은 후 더는 투자를 늦출 수 없다고 판단했다. 그리고는 곧바로 생산 공장 설립을 지시했다.

공장은 전라북도 익산에 짓기로 했다. 처음에는 화성의 일진산업단지가 유력 후보지였다. 하지만 이곳은 공장 주변에 논이 많은 환경이라 상당량의 폐수를 처리하는 데 문제가 있어 포기해야 했다. 나는 익산의 공장 터를 둘러보고 오던 날이 지금도 뇌리에 생생하다. 차 안에서 허 회장이 느닷없이 "김윤근 박사, 그간 고생했네. 노래나 한 곡 해보게!"라고 말하는 게 아닌가. 오랜 관심과 기대, 열정과 노력을 쏟아부어온 일을 본격적으로 시작하려니 허 회장의 마음이 몹시 설렜던 것 같다. 이 가슴 벅찬 설렘은 허 회장만 느낀 것은 아니었다. 우리 동박 연구팀 모두가 똑같았다. 동박이 출시될 것을 생각하니 격앙되는 감정을 억누를 수 없었다.

일진의 자극제가 된 태양금속은 공장을 지은 지 몇 년 되지 않아 문을 닫았다. 기술 개발의 어려움을 극복하지 못했기 때문이다. 그만큼 동박은 난해한 기술 영역이다. 업계에서 40~50년을 일한 사람조차 처음 보는 불량이 나올 정도로 고난이도이다. 일진도 예외는 아니다. 익산 공장을 지으면서 꿈에 부풀었지만 곧바로 기술적 난제와 역경 앞에 부딪혔고, 이런 난관은 수없이 반복되었다.

제박기 설비 업체의 문전박대

동박 제조를 하려면 드럼 설비를 꼭 갖추어야 한다. 이 드럼 설비에는 티타늄과 스테인리스 2종류가 있다. 우리는 티타늄 드럼을 도입하기로 결정하고 주문을 하기 위해 일본의 한 설비 업체를 찾아갔다. 하지만 상담실에 앉아보지도 못하고 문전박대를 당해야만 했다. 일본 업체 관계자는 한국에서 동박을 생산하겠다는 말을 듣자마자 "말도 안 되는 소리 하지 말라"며 우리를 쫓아냈다. 그때 동박 생산은 제조 업체뿐 아니라 기계 설비 업체까지 똘똘 뭉쳐 견고한 장벽을 치고 있었던 것이다.

드럼 설비조차 자체 개발해야 하는 처지였다. 우리는 자체 개발을 결정하고 일본 오카야마의 한 업체를 찾아갔다. 물론 이 회사는 동박용 드럼을 생산하는 곳은 아니었다. 바닷물을 전기 분해해 소금을 만드는 회사인데, 전기 분해용 양극 티타늄 용접 기술을 갖추고 있었기에 최소한의 도움은 받을 수 있었다. 용접 기술만 가진 회사이기에 불안한 마음이 컸다. 하지만 믿고 맡기는 것 말고는 별다른 대책이 없었다.

이후 미국의 한 설비 업체를 통해 드럼을 직접 만들어 들여오기도 했다. 처음 몇 대를 주문해 사용했는데, 품질이 나쁘지 않아 제2공장 증설 때 10대를 더 주문했다. 그런데 문제가 생겼다. 선납금으로 30억 원을 지급했는데 납기일이 되어도 감감무소식이었다. 부랴부랴 공장을 방문해 확인해보니 이 업체가 드럼 생산이 아닌 다른 용도로 돈을 다 써버린 상황이었다. 중간 점검을 철저히 하지 못한 것이 큰 잘못이었다. 모두가 동박 제조 기술 개발에만 주력하느라 제대로 된 업무 시스템을 갖추지 못했고 사소한 관리에도 실수를 범하는 것이 우리의 실정이었다.

업체를 재촉해서 드럼을 들여오기는 했으나 결국 이 설비를 사용하지 못했다. 급하게 구한 티타늄 스킨이 불량이 났고 이 드럼으로 생산한 전해동박이 고객으로부터 불량 판정을 받았기 때문이다. 결국 이 드럼을 폐기하고 일본에서 새로운 드럼을 들여올 수밖에 없었다. 이중의 지출을 하고 만 것이다. 이처럼 동박 개발과 생산 과정에는 순조롭게 진행되는 일이 하나도 없었다. 초기 단계인 드럼 설비 구축부터 악전고투를 치러야만 했다.

아다가키 공장에서 맹렬히 짖어대던 2마리 개

설비 구축 과정에서의 난관을 복기해볼 때면 항상 화제가 되는 장면이 하나 있다. 일본의 아다가키 공장에서 벌어진 일이다. 허 회장과 김 박사는 제박기와 후처리기 설비를 맡을 업체를 찾기 위해 도쿄로 출장을 떠났다. 도쿄 북부에 설비를 만들수 있는 업체가 있다는 소식을 듣고 반가운 마음에 찾아 나선 것이다. 그런데 막상 현장에 도착해보니 도저히 일을 맡길 수 있는 곳이 아니었다. 아다가키라 불리는 이 공장은 집 앞마당에 지어진 자그마한 건물에 선반 서너 개를 놓고 작업하는 전형적인 마치코바(영세 공장)였다.

시설이 오래되어 허름하고 낡은 것은 말할 것도 없고 마당에는 덩치가 큰 개 2마리가 사납게 짖어대고 있었다. 들어서는 것조차 내키지 않을 정도였다. 허 회장이 공장을 둘러보지도 않고 그냥 돌아가자고 했을 정도이니 그 모습이 어땠을지 짐작하고 남는다. 하지만 김 박사는 먼 곳까지 왔는데 차라도 한잔하고 가자며 허회장을 설득했고 가까스로 그 공장 사장과 만났다.

아다가키 공장의 사장은 초등학교만 겨우 나온 사람인데, 인상이 험악하고 말도 어눌한데다 입에서 담배를 떼지 않았다. 하지만 사무실은 뜻밖에 깔끔하고 남다른 풍모를 자랑했다. 가지런히 정리된 도면함에는 주문 업체 이름이 빼곡히 적혀 있었는데, 그 대부분이 동박 회사였다.

도면을 꺼내 펼쳐 보이자 경탄할 만한 모습이었다. 높은 수준의 제작 도면이 정교하게 작성되어 있었다. 사장의 어눌한 말투 속에는 전문 식견이 녹아 있었다. 동박에 대해서도 꽤 상세히 설명했다. 그는 전문 제작 업체에 제박기와 후처리기 도면을 주어서 부품을 만든 후에 이것을 직접 조립해왔고, 그동안 100대 이상의 제박기와 30대 이상의 후처리기를 만들었다고 했다. 그리고 이 제품들이 20~30년이 지나도록 문제없이 가동되고 있다고 덧붙였다. 그동안 일진이 애타게 찾던 적임자를 개가 짖어대는 허름한 공장에서 만난 것이다. 허 회장은 도면과 사장의 전문성에 신뢰를 느꼈고 곧바로 계약을 체결했다.

물론 설비 도입 과정에서 어려움이 많았다. 아다가키 공장에서 들여온 기계는 일본 인부들이 익산 공장에 상주하면서 설치하고 관리했다. 우리는 이들과 친해지기 위해 많은 노력을 기울였다. 자주 술자리를 갖고 마음의 벽을 허물려 했지만 워낙 성정이 거칠고 고집이 센 사람들이라 의견 충돌로 싸우는 날이 허다했다. 하지만 그들이 설치한 기계들은 지금까지도 잘 돌아간다. 이것을 보면 그들의 실력은 꽤나 높은 수준이었음이 분명하다.

첫 시운전, 실패를 통한 성장

숱한 곡절을 넘으며 동박 생산을 위한 공장이 세워지고 설비가 갖춰졌다. 이제 판매망 구축이 관건이었다. 나는 그 당시 동박을 수입해서 CCL을 만들어 판매하고 있는 두산전자와 신성

기업을 찾아갔다. 동박을 판매할 방편을 마련하기 위해서였다. 그때 두산전자는 동박 제조사인 미국 OAK 미쓰이와 협력 관계를 맺고 그 회사 제품을 사용하고 있었다. 신성기업은 일본 후쿠다 금속의 전해동박을 썼는데 일본 마쓰시타로부터 절연 기판 기술을 도입해 생산 중이었다.

두산전자는 우리가 국내 기술로 동박을 만들어 공급할 수 있다고 하자 회의적인 반응을 보였다. 국내 기술 수준으로는 동박 같은 고난이도 기술력을 구현해낼 수 없다는 판단이었다. 하지만 신성기업의 태도는 전향적이었다. 만약 국내 기술력으로 동박을 만들어낼 수 있다면 이보다 더 생산적인 일은 없을 것이라고 말했다. 그리고 그간 자신들이 수입 동박을 사용하며 쌓은 노하우를 최대한 제공하겠다고 했다.

우리는 신성기업의 절연체인 프리프레그Prepreg를 제공받아 우리가 생산한 동박을 접착시키는 최종 단계 실험을 진행했다. 여기서 문제가 생기지 않는다면 곧바로 제품을 양산할 수 있었다.

그런데 이 단계에서 예상치 못한 문제가 발생했다. 동박을 가온·가압해 프리프레그에 접착시켰는데, 동박이 그대로 벗겨져버렸다. 혹시 프리프레그에 문제가 있지 않을까 싶어 일본의 후쿠다 동박을 부착시켜보았다. 불행히도 후쿠다 동박은 잘 부착되었다. 우리 시제품에 하자가 있는 것이다. 그것도 동박 생산에서 가장 중요한 접착 강도 불량 문제였다.

하지만 어디서 이런 문제가 생기는지 원인을 찾을 수 없었다. 제박기와 후처리 공정 일부를 바꿔가며 실험을 해봤지만 결과는 달라지지 않았다. 후쿠다의 동박은 현미경으로 관찰했을 때 접착제가 제박산의 골에 가득 들어차 있었으나 우리가 만든 동박은 접착제가 거의 붙어 있지 않는 전형적인 계면박리 현상이 일어났다.

연구팀은 공장 라인 가동을 전면 중지시키고 해결책을 찾기 위해 매진했다. 밤낮없이 연구실에 상주하며 고군분투에 들어갔다. 신성기업도 적극적인 도움을 주었다. 불량 현상이 나올 때마다 실험에 동참하며 제품의 특성이 나올 때까지 지원을 아끼지 않았다. 이런 피나는 노력으로 박리 현상은 조금씩 개선되기 시작했다. 수율이 높은 편은 아니었지만 제품을 납품할 수 있는 단계까지 이르렀다.

이 과정을 지속적으로 눈여겨본 두산전자도 그간의 입장을 바꿔 우리에게 접착제를 바른 동박인 ACF를 발주했다. 신성기업은 우리가 제품을 개발하는 데 큰 도움을 주었지만, 두산전자에 비해 기업 규모가 작다 보니 발주량이 많지는 않았다. 하지만 두산전자는 대기업이라 발주 규모부터 달랐다. 15만 장을 대량 발주했다. 그간의 동박 연구가 실질적인 매출 증대에 기여하는 순간이었다. 대규모 물량을 수주한 우리는 즉시 동박 생산에 박차를 가했다.

하지만 여기서 또 다른 문제가 생겼다. 신성기업에서 제공한 프리프레그에서는 발생하지 않던 U.L(고온에서 장시간 열처리 후의 접착 강도) 문제였다. 두산전자에서 제공받은 프리프레그에 적합한 제품의 특성을 갖추기 위해 또다시 밤낮 없는 연구 전쟁이 시작되었다.

대량 주문을 받아놓고도 성능을 충족시키지 못해 제품을 납품하지 못하는 최악의 상황을 피해야만 했다. 후처리 과정에서 조

금씩 원인이 잡히긴 했지만 납품이 가능할 정도의 완벽한 상황은
아니었다. 연구실 직원들은 매일 매 순간 U.L을 붙들고 살았다.
결국 가까스로 납기일에 맞춰 두산전자에 납품할 수 있었다.

　당시를 돌이켜보면 물건을 팔아 돈을 번다는 것은 엄두도 내지
못했다. 제대로 된 동박만 나와준다면 그저 감사할 따름이었다.
그만큼 긴장감이 극에 달했다. 연구원들은 분초를 다투어가며 절
박하게 집중했다. 다행히 2번의 고비를 넘기면서 ACF 제품은 조
금씩 안정돼가고 있었다.

　일진이 동박을 생산하게 되자 업계의 반응과 상황이 달라졌다.
이전만 하더라도 한국 기업들은 품질이 낮거나 불량이 난 동박을
납품받고도 일본 업체에 번번한 항의조차 못했었다. 물량이 달리
는 상황에서 공급 업체들이 "싫으면 사지 마라"는 식의 거만한 자
세로 나왔기 때문이다. 그런데 우리가 동박을 생산해 국내 시장에
보급하면서부터는 일본 업체들의 태도가 바뀌었다. 거래 업체를
찾아와 몸을 낮추고 애로 사항이 없는지 문의하기 시작했다. 이
제 더는 동박 기술이 자신들만의 전유물이 아님을 깨달은 것이다.
국내 동박 시장은 예전에 없었던 훈풍이 불었다. 일진의 고단했던
동박 연구 개발 과정은 서서히 그 빛을 드러내고 있었다.

허진규 회장의 공장 방문과 불량률의 함수

　　ACF_{Adhesive Coated Copper Foil} 동박 생산 초기 단계에서는 수

율을 따질 겨를이 없었다. 연구 개발이 완전히 끝나지 않은 시점에서 공장을 지었기에 제품 양산과 연구 개발이 동시에 병행되는 상황이었다. 그러나 두산전자에 납품을 시작한 후에는 ACF 동박 생산 과정이 어느 정도 안정화되었고 수율을 중요하게 고려할 단계가 되었다.

수율이란 회사의 역량이나 다름없다. 두산전자에 납품할 당시만 하더라도 외관 불량, 찢어짐, 찍힘 등의 불량률이 무척 높아 수율이 30~40%에 지나지 않았다. 동박 생산에서 수율을 높이는 일은 여느 제품과 달리 매우 까다롭다. 제품을 생산하는 기본 공정 원리도 중요하지만 설비 시설의 청결도, 제박실·후처리실을 드나드는 작업자들의 청결도 등 미세한 요인에도 예민한 결과가 나타난다. 따라서 작업자들의 경험과 의식이 상당한 수준에 도달했을 때 제품의 수율이 높아진다. 그 무렵의 낮은 수율은 아직 완벽하지 못한 기술력, 경험 부족과 환경 등의 요인이 복합적으로 얽혀서 나타난 결과였다.

그런데 허진규 회장이 공장을 방문하는 날은 다른 날보다 유독 불량률이 높았다. 작업자들이 허진규 회장을 의식하고 긴장했기 때문이다. 그러다 보니 평소 하지 않던 실수까지 연발해 동박이 주름지고 찢어지는 등의 불량률이 높아졌다. 참으로 난감한 상황이었다. 최고경영자가 중요한 사업을 담당하는 공장을 찾아 격려하고 점검하는 것은 자연스러운 일이다. 하지만 이 때문에 불량률이 높아지니 난처하기 이를 데 없었다. 그야말로 벙어리 냉가슴 앓듯 노심초사해야 했다.

물론 기술력이 안정된 지금은 허 회장의 방문과 수율에 아무런 상관관계가 없다. 하지만 생산 초기 단계에서는 꽤 심각한 고민이었다. 허 회장이 방문할 때면 모두가 숨을 죽이며 진땀을 흘려야 했던 기억이 생생하다.

일본에 상륙한 일진 동박

우리가 ACF의 개발을 성공시키고 생산이 안정 단계에 이르자 일본 업체에서 연락이 왔다. 제품을 구입하고 싶다는 것이었다. 감격적인 순간이었다. 전량 일본 수입에 의존하던 제품을 자체 기술로 만들고 더 나아가 일본에 수출하는 단계에 이른 것이다. 험난한 연구 개발 과정을 인내하면서 이 시간을 얼마나 학수고대했는지 모른다. 연구진들이 일본의 기술 장벽을 뛰어넘기 위해 흘린 피와 땀이 비로소 결실을 맺는 순간이었다.

하지만 기쁨은 잠시였다. 일본에서 받은 첫 수주를 완수하는 일은 결코 쉽지 않았다. 오사카 마쓰시타전기(현 파나소닉)는 우리가 납품한 제품의 기능성과 외형 하나하나를 꼼꼼히 살펴보고 체크했다. 그 당시 우리 기술력이 어느 정도 안정화 단계에 들어서긴 했지만 일본 특유의 깐깐한 품질 기준을 충족시키고 테스트의 벽을 넘기에는 역부족이었다.

마쓰시타전기는 제품 전량을 컨테이너째 반품했다. 우리는 제품 하자에 관해 해명하기 위해 오사카로 날아갔고 취조당하듯 질문과 질책을 받아야 했다. 오후 5시부터 시작된 회의는 밤 10시가 되도록 끝나지 않았다. 그들은 제품 불량에 관해 질문 공세를 퍼부었다. 일본으로부터 받은 첫 수주는 이렇게 실패로 돌아갔다. 우리는 이 실패를 품질력 향상 계기로 삼고자 했다. 그리고 개선점을 모색하며 기술 향상에 매진했다.

다행히 이전의 실수를 만회할 기회가 다시 주어졌다. 일본 히타치Hitach가 우리 ACF를 구매하겠다는 연락을 보내왔다. 히타치와의 거래는 마쓰시타전기 때보다 순탄했다. 기술력을 보강했기 때문이다. 품질 테스트는 별 탈 없이 마무리되었고, 오히려 히타치가 우리에게 잘 부탁한다고 말할 정도로 상황이 바뀌었다. 이로써 실패를 거듭하며 갖은 고생을 하던 한국의 일진 동박은 세계 동박 시장의 강국 일본 시장에 성공적으로 진출하게 되었다.

제2공장, UCF라는 새로운 도전

탄력이 붙기 시작한 ACF는 급속도로 성장했다. 1988년 익산에 제1공장을 지은 지 5년 만에 제2공장 증설에 들어갔다. ACF 생산은 월 300톤에 이를 정도로 호황을 누렸다. 제1공장만으로 그 수요를 맞추기 어려웠던 우리는 제2공장을 통해 생산 속도를 3배로 높이기로 했다. 그런데 대규모 생산 능력을 갖추기 위해서는 새로운 대형 설비 시스템이 필요했다. 설비를 제대로 갖춘다고 해도 변수가 많고 까다로운 동박 생산이 바뀐 설비에서 제대로 이뤄질지 장담할 수 없는 상황이기도 했다. 그러나 제1공장을 짓고 양산하기까지 갖은 고생을 한 터라 웬만한 어려움은 극복해 낼 자신감이 있었다. 새로운 난관이 뜻하지 않은 데서 복병처럼 도사리고 있었다. 제2공장을 증설하면서 우리는 기존 ACF에 더해 UCF_{Uncoated Copper Foil} 기술 개발에 돌입해야 한다. ACF는 TV나 냉장고, 세탁기 등 백색 가전제품에 주로 사용되었다. UCF는 PC나 노트북 같은 전산 제품에 쓰이는 것으로 ACF에 비해 더욱 정교한 기술력이 요구되었다. 1990년대에 퍼스널 컴퓨터의 공급이 기하급수적으로 늘면서 UCF 수요도 빠른 속도로 늘어났다. 우리는 시대적 변화에 맞춰 발 빠른 대응을 해야만 했다. 하지만 열과 습도에 예민하고, 회로 자체가 ACF와는 비교할 수 없을 정도로 복잡한 제품들을 컨트롤하는 일은 보통의 노력으로 가능하지 않았다. 이전 연구보다 갑절 이상 되는 고도의 난제들이 산재해 있었다.

UCF 기술력 개발의 가장 중요한 지점은 후처리 공정이었다. UCF는 접착제를 사용하는 ACF와 달리 가온·가압을 했을 때 자체적으로 절연체에 부착되어야 한다. 그래서 후처리 공정 자체가 완전히 다르다. 하지만 여기서 문제가 끝나지 않았다. 제2공장은 제1공장보다 3배나 생산 속도가 빠르다. 이 속도에 맞추어 안정적 생산을 하는 데 큰 난관이 따랐다. 매일 동박이 끊어지고 주름이 생기는 현상이 발생했다. 차질과 손실은 극심했다. 이대로 가다가는 공장 문을 닫아야 할지 모르는 상황까지 이르렀다.

연구실의 분위기는 싸늘했고, 생산 부서와 영업팀 사이에 언성을 높이며 싸우는 모습도 빈번하게 보게 되었다. 영업팀은 주문받은 물품을 언제 만들 것이냐고 성화를 부렸는데, 완전하지 못한 기술력으로 제품을 만드는 생산 부서 직원들의 속도 말이 아니었다.

다행히 지속적으로 제품을 생산하는 과정에서 하나둘씩 문제 해결책을 찾아갔다. 연구와 생산을 동시에 해야 하는 시간상의 어려움이 있었지만, 제품이 상용화되는 과정을 빠르게 추적하면서 문제의 원인을 찾고 스피드하게 기술력을 개선해 나갈 수 있었기 때문이다. 불행 중 다행인 것은 UCF는 ACF와는 달리 접착제를 직접 사용하지 않는다는 점이다. 불량이 나도 이를 다시 녹여 사용할 수 있기에 극한의 손실로까지는 이어지지 않았다.

마지막까지 가장 큰 애를 먹였던 주름 발생 문제도 완벽하진 않지만, 차츰 개선되었다. 일단 제품의 기능성 문제가 모두 해결된 셈이니 겨우 한숨 돌릴 겨를이 생겼다.

에칭 불량, 2억 원의 교훈

UCF의 기능성과 품질을 높이는 데 에칭은 매우 중요한 요소다. 산업용 기기 제품은 회로 간 선 간격과 선 폭이 좁기에 회로 사이의 절연 성능이 뛰어나야 한다. 그러려면 회로 사이에 절연 기능을 해치는 물질이 조금이라도 남지 않도록 깨끗하게 에칭을 해야만 한다. 회로 간 절연 기능을 높이기 위해 니켈 등의 금속을 미량 첨가하는 데 이때 도금 등의 조건이 조금이라도 잘못되면 에칭 불량이 일어나고 만다.

우리가 만든 초기 제품은 에칭 불량을 극복하지 못했다. 두산 전자가 우리에게 UCF를 공급받아 CCL을 제작해 홍콩의 PCB 업체인 웡Wong에 납품을 했는데, 여기서 큰 불량이 일어났다. 웡에서 회로 작업 중 에칭을 시도했더니 깨끗해야 할 기판이 시꺼멓게 변해버린 것이다.

두산전자는 웡으로부터 클레임을 크게 받았고, 자신들의 CCL 비용뿐 아니라 고객사인 웡의 PCB 비용까지 책임을 요구하며 우리에게 클레임을 제기했다. 일진의 UCF를 다시는 쓰지 않겠다는 뼈아픈 통보도 함께 전해졌다. 그동안 사업부의 적자가 꽤 쌓였는데 클레임을 해결해야 하는 상황에 부닥쳤으니 진퇴양난이었다.

결국 허진규 회장에게 이 문제를 보고할 수밖에 없었다. 그동안 대책을 마련하기 위해 동분서주했으나 책임을 면할 길이 보이지 않았기 때문이다. 마침 허 회장이 부안에 볼일이 있어 내려온 길에 사모님과 함께 공장을 방문한다는 이야기를 들었고 그 기회를 이용해 사안의 심각성을 보고하기로 했다. 매출을 올려도 시원찮은 상황에 제품 불량으로 야기된 손해 배상을 입에 올리기가 몹시 민망하고 죄스러웠다. 차마 허 회장의 얼굴을 똑바로 볼 수 없어 고개를 푹 숙이고 있었다.

허 회장의 반응은 뜻밖이었다. 손해 비용을 묻고는 "마무리 잘하게나. 앞으로 같은 일이 생기지 않도록 하게"라는 짧은 말만 남긴 채 곧바로 자리를 떠났다. 직원인 우리도 속에서 부아가 치미는데 허 회장은 어땠을까, 몇 배로 속상하지 않았을까? 그럼에도 애써 담담한 모습을 보인 이유는 무엇일까? 이 사태로 자칫 직원

들의 사기가 저하될까 염려스러워 타들어가는 속마음을 감춘 것
이라 짐작할 뿐이다.

웡과 두산전자가 제기한 클레임은 우리가 손해 배상을 하는 것
으로 일단락되었다. 그런데 우리는 훗날 새로운 사실을 알게 되었
다. 에칭 문제는 우리가 만든 UCF보다는 PCF 작업 공정에서 생
기는 경우가 더 많다는 것이다. 제품 개발에만 집중한 우리는 클
레임에 대응하면서 책임 소재 분석과 대처에 서툴렀다. 그래서 우
리 과실이라 단정할 수 없는 상황에서 전적인 책임을 졌던 것이
다. 한마디로 웡에게 한 방 얻어맞은 셈이다. 그러나 우리는 이런
타산지석의 사례를 쌓으며 한 걸음씩 전진하고 있었다.

풀리지 않는 7월의 미스터리, 방청 문제

UCF 생산 시작 후 품질 면에서 큰 고비가 찾아왔다. 바
로 방청(금속에 녹이 발생하는 것을 방지하는 것) 문제였다. 우리는 제품
을 생산해 공급한 후 얼마 되지 않아 거래처들로부터 거친 항의
를 받았다. 납품 때에는 괜찮았던 동박 표면이 부식되어 새까맣
게 얼룩이 생긴다는 것이다. 그런데 이런 현상은 겨울에는 발생하
지 않다가 7~8월에 기승을 부렸고, 9~10월 사이까지 간헐적으
로 나타났다가 사라지곤 했다.

우리는 일단 제품을 수거해 분석해보기로 했다. 하지만 원인을
좀처럼 파악할 수 없었다. 파일럿 설비에서 생산된 제품은 가온·

가습을 해도 문제가 없는데, 유독 공장 설비에서 생산한 제품에서만 문제가 생겼다. 더욱이 생산 직후에는 없던 문제가 납품 후 진행성 불량으로 나타나니 난감하기 이를 데 없었다.

우리는 상황을 유추해보았다. 제품을 생산해 배에 선적해서 보내면 몇 개월이 걸리는 게 다반사다. 이 과정에서 제품은 컨테이너 안에 있다. 컨테이너 안은 낮에는 손이 델 정도로 고온이었다가 밤에는 식는 과정이 되풀이된다. 이런 환경에서 결로 현상이 생기고 표면이 국부적으로 산화되어 문제가 생기는 것이었다.

방청 문제에 따른 클레임은 우리를 짓눌러왔다. 하루가 멀다 하고 거래처에 불려 다니는 일은 여간한 고역이 아니었다. 대만의 한 업체에는 한 달에 2~3번 총 20번을 방문했다. 인내에 한계를 느낀 담당자는 더는 찾아오지 말라면서 우리 제품을 쓰지 않겠다고 화를 내기도 했다. 그렇지만 생산 공정 자체에서는 원인과 해결책을 찾지 못하니, 별다른 대책도 세울 수 없는 형편이었다.

우리는 방청 문제를 해결하기 위해 갖은 노력을 기울였다. 그러나 문제 해결의 가닥을 잡지 못한 채 다른 공정에 손을 대는 바람에 그동안 안정적이었던 공정마저도 흔들려 불량률이 더 높아가는 악순환이 거듭되었다. 제2공장의 제박기 속도가 빠르다 보니 쌓이는 불량품도 그만큼 늘어갔다.

공장 마당 한가운데 불량품을 쌓아두었는데 불행인지 다행인지 겉모습은 멀쩡했다. 정상 완제품과 다를 바가 없어 허 회장이 공장을 방문할 때는 정상적인 제품인 양 그대로 두었다. 그러다 나중에 고물상에다 처리하기 위해 노심초사했던 심정은 말로 다

표현하기 어려울 정도다.

그러나 긴 터널의 끝이 보이기 시작했다. 연구원들이 수많은 자료들을 분석하며 방청 불량을 해결할 방법을 찾아내기 시작한 것이다. 그동안 실패를 거듭하던 연구실은 비밀리에 신중을 기해 실험을 진행했다. 결과는 대성공이었다. 시약 하나가 방청 문제를 말끔히 해결했다. 가온·가압·가습 상태를 인위적으로 만들어 실험을 했으나 더는 방청 문제가 생기지 않았다. 이렇게 문제를 풀고 나니 UCF의 다른 공정도 덩달아 안정화돼갔다. 이후 한두 달 사이에 동박의 품질이 눈에 띄게 급상승하며 제품 주문도 늘어갔다.

IMF 외환위기 속의 급성장

1997년 IMF 외환위기가 터졌고 온 나라가 고통의 수렁에 빠졌다. 수많은 기업이 위기를 극복하지 못하고 도산했고, 근로자들은 하루아침에 직장을 잃거나 구조 조정으로 인한 소득 감소로 신음했다. 아이러니하게도 IMF 외환위기는 일진에게 기회의 얼굴로 다가왔다. 전 세계적으로 동박의 거래는 달러로 이뤄졌기에 달러 가치 상승에 따른 환 차액이 커졌다. 더욱이 거듭되는 실패 속에 품질을 획기적으로 개선해 양질의 동박을 안정적으로 생산하고 있었고 주문량이 기하급수적으로 늘고 있었다. 그간의 적자와 부진을 만회하며 사업 시작 10년 만에 호황을 맞았다.

김윤근 박사는 1998년 2월 경리부장에게서 한 달 이익이 47억 원이라는 보고를 받고는 어떻게 이익이 그 정도로 많으냐고 질문했는데, 1시간 후 액수를 고친 보고서가 올라왔다. 이익이 내려갔을 것이라 짐작했는데 실제 이익은 52억 원이라는 말을 듣고 놀랐다고 한다. 그만큼 동박 사업은 IMF 외환위기에 전성기를 누렸다.

하지만 좋은 시절은 그리 오래가지 못했다. 동박을 앞세워 승승장구하던 일진에 위기의 그림자가 드리웠다. 노사 분규였다. 동박 사업은 1998년에서 1999년 사이 엄청난 실적을 거두었지만, 소수의 임원진만 이 사실을 알고 있을 뿐이었다. 현장 근로자들에게까지는 정보가 전해지지 않았다. 그런데 생산량이 늘어난 것을 피부로 느끼고 있으니 매출 증대를 예상하는 건 당연한 일이었다. 근로자들 사이에는 실적 호전에 따른 보상이 없다는 불만이 퍼져 나갔고 2000년에는 민주노총 금속노조 일진지부가 설립되었다.

노조 설립 움직임에 대해서는 이미 알고 있었다. 하지만 환율 차이로 인한 고수익 환경에서 급증한 주문량에 대응하는 데 집중하다 보니 상황을 심각하게 생각하지는 않았다. 더욱 안타까운 것은 노조가 설립된 과정이었다. 일진노조는 위장 취업한 운동권 인사가 주도한 게 아니었다. 현장 생산직 근로자들이 직접 민주노총 금속노조를 찾아가 노조 설립을 위한 도움을 요청함으로써 조직되었다. 이것은 일진의 임원진과 근로자들 사이에 소통이 없었다는 것을 반증하는 안타까운 일이다.

동박 사업의 가장 중요한 시기인 2000년, 노조는 100일간 파업을 지속했다. 경영진과 근로자 모두에게 고통의 시간이었다. 공장은 관리직과 비조합원들로 비상 경영 체제를 갖추고 주야간 2교대 근무를 하며 가동했다. 그러나 가동률은 30% 수준이었고 파업으로 인한 손실은 막대했다. 기회비용까지 포함한다면 2000년 한 해 손실이 1,500억 원 정도로 추산될 정도다.

회사 측 임원진들은 노조와의 원만한 협의를 위해 수십 차례 교섭을 진행했다. 노조는 처음에는 완강한 입장을 고수했으나 시간이 흐르면서 조금씩 마음을 열었다. 그들이 원하는 것은 회사의 파산이 아니라 근로자로서의 권리였기 때문이다. 지속적인 대화를 통해 회사는 급여 인상과 복지 향상을 약속했다. 노조도 무노동 무임금 원칙을 고수하는 회사와 힘겨루기를 계속한다면 양쪽 모두 잃는 것이 더 많다고 판단했고, 100여 일 만에 파업을 끝내고 극적인 협상을 타결했다.

장기 파업이라는 극심한 노사 분규의 진통을 겪은 일진은 경영 측면에서 한층 성숙한 모습을 갖추기 위해 노력했다. 노동조합과 지속적인 대화를 하며 경영 실적을 공유했고 동반 성장의 가치를 목표로 삼아 함께 노력하고 있다. 그 결과 이후 17년간 단 한 번의 노사 분규도 벌어지지 않았다.

조치원 공장 시대, LIB 동박의 탄생

동박 사업을 급성장시킨 일진은 제3공장 증설에 나섰다. 조치원에 단일 동박 공장으로는 세계 최대 규모의 공장을 지

일진소재산업(현 일진머티리얼즈) 조치원 공장

있다. 익산 공장에서 경험한 바를 토대로 삼아 막대한 자본금을 투하해 최신 설비를 갖추었다. 그 웅장한 규모는 찾아오는 사람이 '세계 최고'라고 감탄하며 혀를 내두를 정도였다.

그러나 조치원 공장을 지은 지 얼마 되지 않던 2001년부터 동박 시장의 경기가 하락하기 시작했다. 대규모 투자에 따른 감가상각비 부담이 사업부를 압박해왔다. 허 회장이 '돈 먹는 하마'라고 표현할 정도였으니 그 심각성은 이루 말할 수 없었다. 위기를 대체할 만한 새로운 돌파구를 마련해야만 했다. 그렇지 못하면 침체의 늪에서 허우적거리다 최후를 맞이할 형편이었다. 하지만 하향세를 타기 시작한 시장이 부활할 리는 만무했다. 해답은 단 하나. 대체 상품 개발이었다. 구원 투수로 나선 제품은 2차 전지용 음극 집전체로 사용되는 LIB리튬 이온 배터리, Li-ion Battery 동박이다.

나는 조치원 공장이 완공되기 전인 1998년 삼성전기와 개발 협약을 맺고 파인 패턴 PCBFine Pattern PCB용 전해동박 연구에 들어갔다. 그리고 관련 기술 특허를 내고 5년간 독점 공급하기로 했다.

PCB용 전해동박의 경우 첨가제의 발굴이 특히 중요한데, 나와 함께 이를 연구 개발한 사람이 엔지니어인 임승린 과장이다. 임 과장은 양면 광택이 나는 첨가제 개발을 위해 밤낮없이 연구에 매진했다. 우리는 최고의 중요도를 지닌 첨가제의 이름을 붙이지 않고 임승린 과장의 이니셜인 SL로 부르며 암호화했다. 지금의 'SL-00'이라는 첨가제 명칭은 바로 여기서 비롯되었다. 우리는 SL-00을 사용해 부드러우면서도 양면 광택을 유지할 수 있는 VLP저조도 동박, Very Low Profile Foil를 개발하는 데 성공했다. 하지만 삼성전기가 파인 패턴 PCB 개발을 진척시키지 못하고 결국 포기해 버렸다. 어렵게 개발은 VLP 동박이 빛을 보지 못할 상황이었다.

그런데 2001년 우연한 기회에 VLP 동박이 다시 주목받게 되었다. 그 무렵까지 2차 전지용 음극 집전체로 사용되던 압연동박이 전해동박으로 대체되면서 생긴 일이다. 음극 집전체에 쓰이는 LIB 동박은 VLP 동박과 같은 원리로 생성되는 것이다. 따라서 이것을 조금만 더 응용해 연구 개발을 하면 순탄하게 제품 개발을 할 수 있었다. 예전에 ACF나 UCF를 개발할 때와는 비교할 수 없이 유리한 상황이었다.

곧바로 연구 개발에 돌입해 탄생시킨 제품이 오늘날 일진머티리얼즈의 가장 큰 수입원인 2차 전지용 음극 집전체 LIB 동박이다. 현재 일진의 LIB 동박은 삼성 SDI에 공급되며 효자 역할을 톡톡히 하고 있다.

나와 임승린 과장은 개발 성공을 인정받아 회사로부터 명예로운 포상을 받았다. 하지만 이보다는 험난한 연구 개발이 결실을 맺어 회사와 동료들에게 유익을 주었다는 사실 그 자체가 더 큰 기쁨이다.

융복합을 통한 질적 성장

일진의 동박 사업은 계열사인 ㈜일진머티리얼즈가 맡고 있다. 이 회사는 1987년 ㈜덕산금속에서 출발해 1996년에 ㈜일진소재산업으로 이름을 바꾸었으며 2010년부터 현재의 상호를 쓰고 있다. ㈜일진머티리얼즈는 25년간 기초 소재인 동박만을 생산하다가 2012년부터 한 단계 더 발전된 형태의 새로운 생산품을 만들었다. 바로 스마트폰용 방열 시트 등 융복합 제품이다.

이것은 허진규 회장의 통찰과 의지에서 비롯되었다. 허 회장은 종종 나에게 이런 말씀을 해주었다. "언젠가는 소재 사업의 갑과 을이 뒤바뀔 수도 있네. 소재 사업에만 매달리지 말고 모듈화에 대해서 생각해야 할 때이네."

나는 허진규 회장 말씀의 취지를 충분히 이해하고 공감했다. 하지만 ACF, UCF, LIB 동박이 각각 안정화 단계에 이르기까지 숱한 위기를 겪었고 숨 쉴 틈조차 없었다. 다른 쪽으로 시선을 돌릴 만한 여유를 찾지 못했고 새로운 사업은 엄두조차 내지 못한 게 사실이다. 그러다 2012년 동박 사업이 어느 정도 궤도에 올랐다는 판단이 들었을 때 회사의 질적 도약을 위한 사업을 구상하기로 마음먹었다.

새 사업의 강력한 후보로 떠오른 것이 스마트폰 방열 시트였다. 그 당시 3M은 우리가 생산하는 동박을 구입해 점착제를 발라 스마트폰 방열 시트를 만들어 팔고 있었다. 방열 시트의 핵심 소재가 동박인 만큼 우리도 해볼 만한 사업이라 판단했다. 하지만 3M은 우리 고객사이며 먼저 사업을 시작했다는 점을 고려해야 했다. 같은 소재와 방식을 쓴다면 3M이 꺼려할 것이 분명했다.

우리는 차별성을 확보하기 위해 기존 전해동박의 단면이나 양면에 니켈 도금이나 흑화 처리를 하는 것으로 기술 방향을 잡았고 특허 출원을 했다. 그리고 연구가 끝나자마자 삼성전자를 찾아갔다. 우리 제품을 가장 많이 사용할 곳이라고 생각했기 때문이다. 하지만 삼성전자는 이미 3M의 방열 시트를 사용하고 있었다. 우리는 삼성전자와 접촉하던 중에 놀라운 사실을 하나 발견했다. 3M이 삼성전자에 공급한 방열 시트의 전해동박 제조 업체가 일진이 아닌 3M으로 등록되어 있었던 것이다.

우리는 이 점을 시정하기 위해 삼성전자와의 대화와 접촉면을 넓히며 설득 작업을 했다. 전해동박과 방열 시트의 가치사슬Value-Chain에 대해 상세히 설명하며 우리가 지닌 기술 역량을 피력했다.

하지만 방열 시트 사업이 진입하기 위해서는 선결 조건이 있었다. 삼성전자도 이것을 요구했다. 바로 전해동박 점착제를 코팅하는 양산 코팅 설비를 갖추어야 승인하겠다는 입장이었다. 코팅 시설을 갖추는 것은 그리 어려운 일이 아니었다. 문제는 상당한 소요 시간이었고, 신규 투자비도 고려해야 했다. 우리는 효율성을 고려해 주문자 상표 부착 생산OEM, Original Equipment Manufacturing 방식을 채택했고 코팅 샘플까지 완성했다.

하지만 승인될지는 미지수였다. 우리와 계약한 OEM 업체는 자신들이 삼성전자의 납품 승인을 받기 위해 2년간 자체적으로 노력해왔는데 그때까지 승인받지 못했다고 말했다. 이런 상황에 비추어볼 때 우리가 승인을 받는 데도 2년 이상 걸릴 것이라 예측했다. 만약 OEM 업체의 말대로 승인 절차를 밟는 데만 2년이 걸린다면 애써 만든 제품을 제때 시장에 내놓고 판매할 수 없는 형국이었다. 우리는 단기간에 승인을 받기 위해 입체적으로 노력했다. 이미 삼성전자의 1차 벤더vendor가 된 그룹 계열사 일진디스플레이를 비롯해 다양한 채널을 통해 조기 승인이 날 수 있도록 심혈을 기울였다. 이런 노력이 성과를 거두어 첫 미팅 후 6개월 만에 승인을 받고 제품 양산에 들어갈 수 있었다.

그러나 생각하지도 못한 곳에서 문제가 불거졌다. 코팅 작업을 위해 계약한 OEM 업체의 배신이었다. 우리가 6개월 만에 승인을 받아내자, OEM 업체는 자신들이 코팅한 제품임을 내세워 또 다른 납품 승인을 받으려고 한 것이다. 이 과정에서 진통이 뒤따르고 사업이 잠시 주춤하는 위기에 빠졌다. 그러나 곧 사태를 진정시켰다. 해당 업체에 동박 공급을 중단하고 새로운 OEM을 찾아 사업을 진척시켰다. 삼성전자와는 2017년 현재까지도 좋은 협력 관계를 유지하고 있다.

방열 시트에서 시작된 융복합 사업은 다양한 제품군으로 확대되어 매출을 향상시키고 있다. 새로운 아이템도 적극 발굴 중이다. 주목할 사업 분야로는 전기 자동차 상용화에 대비한 2차 전지 양극재, 자동차·가전 등에 쓰이는 소형 모터용 희토류 자석 소재 등이 있다. 이 사업들은 아직 초기 단계라 연구 개발을 위해 고군분투하고 있다. 그렇지만 ACF, UCF, LIB 동박의 개발과 성장 과정에서 기적 같은 성과를 일군 것처럼 험난한 도전들이 일진의 새로운 기술 역사를 써 나가리라 확신한다.

일진다이아몬드

공룡 GE와의 다이아몬드 전쟁

박승권_前 일진복합소재 대표

●

격투기 경기에는 체급이 있다. 덩치가 비슷한 사람끼리 싸움을 벌여야 제대로 된 경기가 이뤄진다. 기업 간의 경쟁도 마찬가지다. '글로벌 경쟁'이라고 말하지만 엇비슷한 규모의 기업끼리 각축을 벌이는 것이 일반적인 형태다. 글로벌 대기업과 국내 중견 기업 간의 승부는 좀처럼 성사되지 않는다. 결과를 뻔히 알고 있는 약자가 먼저 포기하기 때문이다.

그러나 일진은 달랐다. IT 기업들이 등장하기 전까지 시가 총액 세계 1~2위를 다투던 거대 기업이자 미국의 자존심으로 추앙받는 GE를 대상으로 4년간의 법정 투쟁을 이어갔다. 미국법원에서 불리한 판결은 나왔지만 결코 흔들림이 없었다. 세계 다이아몬드 시장에서의 독점적 지위를 공고히 하려던 GE의 압력에 굴하지 않고 당당히 시장에 진입했다. 모두가 일진과 GE의 분쟁이 다윗과 골리앗의 싸움이라고 했다. GE 역시도 동아시아의 작은 나라 한국, 그중에서 중견 기업에 불과한 일진과 이처럼 질기고 긴 싸움을 하게 될지 몰랐을 것이다. 회사의 존폐가 달린 위기 속에서도 끝까지 포기를 몰랐던 허진규 회장의 패기는 결국 온 세상을 놀라게 하고 말았다.

KIST와의 산학 협력으로
공업용 다이아몬드 시장 진출

일진의 다이아몬드 개발은 1985년으로 거슬러 올라간다. 동복강선 산학 협동 연구로 일진과 인연을 맺은 KIST가 공업용 다이아몬드 공동 연구 개발 프로젝트를 제안해왔다. 1980년 후반에 한국의 다이아몬드 수입량은 급증했다. 보통 다이아몬드라고 하면 반지나 목걸이에 박힌 보석을 떠올린다. 하지만 보석에 쓰이는 다이아몬드는 상위 품질 20%뿐이다. 나머지 80%의 다이아몬드는 공업용으로 사용되는 데 주로 절단과 연마용이다.

다이아몬드는 지구상에서 가장 단단한 광물이다. 구리나 은보다 전도율도 높다. 그래서 전기, 전자, 반도체 제조부터 의학, 우주 연구, 자동차 산업까지 방대한 영역에서 널리 사용된다.

1980년대 한국 경제가 급성장함에 따라 다이아몬드의 소비량 또한 비약적으로 늘었다. 특히 자동차 산업의 활성화가 다이아몬드 수요를 뒷받침했다. 1980년 10만 대 수준이던 한국 자동차 시장은 1987년 130만 대를 기록했고, 1990년대에 들어와 200만 대 수준으로 확장되었다. 이에 따라 공업용 다이아몬드 수요도 폭증한 것이다. 그런데 그 당시 다이아몬드는 전량 수입에만 의존했다. 이렇듯 핵심 제품의 수입 의존도가 높은 상황은 국가적인 난제이기도 했다.

이 무렵 은광용 KIST 박사는 공업용 다이아몬드 개발을 '기업 주도 특정 연구 사업'으로 지정해줄 것을 정부에 요청했다. 은 박사는 1979년 미국에서 우연히 1970년대 북한이 발표한 다이아몬드 합성 기술에 관한 논문을 보았다. 북한은 무기 개발에 필수적인 정밀 가공 공정을 위해 일찍부터 다이아몬드 개발에 주력해온 듯 보였다. 은 박사는 이 논문을 계기로 다이아몬드 연구 개발의 가치와 필요성을 절감하게 되었다.

그런데 본격적인 연구를 위해서는 막대한 연구비 투자가 요구되었다. 은 박사는 연구비 조달을 위해 정부에 프로젝트를 제안했다. 정부와 기업이 공동으로 연구비를 투자하고, 연구가 성공하면 기업이 기술을 이전받아 산업화하도록 하자는 내용이었다. 정부도 다이아몬드 국내 생산의 필요성에 대해 이미 인지하고 있던 상황이었다. 그래서 1985년 은 박사의 제안을 승인했다.

연구 투자 기업으로는 우리 일진이 선정되었다. KIST와의 산학 합동 연구를 통해 동복강선 개발이라는 성공 사례를 만든 바 있기 때문이다. 연구에 투입된 비용은 총 12억 원이었는데, 이 중에 3억 1,500만 원을 정부가, 그 나머지를 일진이 부담했다. 참여 기업으로 일진이 결정된 것에 대해 은 박사는 내심 당황했다고 한

공업용 합성 다이아몬드

다. 당연히 대기업이 참여할 것이라 짐작했는데, 중소기업이 불투명한 기술의 연구 개발에 나선 것이 뜻밖이었을 것이다.

KIST가 공업용 다이아몬드 산학 협동 연구 프로젝트를 제안할 무렵 허 회장은 글로벌 사업이 가능한 아이템을 찾고 있었다. 회사가 어느 정도 성장 기반을 다졌기에 내수 시장을 넘어 글로벌 시장을 공략할 사업이 필요하다고 판단했기 때문이다. 그러던 어느 날 허 회장은 서울대 금속공학과 출신들이 대거 포진되어 있는 다이아몬드 업계의 지인들, 특히 우리나라 굴지의 다이아몬드 공구 업체인 김수광 이화다이아몬드 사장으로부터 전 세계 다이아몬드 시장의 독점 체계에 대한 이야기를 들었다. 그리고 국산화가 절실하다는 목소리에 귀를 기울였다. 다이아몬드가 쓰이지 않는 분야를 찾기 어려운데 물량은 턱없이 부족하고 가격은 끝도 없이 치솟는 상황이라는 것이었다.

공학도 출신으로 국내 자체 기술력 개발과 소재 사업에 그 누구보다 강한 확신과 의지를 가진 허 회장에게 다이아몬드 사업은 매력적으로 느껴졌다. 더욱이 세계적인 시장 규모를 생각할 때 기업가로서 반드시 도전해보고 싶은 분야였다. 그런데 때마침 KIST가 산학 협동 연구를 제안해온 것이다. 일각도 망설일 이유가 없었다. KIST와 즉시 협약을 진행했고, 다이아몬드 연구 개발을 위한 산학 협동 연구가 본격화되었다.

GE와 드비어스가 구축한
세계 다이아몬드 시장 독점의 벽

다이아몬드 연구 개발 프로젝트에는 은광용 KIST 박사 휘하에 박종구 박사 외 핵심 연구 인력이 포진되어 출범했다. 당사는 신택중 부장 휘하의 연구팀이 발족해 KIST의 연구 개발이 종료되면 개발 성과를 이전받도록 계획되어 있었다. 공업용 다이아몬드의 국내 생산이 가능해진다면 국가 경제에 끼칠 영향력이 컸다. 그래서 정부도 이 연구 과제의 결과를 예의주시했다.

두 연구 주체와 업계, 정부의 관심이 집중된 가운데 은광용 박사를 주축으로 한 연구팀은 꼬박 1년을 밤낮없이 개발에 몰두했다. 그 결과 1986년 6월, 마침내 학수고대하던 소식을 전할 수 있었다. 육정방형으로 배열된 흑연이 팔면체 입방정의 탄소 원자 배열을 갖는 다이아몬드 합성 기술을 완성시킨 것이다. 섭씨 1,450도상에서 5만 기압을 눌러 완성시킨 이 기술력은 세계에서 유례가 없는 독보적인 것이었다.

이로써 대한민국은 미국과 영국에 이어 세계 세 번째의 다이아몬드 생산 기술력을 갖춘 국가가 되었다. 이 소식을 들은 정부도 다이아몬드 생산 기술을 '5대 극한 기술'로 지정해 적극적인 지원을 아끼지 않겠다는 입장이었다.

그런데 생각하지 못한 변수가 발생했다. 미국의 GE가 일진의 다이아몬드 개발이 자신의 '영업 비밀'을 침해했다며 소송을 제기한 것이다. 한마디로 어처구니가 없는 주장이었다. 문제는 영업 비밀을 침해했느냐 여부가 아니었다. 다른 곳에 속내가 있었다. GE는 우리가 다이아몬드 시장에 진출하는 것 자체를 원천봉쇄하고 싶었고, 아예 싹을 없애기 위해 소송을 벌인 것이다.

그 당시 세계 다이아몬드 시장은 영국의 드비어스De Beers와 미국의 GE가 양분하고 있었다. 드비어스는 천연 다이아몬드를, GE는 공업용 합성 다이아몬드를 만들어 생산·판매하고 있었는데 특히 공업용 분야에서 드비어스와 GE의 과점 체제가 두드러졌다.

다이아몬드 시장은 가격 형성이 예민하고 중요하다. 그런데 만약 다이아몬드를 공장에서 양산할 수 있다면 과점 업체의 가격 통제력이 약해진다. 즉 기존 다이아몬드 특히 보석용 다이아몬드 가격 형성에 막대한 지장을 초래할 수 있다. 그래서 GE와 드비어스는 세계 시장을 과점하며 담합을 통해 신규 기업이 시장에 진출하는 것을 잔혹할 정도로 막아왔다. 그런 상황에 동아시아의 작은 나라의 이름 없는 기업이 자신의 안방에 들어오는 것을 가만히 지켜볼 수는 없었다. 이대로 둔다면 이들이 견고하게 유지해온 시장 유통 질서에 균열을 줄지 모른다는 불안감을 느꼈을 터이고 그래서 좌시할 수만은 없다고 판단했을 것이다. 특히 GE의 법무팀은 기업 세계에서 악명이 자자했다. 종이호랑이Paper Tiger라고 불리는 이 팀은 600여 명의 변호사가 포진해서 공격적인 소송을 하기로 정평이 나 있었다. GE는 이 팀을 이용해 자신의 이익에 조금이라도 문제가 생기면 즉시 소송을 걸고 제약을 가해왔다.

일진의 다이아몬드 연구 개발이 성공을 거두고 공장을 지어 양산 단계로 들어갈 시점이 되자 GE는 소송을 걸어왔다. 명목은 '영업 비밀Trade Secret 침해'였다. 그 당시 우리는 이 용어조차 생소했다. '무역 비밀'이라고 오역하는 해프닝이 벌어질 정도였다. 아무리 생각해도 GE가 소송을 걸 근거는 없었다. 다이아몬드에 관한 GE의 특허는 이미 1984년에 만료가 되었다. 우리 측에 문제를 제기할 소지가 없었던 것이다. 그래서 무역 과정이나 세관 통관에서 문제가 생긴 것으로 보고 서류를 검토하는 등 부산을 떨었다. 그렇지만 아무런 문제점도 찾지 못하고 GE 측의 실수가 아닐까 짐작할 뿐이었다.

GE가 영업 비밀 침해를 주장한 이유는 다른 곳에 있었다. 우리가 다이아몬드를 연구할 당시 자문역이었던 대만계 미국인 성첸민 박사와의 관계가 문제라는 것이다. 허 회장은 1988년 다이아몬드 생산의 핵심 설비인 프레스를 구입하러 미국에 갔는데 그때 우연히 성첸민 박사를 만났다. 성 박사는 GE에서 일하다가 5년 전에 퇴사했다고 했다. 이후에는 GE 고객사인 노턴Norton에 잠시 근무했었고, 허 회장과 만날 당시에는 다이아몬드 관련 자문 회사를 설립해 운영하고 있었다.

허 회장은 성 박사를 만난 것이 행운처럼 느껴졌다. 충청북도 음성에 공장을 짓기로 결정하고 관련 설비 문제로 고민이 많았는데, 다이아몬드에 관해 해박한 지식과 GE에서의 경험을 갖춘 사람을 만날 수 있어 몹시 반가웠던 것이다.

허 회장은 성 박사에게 자문을 부탁했다. 그리고 그로부터 한 달 후에는 은 박사와 신 부장이 출국해서 성 박사가 자문을 하는 데 있어 고려할 점들을 세밀하게 점검했다. 크게 문제될 것이 없어 보였다. 성 박사는 GE를 나온 지 5년이 넘어 동종 업계 이직 제한 기간인 3년을 지난 상태였다. 만약 지적재산권 문제가 발생한다면 전적으로 자신이 책임지겠다는 약속을 하고 우리와 자문 계약을 체결했다.

하지만 성 박사의 자문은 실제 공장 설립 과정에서는 큰 도움이 되지 못했다. 성 박사는 우리에게 3,000톤급 금형에 관한 내용을 작성해 제출했는데, 당시 다이아몬드 개발에는 5,000톤급 금형이 요구되었기 때문이다. 이미 시대에 한발 뒤처진 자료였던 것이다. 기대에 비해 실망스러운 결과였다. 하지만 성 박사에게 자문을 받았다는 사실 그 하나가 엄청난 파장을 불러일으켰다. GE가 일진이 성 박사를 통해 자신의 영업 비밀을 침해했다고 주장하고 나온 것이다.

전 세계 언론이 주목한 GE의 방해 공작

우리는 이전부터 세계 다이아몬드 시장이 '드비어스'와 'GE'로 양분되어 있음을 잘 알고 있었다. 하지만 소송을 당하는 상황이 되자 이들이 철통같이 지켜온 시장 내부 상황을 속속들이 파악해야 했다.

1870년 드비어스는 남아프리카공화국에서 대규모 천연 다이아몬드 광산을 발견했다. 이후 그들은 아프리카와 호주, 캐나다, 시베리아까지 그 영역을 확장시키며 생산·가공·유통·가격을 장악했으며, 연간 40억 달러에 달하는 다이아몬드 시장에서 독점적 이윤을 누리고 있었다.

한편 인류는 오랫동안 지구에서 가장 눈부신 광채를 내는 이 물체의 성분을 알아내기 위해 갖은 노력을 기울여왔다. 그리고 1797년 영국의 화학자 텐난트가 다이아몬드를 태우는 실험을 통해 그 성분이 탄소로 이뤄져 있다는 사실을 입증했다. 이후 과학자들은 역으로 탄소에 화학 반응을 가해 다이아몬드로 전환시키는 방법을 찾기 위해 고군분투했다.

물론 이런 연구는 천연 다이아몬드로 시장을 독식하던 드비어스에게는 굉장한 경계심을 불러일으켰다. 하지만 1950년대에 들어서 하워드 트레이시 홀Howard Tracy Hall에 의해 마침내 합성 기술 개발이 성공을 거두었다. 드비어스로서는 달갑지 않은 일이었으나 이미 세상에 모습을 드러낸 이 합성 기술을 받아들일 수밖에 없었다. 관건은 이 기술이 자신의 영역을 침범하지 않고 더는 확장되지 않도록 하는 것이다. 드비어스는 GE와 담합해 GE의 합성 생산 기술은 공업용으로만 사용하기로 합의했고 이로써 두 회사가 세계 다이아몬드 시장을 양분해 지배하기에 이르렀다.

이들은 다른 기업의 시장 진출을 막기 위해 갖은 횡포와 방해를 일삼았는데 그 방법과 집요함은 놀라울 정도였다. GE는 1970년 일본 기업 도메이가 인조 다이아몬드 합성 개발에 성공하자 특허 침해로 제소했다. 무려 20년간 법정 투쟁을 벌이며 끝내 도메이가 사업을 포기하도록 만들었다. 1989년 스웨덴의 기계 업체 샌드빅이 다이아몬드 사업에 진출하자 극심한 압박과 위협을 가했다. 결국 샌드빅은 자기 회사에서 사용하는 물량 이상으로는 생산하지 않는다는 조건으로 GE와 화해를 해야만 했다.

일진은 이토록 진입 장벽이 높고 견고한 시장에 기술력 하나만 믿고 당당하게 도전장을 내밀었다. 어쩌면 GE의 대응은 당연한 것이다. 그런데 GE의 다이아몬드 기술인 트레이시 홀의 특허는 이미 1984년 만료가 된 상황이었다. 그 외 부수적인 공정 특허 역시 1987년에 만료되었다. 제아무리 GE라지만 더는 법적으로 취할 방법이 없어 보였다. 그래서 일진이 다이아몬드 시장에 진출하는 데 법률적 장해는 없다고 판단한 것이다.

하지만 600명의 변호사로 구성된 GE의 법무팀이 방관만 하고 있을 리는 없었다. 그들은 일진을 가로막을 다른 방법을 찾고자 애썼다. 특허 침해 외의 다른 구실을 찾아 어떻게든 일진을 좌절시키려 했을 것이다. 결국 성 박사와 일진의 연결 고리를 찾아내었고 '영업 비밀 침해'라는 생소한 카드를 꺼내든 것이다.

'특허'와 '영업 비밀'은 차이가 있다. 특허는 특허권자에게 일정 기간 기술에 대한 독점권을 부여했다가 기간이 지나면 후세대 과학 기술 발전을 위해 모든 사람에게 공개한다. 하지만 영업 비밀은 시간에 관계없이 외부에 공개하지 않고 철저히 자신만의 기술로 보존하는 것이다. 이것은 그때까지 한국에서 매우 낯선 개념이었다. 이 사건을 계기로 한국에서도 '영업비밀보호법'이 제정되기도 했다.

그런데 '영업 비밀 침해'의 판단은 매우 까다롭게 이뤄진다. 먼저 기업 차원에서 비밀을 유지하기 위해 얼마나 노력을 했는지가 중요한 기준이 된다. GE의 경우 성 박사가 퇴사한 후 고객사 중 한 곳인 노턴으로 이직했을 당시 '영업 비밀 침해'에 관한 특별한 조치를 하지 않았다. 이 사실을 근거로 볼 때 영업 비밀 침해는 무리한 주장이었다.

기술의 가치도 중요한 기준이다. GE가 주장하는 기술은 이미 공개되어 엔지니어라면 충분히 유추할 수 있는 것이었기에 영업 비밀이라고 하기에는 무리가 있었다. 하지만 GE는 주장을 굽히지 않았다. 세계 최고 기업이 지닌 인적 네트워크를 총동원했고, 미국 정부의 주요 기관과 유력 인사들까지 나서 전방위적인 압박을 가하기 시작했다.

상황이 이렇게 흘러가자 우리 정부도 난처한 입장에 처했다. 한미 간 주요 사안이 많은 시점인데, 미국 측에서 이 사건을 거론하며 행정 지도를 하라고 노골적으로 압박을 가해와 매우 곤혹스럽다고 했다. 허 회장은 그때 서운한 감정을 숨기지 않았다. 미국 정부가 자국 기업을 돕기 위해 발 벗고 나서는데, 우리 정부는 오히려 해당 기업에게 항복을 권하는 형국이니 매우 답답했던 것이다.

이런 암담한 분위기에서 일진에 힘을 실어준 곳이 있었다. 바로 언론이다. "미국 측 눈치를 보는 한국 정부의 압력에도 굴하지 않고 버티는 기업", "미국 행정부와 로비스트 및 급기야는 사법부의 힘을 업고 전방위로 공격하는 GE의 공세!" 등과 같은 제목을 단 기사가 연일 특종으로 신문 1면을 장식했다. 그 무렵 미국과 쌀 개방 협상이 진행되었는데, 이 때문에 미국에 대한 감정이 좋지 않은 터였다. 때마침 일진이 미국의 거대 기업과 그 배후의 정부에 맞서는 것을 보고 성원을 보낸 것이다. 일진의 분전은 여론의 응원을 등에 업게 되었다.

다이아몬드 전쟁터에 들어가다

일진이 GE와의 다이아몬드 전쟁에 돌입할 당시 나는 휴직 중이었다. 그동안 몸을 돌보지 않았다가 건강에 이상이 생겨 요양을 해야 했기 때문이다. 하지만 간간이 GE와의 법정 소송의 경과에 대해서는 관심을 갖고 듣고 있었던 차였다. 1992년 여름에 접어들자 몸이 어느 정도 안정돼갔다. 그간 학창 시절 장학금, 근무 초기에 미국 MBA 유학 지원 등 당시 과분한 관심과 애정을 받았던 나로서는 일진이 처한 상황을 모른 척할 수 없었다. 그래서 법정 소송이 급격히 불리하게 돌아가고 있다는 소식을 듣고 허 회장에게 면담 신청을 했다. 유학 덕분에 영어가 어느 정도 되니 부족하지만 소송팀에 합류해 미국 변호사와 우리 회사 간 가교 역할을 해보겠다고 자원한 것이다. 허 회장은 영어 외에는 법률적 지식이 부족한데 가능하겠냐고 물어왔지만 열심히 배워가며 해보겠다고 졸랐다. 결국 허 회장도 허락했다.

한동안 옷장 속에 넣어두었던 양복을 꺼내 입었다. 나는 대학 졸업 후부터 모든 시간을 일진과 함께해왔다. 일진과 떨어져 있던 시간은 병가를 내고 잠시 휴식을 취한 것이 전부였다. 그동안 기획실에 근무하며 일진그룹이 새로운 사업을 전개하고 위기와 어려움을 돌파해 나가는 것을 숱하게 보아왔다. 하지만 이번 다이아몬드 소송은 이전의 위기와는 그 무게가 확연히 다르다는 것이 온몸으로 전해져왔다.

내가 일진과 처음 인연을 맺은 것은 1982년이다. 당시 서울대 대학원에 다니고 있었다. 하루는 담당 교수이던 유장희 박사가 나를 불렀다. 그 자리에서 일진그룹에 대해 아느냐고 물었다. 이름은 얼핏 들어본 것도 같았다. 하지만 경제학을 전공하는 내가 소재·부품 회사에 대해 자세히 알 수는 없었다. 그때 유장희 교수가 뜻밖의 제안을 해왔다.

"이곳 회장이 상경 계열의 젊은 인재를 부탁하기에 자네를 추천했네. 작은 기업이기는 하지만 우리 학교 공대 출신이 일으킨 내실 있는 회사라네."

공대 출신인 허 회장은 기술 관련 학식은 탁월했다. 하지만 경제나 경영 전반에 관한 정보와 지식에 대해 상대적인 부족함을 느끼고 있었다. 그래서 유 교수에게 경제·경영에 관해 곁에서 도움을 받을 수 있는 인재를 부탁한 모양이었다.

나로서는 좋은 기회였다. 장학금까지 지급된다고 하니 등록금 걱정에서도 벗어날 수 있었다. 굳이 마다할 이유가 없었다. 그렇게 해서 학교 교수 식당에서 허 회장과 첫 만남을 가졌다. 허 회장은 기업가라고 하기에는 아주 소탈한 모습이었다.

"내가 공학 쪽 머리는 돌아가는 것 같은데, 신문 경제면은 왜 이리 어려운지 몰라. 자네가 그 좋은 머리로 날 좀 가르쳐주게나."

이렇게 해서 일주일에 많게는 두어 차례 회사로 가서 허 회장에게 경제·경영 용어, 당시의 한국 경제 뉴스와 현안 등을 정리해 알려주곤 했다. 몇 년간 학교와 일진을 오가는 생활이 계속되었다. 그런데 변화는 허 회장이 아니라 나에게 일어났다. 나는 경제학 전공이었는데 일진을 드나들면서 경영학에 더 큰 관심을 갖게 되었다. 초기에는 단순한 아르바이트로 시작했지만 간간이 회사의 크고 작은 프로젝트에 참여할 기회가 주어졌다. 이때 기업 경영이 경제와는 다른 독특한 매력이 있음을 알게 되었다.

그 당시 그룹 전체의 발전 방향을 수립하는 기획실을 처음 설립하는 프로젝트에 참여하기도 했다. 그러면서 한국에서는 익숙하지 않은 개념을 찾느라 밤을 새워가며 외국 사례를 검토하기도 했다. 그러면서 더욱더 깊이 경영학에 빠져들었다.

대학원과 군 복무를 마친 후 자연스럽게 일진에서 직장 생활을 시작하게 되었다. 나는 입대 전에 설립 프로젝트에 참여했던 기획실에 팀장으로 투입되었다. 여기서 바이오 벤처기업 ETEX 인수와 신규 민간 방송(현재 SBS TV) 사업자 선정 등 굵직한 프로젝트를 진행해 나갔다.

밤을 지새우는 날이 허다했지만, 하루하루 눈에 띄게 회사가 성장세를 보였기에 힘든 줄도 모르고 일에 몰두했다. 그사이에 회사의 지원을 받아 2년간 미국 UCLA에서 MBA 과정도 마쳤다. 이제 앞을 향해 정진할 일만 남은 듯했다. 하지만 나에게 숨어 있던 복병이 튀어나왔다. 몸을 돌보지 않고 달리기만 한 탓에 건강이 완전히 망가져버린 것이다. 의사는 신경쇠약이라고 했다. 쉬는 것 외에는 달리 방법이 없어 허 회장에게 사직서를 제출했다.

"아프면 나을 방법을 찾아야지, 사직서는 왜 내밀어!"

허 회장은 크게 호통을 쳤다. 그리고 퇴직 대신 휴직으로 처리했다. 나는 요양을 시작했다. 시간이 지나자 완치까지는 아니지만 어느 정도 몸이 회복되었다. 그 무렵에 GE와의 법정 소송이 불리하게 진행됨을 알게 된 것이다. 회사가 어려운 상황에서 휴직을 더 이어가는 것은 이기적 욕심이었다.

그렇게 복귀를 했고 다이아몬드 소송 건을 자세히 살펴보았다. 상황은 예상했던 것보다 심각했다. 600여 명의 변호사로 구성된 GE의 막강한 법무팀과 사내 변호사도 없는 일진이 한국도 아닌 미국 보스턴 법정에서 다투고 있었다. 주변에서 질 게 뻔하다는 회의적인 목소리가 흘러나왔다. 세계 최강 기업과의 싸워서 어떻게 이기겠냐는 것이다. 다윗과 골리앗의 싸움으로 비유하는 이들도 많았다. 하지만 "끝날 때까지 끝난 것은 아니다"라는 말이 있듯 끝까지 싸워서 승부를 내야 했다. 나는 일주일이 멀다 하고 서울과 보스턴을 오가는 전쟁 같은 일상을 시작했다.

나는 기획실 소송팀 팀장을 맡았다. 주요 업무는 보스턴 법정에서 일어나는 세세한 상황을 본사에 보고하고 허 회장을 중심으로 임원진들과 대응 방안을 세우는 일이었다. 앞선 2년간은 허 회장이 직접 미국을 오가며 소송을 진행해왔다. 그러다 재판이 힘든 형국으로 이어지자 인력 보강이 필요했다. 미국에서 진행되는 싸움인 만큼 미국에서 유학 생활을 했고 미국 기업 ETEX를 인수한 경험이 있는 내가 이 일에 적합할 수 있다고 판단했다.

내가 보통 사람들보다는 영어가 능통하다고 하지만 법률 분야는 딴판이었다. 거의 모든 단어가 생소할 따름이었다. 최선을 다하는 것 외에는 별다른 길이 없었다. 비행기 안에서 두꺼운 영어 법률 사전을 통째로 외우다시피 매달렸다.

지금이야 인터넷, 메신저 등 다양한 시스템이 활성화되어 있지만 1992년 당시에는 몸으로 뛰는 게 가장 빠르고 확실한 방법이었다. 2년 가까이를 서울과 보스턴을 일주일 간격으로 오가며 힘겨운 소송에 매달렸다.

불리한 국면으로의 변화

일진 관계자들이 백방으로 움직이며 최선을 다했지만, 미국 현지 법정의 분위기는 좀처럼 나아질 줄 몰랐다. 사실 소송은 더욱 암울한 방향으로 흘러가기만 했다. 재판이 한창 진행 중이던 1992년 우리 측 현지 변호사가 갑작스럽게 담당 판사가 바뀌었다고 연락을 취해왔다.

그렇지 않아도 쉽지 않은 재판 상황에 악재가 하나 덧붙은 형국이었다. 처음 소송이 제기되었을 때 담당 재판관은 흑인계 마조니 판사였다. 다행히 마조니 판사는 비교적 공정한 입장에서 재판을 진행하려고 했다. 사실 여기에는 그만 한 곡절이 있었다. 앞서 GE는 성 박사로부터 증거를 수집하는 과정에서 집 앞 쓰레기통을 뒤지는 것과 같은 불법적인 인권 유린 행위를 자행했다. 그런데 마조니 판사는 이러한 GE의 행위를 방조하고 압수 수색 영장까지 내주었다. 그 후 마조니 판사는 이런 잘못에 대해 상당한 심적 부담을 느꼈고 엄격하게 중립적인 입장을 고수했다. 그래서 1991년 GE가 제기한 공장 가동 중지 가처분 신청을 기각하는 등 비교적 공정한 자세를 유지해왔다.

하지만 1992년 급작스레 담당 재판관이 교체되었다. 고튼 판사라는 인물이었다. 고튼 판사는 선임되자마자 재판을 배심원 재판으로 변경했다. 실로 어이없는 상황이었다. GE가 소송을 제기할 때만 해도 우리와의 분쟁이 이렇게 길게 갈 것이라고는 예상하지 못했었다. 그들이 어느 정도 압박을 가하면 우리가 이내 두 손 들고 백기 투항하리라 판단했던 것이다. 하지만 우리가 뜻밖으로 끈질기게 버티자 강수를 동원했다. 그 방법이 바로 배심원 재판이다.

GE의 법무팀은 재판이 자신들의 뜻대로 신속하게 마무리되지 않자 판도를 뒤바꾸려 했다. 까다로운 기술 사건으로 전문적인 판단을 받기보다 과정을 단순화시키는 전략을 선택했다. 배심원 재판을 이용해 미국인의 애국심에 호소하려 한 것이다. GE는 이것을 재판부에 요청했고, 고튼 판사는 선임되자마자 수락해버렸다.

곧바로 8명의 배심원단이 꾸려졌다. 판사가 전화번호부 등에서 무작위로 추출한 60명 중 8명을 추려서 최종 선정하는 절차를 거쳤다. 전문 지식과 치밀한 증거를 통해 정교한 판단을 해야 하는 기술 관련 사건을 관련 지식이 전혀 없는 일반인이 판단한다는 것은 납득할 수 없는 처사였다.

미국에서도 형사 재판이 아닌 민사 재판에서 배심원 재판을 하는 것은 드문 사례라고 했다. 하물며 한미 양국의 이해관계가 걸린 첨예한 사안이며 그것도 첨단 기술을 둘러싼 사건이 아닌가.

나는 곧장 미국으로 날아가 격렬하게 항의했다.

"형사 사건도 아니고 기술 관련 재판을 배심원 재판으로 진행하는 게 상식적으로 말이 됩니까? 도대체 어떤 판단으로 그러는 것인지 상식적으로 설명해보십시오."

하지만 우리의 항의는 묵살되었고 결정을 되돌릴 방법이 없었다.

배심원 재판은 점입가경이었다. GE의 증인으로 나온 70대 백발의 엔지니어 보벤커크가 "평생 연구한 다이아몬드 기술을 도둑맞았다"며 오열하다가 쓰러지는 일도 있었다. 철저히 배심원의 감성을 자극하고 애국심에 호소하는 GE의 전략은 잘 먹혀들어갔다.

배심원 재판은 배심원 전원이 만장일치의 결론을 내야 끝을 맺는다. 하지만 분위기가 이미 GE 쪽으로 기울고 있음을 알아차릴 수 있었다. 이대로 가다간 재판에서 질 게 뻔해 보였다. 판사도 배심원의 의중이 이미 정해진 것 같으니 최종 판결 전에 GE와 화해

할 것을 종용했다.

회사의 명운이 걸린 일인데다가 타국에서 벌이는 불공평하고 부당한 싸움에서 상식을 되찾고 싶었다. 그래서 젖 먹던 힘까지 짜내어 노력했지만 불리하게 흘러가는 재판의 판도를 바꾸기는 어려워 보였다. 억울하고 분하지만 지금이라도 타협점을 찾는 게 더 나아 보였다. 그래서 허 회장에게 관련 상황을 보고하고 협상 진행을 건의했다.

하지만 허 회장의 태도는 강경했다. "박 팀장, 화해는 없네. 이왕 이렇게 된 거 최종 판결을 기다려보세. 하늘이 우리를 도울지 어떻게 알겠나."

미국연방법원의 7년 생산 중단 판결

긴장된 시간이 흘러만 갔다. 1994년 1월 드디어 판결이 났다. 매서운 한파가 몰아치던 날이었다. 미국연방법원의 고튼 판사는 일진에게 '7년 생산 중단'이라는 판결을 내렸다. 여기에 덧붙여 즉시 생산을 중단하지 않으면 법정 모독에 대한 벌금으로 하루에 30만 달러를 부가하겠다고 했다. 그날의 날씨만큼이나 혹독한 결과였다. 하늘이 우리를 돕는 일은 일어나지 않았다. 우리는 만 4년간의 소송에서 완벽하게 패배하고 말았다.

"아니, 세상에 이런 법이 어디 있습니까? 하루에 30만 달러의 페널티라뇨!" 우리는 억장이 무너지는 듯했다.

고튼 판사는 일진이 3년에 걸쳐 다이아몬드 기술을 개발한 것은 인정하지만, 통상 10년이 걸리는 연구를 3년 만에 마쳤으니 7년간 영업 정지를 하는 게 타당하다고 했다. 어처구니없는 논리에 실소가 터져 나왔다.

말이 영업 정지이지 실제로는 폐업을 하라는 판결이었다. 이 판결에 대해 한 언론은 "미국에서 수입하는 농산물에서 유독성 방부제가 발견되었다면 우리는 수입을 금지할 뿐이지 미국 농가에 경작 금지를 명령하지 않는다. 미국이 세계의 무역 경찰이 아닌 바에야 이런 월권을 행사한 진의를 의심하지 않을 수 없다"며 맹비난을 퍼붓기까지 했다.

국제 소송 사건 특히 기업 간의 법정 분쟁은 재판 관할권 문제가 고려되어야 한다. 즉 한국 법으로 따져봐야 할 사항도 다수 있다. 미국에서 판결이 났다고는 하더라도 통상 한국 기업이 미국 사법부의 판단을 즉각적으로 무조건 복종해야 할 의무는 없다. 미국법원의 판결이 한국에서 효력을 지니려면 한국법원의 확정판결을 받아야 한다. 그런데 단순 민사 사건이 아닌 이처럼 복잡한 기술 사건을 곧바로 집행 판결까지 하는 것은 드문 경우라고 할 수가 있다. 그럼에도 미국연방법원은 즉각 확정 명령을 내리고 말았다. 그것도 즉시 생산을 중단하지 않으면 매일 30만 달러씩 벌금을 매기겠다는 가혹한 판결을 받고 말았다.

정면 돌파

　　보스턴 현지 변호사로부터 판결 내용이 전해지자마자 서울 마포구 사옥에서 허 회장을 위시한 전 계열사 사장단이 참석하는 대회의가 열렸다. 계열사 중 하나인 일진다이아몬드의 일이긴 하지만 그룹 전체의 지혜와 노력을 모아야 할 중요하고 심각한 사안이었다. 그룹 전체가 1968년 창업 이래 최대 손실을 감당해야 할 수도 있는 중차대한 위기였다.

　　최악의 결과를 받은 회의실 분위기는 참담했다. 7년 생산 금지도 모자라 매일 페널티를 물어야 한다니. 소송팀장인 나에게 뜨거운 시선이 쏟아졌다. 그러나 더는 내가 할 수 있는 일이 없었다. 그동안 모든 채널을 동원해 방법을 찾으려 애써왔다. 하지만 상황은 끝내 여기까지 이르고 말았다. 현지 변호사는 억울하긴 하지만 타협책을 찾자고 했다. 그나마 손실을 최소화하기 위해서는 GE와 협상을 하고 그들이 원하는 조건을 들어주는 수밖에 없다는 것이었다.

　　하지만 말만 협상일 뿐 굴종을 선택하자는 의미였다. 그간의 막대한 투자와 손실을 껴안고 다이아몬드 사업을 아예 접어야 함을 뜻하기 때문이다. 최종 보고를 하는 순간 눈물이 왈칵 쏟아져 나왔다. 분하고 억울한 심정을 가눌 길이 없었다.

　　미국이라는 강대국, 거기서도 세계 최강이라 불리는 GE와의 싸움은 역부족이었다. 도저히 이해할 수 없는 논리와 보이지 않는 힘이 곳곳에서 뻗쳐왔다. 한국뿐 아니라 미국의 언론까지

나서서 GE의 부당한 처사를 비난했었다. 그럼에도 판결을 바꿀 수 있는 방법은 아예 없었다. 더욱이 하루 30만 달러라는 거액의 벌금을 앞세워 우리 목을 바짝 죄어오고 있었다.

부당한 판결에 분통이 터지지만 어쩔 수 없는 노릇이었다. 매일 거액의 벌금을 쌓아 눈덩이처럼 손실을 늘리지 않으려면 GE의 요구에 따라 하루빨리 다이아몬드 사업을 접는 게 순리로 보였다.

더 이상 도리가 없었다. 한시라도 빨리 공장 가동을 중지시키고, 손을 털어야만 했다. 회의실에 앉아 있는 모두가 같은 생각이었다. 앞으로 어떤 방식으로 정리 수순을 밟아 나가야 할지 골몰하고 있었다. 단 한사람만 빼고 말이다. 바로 허 회장이었다.

"자 뭣들 하고 있어. 2심 항소 준비를 시작해야지!"

"회장님!"

모두가 귀를 의심했다.

매일 페널티를 물더라도 항소해서 2심까지 진행하자는 것이다. 너무나 위험한 발상으로 보였다. 맨몸으로 불구덩이 속에 뛰어드는 셈이 아닌가. 혹시 허 회장이 상황을 잘못 이해한 게 아닌지 싶어 상세한 보고를 하며 재차 의중을 물었다.

"회장님 여기서 멈춰야 합니다. 너무 위험한 일입니다."

"박 팀장! 누군가 이런 말을 하더군. 따뜻한 봄바람이 불면 어떻게 이런 일이 일어날 수 있을까 할 정도로 모든 것이 풀릴 것이라고 말이야."

나는 화가 치밀어 올랐다. 대체 누가 허 회장의 판단을 이렇게 흐리게 만들었는지 찾아서 따지고 싶었다. 허 회장의 의견을 따랐다가는 금세 수백 억 원의 벌금을 갖다 바쳐야 할지도 모른다.

회의를 하고 있는 그 순간에도 페널티로 인해 돈이 새 나가고 있는 셈이었다. 단 1시간이라도 줄여 손실을 막아야 하는 순간에 허 회장은 정면 돌파를 선언하고 나선 것이다. 도저히 이해가 되지 않았다. 솔직한 말로 직원들은 회사가 잘못되면 손을 털면 그만이다. 하지만 허 회장의 경우는 다르다. 리스크가 크면 클수록 가장 치명적인 타격을 입는 것이 허 회장 아닌가?

그런데도 항소를 밀어붙이겠다니 그 의중이 납득되지 않았다. 물론 최악의 경우 여러 계열사 중 하나를 정리하는 일이다. 그러나 리스크의 규모와 액수가 너무 크다. 사방이 꽉 막혀 해결 방법을 찾을 수 없고 하루하루 페널티를 물어야 하는 최악의 상황이다. 나는 풍선 게임을 떠올렸다. 조금씩 서서히 불어나다가 결국에는 뻥하고 터지는 그런 게임 말이다. 결국 풍선이 터진다면 막대한 손실을 떠안아야 하는 위험천만한 일이 벌어지고 있는 것이다.

기적 같은 반전

그로부터 3개월 보름 정도가 더 흐른 후 어느 누구도 상상하지 못했던 일이 일어났다. 마치 기적과도 같았다. 야비할 정도의 법정 소송을 진행해 1심에서 완벽에 가까운 승소를 거둔 GE가 기존 입장을 거두고 우리에게 유리한 조건의 협상을 요청해온 것이다. 예를 들면 그동안 우리가 판매할 수 있는 지역을 한국에 한정시키는 조건으로 협상을 했는데 갑자기 판매 지역 제약을 계열사에게는 적용하지 않겠다고 한 것이다. 이렇게 되면 일진 다이아몬드는 국내만 팔더라도 계열사를 통해 수출을 하면 될 일이어서 사실상 판매 지역 제약을 풀어버리는 결과가 된 것이다.

한없이 반갑고 기쁜 소식이었지만 어안이 벙벙했다. 도대체 어떤 의도인지 파악할 수 없었다. 다 이겨놓은 게임에서 패자를 자처하는 GE의 돌발 행동을 어떻게 이해해야 할지 상식적으로는 잘 납득이 되지 않았다. GE에게는 어떤 속사정이 있었던 것일까? 우리는 그로부터 얼마 되지 않아 정보를 하나 입수했다. 1심 재판 중에 GE에 뜻하지 않는 내부 문제가 발생했다는 것이다. 그 문제의 핵심 인물이 있었으니 바로 GE 다이아몬드 사업부를 이끌던 에드워드 러셀이었다.

러셀은 GE 다이아몬드 사업부장이었다. 1990년 처음 소송을 제기하기 직전 러셀은 서울로 와서 허 회장을 만났다. 그 자리에서 러셀은 거만하기 이를 데 없는 태도로 허 회장에게 다이아몬드 사업 매각을 권했다. 그는 일진의 역량으로는 어차피 세계 다이아몬드 시장에 진출하기 어려울 것이라 단정했다. 그리고 매각한다면 지금까지 투자한 정도는 보상해주겠다며 거드름을 피웠다.

허 회장은 이 제안을 일언지하에 거절했다.

"이보시오. 미국 사람들은 공장을 사고파는 걸 다반사로 하는지 모르겠지만, 한국에서 공장은 자식과도 같소. 또한 근로자들의 생계가 달렸기 때문에 함부로 할 수 없소. 이렇게 불쑥 찾아와 공장을 팔라는 것이 얼마나 무례한 행동인지 알고나 있소?"

러셀은 크게 당황하는 듯했다. 그리고 통역에게 지금 허 회장이 자신에게 "무례하다고 말한 것이 맞느냐?"며 재차 확인했다. 러셀은 어차피 시장 진출도 못할 업체를 매수하겠다고 한 것은 호의요 선심이라 생각했을지도 모른다. 러셀은 거듭 자기 의견을 피력했다.

"회장님, 이렇게 고집을 피우시는 것보다 지금이라도 매각하는 것이 손해를 덜 보는 길입니다."

허 회장은 완강했다.

"난 이제까지 이런저런 사업을 많이 했지만 실패한 적이 없소. 당신이 자꾸 안 될 테니 팔라는데, 그럼 지금 말고 몇 년 후에 다시 오시오. 당신 말대로 우리 사업이 어렵게 된다면 그때 사가시오. 그러면 지금보다 훨씬 더 싸게 살 수 있지 않겠소?"

이렇게 협상이 깨졌다. 러셀은 미국으로 돌아가서 다양한 수단을 동원해 압력을 행사했다. 법무팀을 진두지휘하며 '영업 비밀 침해'라는 카드를 꺼내든 것도 러셀이었다.

그런데 러셀은 우리와 싸우는 동안에 GE와도 날카롭게 대립하며 소송을 벌이고 있었다. 러셀에게는 어떤 일이 벌어진 것일까? 사건의 발단은 GE가 러셀에게 일방적으로 해고를 통지한 데서 비롯되었다.

러셀은 GE 내에서도 핵심 인사에 속했다. 미국 컬럼비아대학 MBA를 수석으로 졸업한 러셀은 1974년 GE에 입사해서 1985년에는 다이아몬드 사업부의 책임자 자리까지 오른 인재였다. 러셀은 자신의 사업부가 그룹 평균의 5배에 해당하는 이익률을 달성할 정도로 탁월한 능력을 선보였다. 그런데 졸지에 해고를 당하고 말았다. 1993년 어느 날, 출근해보니 자신의 사무실과 책상, 서류들이 모두 사라지고 없었다고 한다.

러셀이 해고를 당한 이유는 직속상관에게 지속적으로 GE와 드비어스 간의 가격 담합에 대해 문제를 제기해왔기 때문이다. 그때 러셀은 우리와의 소송을 이끌고 있었다.

러셀은 다이아몬드 사업부를 맡기 전에 조명 사업부 부장으로 근무했다. 조명 사업부는 비교적 자유로운 시장 경쟁이 펼쳐졌던 곳이다. 러셀은 그곳에서 자유로운 사고와 경쟁 철학을 체득했다고 했다. 하지만 새로 맡은 다이아몬드 사업부는 전혀 달랐다. 드비어스와 함께 30년간 세계 시장을 과점해왔던 터라 매우 거칠고 고압적이며 비경쟁적인 풍토가 부서를 지배하고 있었다.

러셀은 탁월한 능력으로 실적을 계속 쌓았지만, 문화적인 적응에는 어려움을 느꼈다. 변화의 필요성을 절감한 러셀은 직속상관에게 지속적으로 이의를 제기해왔다. 30년간 과점 체제를 별 탈없이 유지해왔지만, 사업의 미래를 장담할 수 없는 노릇이다. 급속도로 변화하는 시대에 다이아몬드 사업부의 퇴행적 시스템을 유지하다가는 결국 회사가 큰 타격을 입으리라고 판단했고 이를 막기 위해 끊임없이 문제를 제기한 것이다.

GE는 변화보다는 러셀을 해고하는 선택을 했다. 자신들의 최고 파트너인 드비어스가 러셀의 업무 방식에 제동을 걸었기 때문이다. 러셀의 반격 역시 만만치 않았다. 러셀은 그간 목격했던 GE와 드비어스 간의 가격 담합에 대해 폭로하기에 이르렀고, 미국 법무

부 산하 공정거래위원회
와 FBI가 조사에 착수
하게 되었다.

　이 사건은 GE와 우리
가 극적인 협상을 타결
하는 결정적인 계기가
되었다. 그동안 GE는 수
면 아래에서 드비어스와
의 담합을 통해 시장을
지배하고 폭리를 취해왔
지만, 그 실체가 수면 위
로 떠오른 이상 더는 과
거의 방식을 고집할 수

GE와의 다이아몬드 법률 분쟁 승리를 전하는 신문 기사

없게 된 것이다. GE로서
는 자칫 그룹 전체가 흔들릴 정도로 심각한 위기를 극복해야 할
필요가 있었던 것이다.

　GE로부터 우리에게 유리한 조건으로 협상을 하자는 제안을 받
은 지 보름 후, 뉴욕 월도프 아스토리아Waldorf Astoria 호텔에서 허
회장과 GE 보시디Lawrence Bossidy 부사장은 화해 계약서에 서명을
함으로써 길었던 다이아몬드 전쟁은 그 종지부를 찍었다.

기술로 공룡을 쓰러뜨리다

　　칠흑 같던 법정 분쟁의 터널을 빠져나온 다이아몬드 사업에 밝은 빛이 비치기 시작했다. 다이아몬드 사업은 시장 경쟁력을 갖추며 고공행진을 이어갔다. 1991년 33억 원이던 매출이 1992년 120억 원, 1994년에는 400억 원으로 급증했다. 1993년부터는 미국, 일본, 유럽 등지에 상당한 규모의 수출을 시작했다.

　　현재 일진은 세계 다이아몬드 시장에서 드비어스와 함께 양대 산맥을 이루고 있다. GE의 자리를 일진이 대신하게 된 것이다. GE는 이미 10여 년 전 다이아몬드 사업을 매각했다. 하지만 우리는 과거 GE가 했던 것처럼 드비어스와 담합하지 않는다. 차별화된 기술력으로 승부할 뿐이다.

　　세월이 흐르면서 GE와 드비어스가 과점하던 시장은 붕괴될 수밖에 없었다. 특히 중국 업체들이 싼 가격을 앞세워 시장에 진출하면서 치열한 경쟁 구조에 돌입했다. 우리는 가격 경쟁 대신 일진산업기술연구소를 설립해 고품질 다이아몬드를 생산하기 위한 연구 개발에 더욱 박차를 가했으며 차별화된 품질 경쟁으로 시장을 선점해왔다. 그리고 이를 통해 수십 년이 지난 지금까지 품질력 차이로 브랜드 프리미엄을 누리고 있다.

　　국내 기술력으로 완성시킨 일진다이아몬드의 가치는 1995년 8월 7일의 구 조선총독부 건물 철거 공사에서도 잘 드러났다. 일제의 잔재를 청산하고, 새로운 민족 기풍을 고취시키기 위한 이 공사를 시작하며 상징성을 기념하기 위해 첨탑을 제거하는 역사적인 기념 행사가 열렸다. 그런데 그 절단 작업의 줄톱에 일진의 다이아 몬드가 사용되었다. 만약 우리가 GE의 압박에 눌리거나 소송 중에 백기를 들었다면 결코 마주할 수 없는 순간이었을 것이다.

현재 일진다이아몬드는 기술력 향상을 위해 끊임없이 전진해 나아가고 있으며 계열사인 일진디스플레이와 일진복합소재를 탄생시키는 버팀목이 되었다.

기업 경영이라는 생태계에서는 GE와의 다이아몬드 법정 분쟁 같은 크고 작은 일들이 매일같이 벌어지는 전쟁터나 다름없다. 나를 포함한 일진의 임직원들은 다이아몬드 전쟁을 거치며 야무지게 단련되었다. 기업 경영이 요구하는 선택과 집중, 결단력을 몸으로 부딪치며 획득한 것이다.

일진다이아몬드는 일진의 이름을 세계무대에 알리는 데 큰 역할을 했다. 회사 내부적으로는 그룹이 나아갈 방향을 제시하는 등대로서의 역할도 했다. 거대 기업과의 경쟁도 마다하지 않으며 국내 자체 기술력 개발에 정진하는 도전 정신, 기다리며 새로운 방향을 모색할 줄 아는 끈기를 가다듬는 데 이바지했다. 다이아몬드 전쟁을 통해 숭고한 가치와 정신이 우리 몸속 깊숙이 스며들었다.

위기를 극복하며 예전보다 한층 더 단단해진 일진그룹은 일진다이아몬드 이후 차세대 신규 사업들에 과감하게 투자하기에 이른다. 정전 용량 방식으로 터치스크린 시장에 혁신적인 기술력을 선보인 일진디스플레이, 미래 산업인 친환경 수소 자동차의 고압 용기를 생산하는 일진복합소재가 바로 그것이다.

일진복합소재

3M과 합작 무산 후 이룬 신기원

박승권_現 일진복합소재 대표

●

　포스트잇과 몇몇 생활용품으로 친숙하게 알려진 3M이라는 미국 기업이 있다. 이 회사는 〈포춘〉 500대 기업에 포함되는 소재 산업의 세계적 대기업이다. 마케팅 리서치 회사들은 3M이 세계 100위 안에 드는 브랜드 파워를 갖추었으며 세계에서 가장 마케팅을 잘하는 회사 중 하나로 평가한다.

　일진은 이 3M과 합작 사업을 전개함으로써 세계 시장의 교두보를 쌓을 기회를 만들었었다. 그러나 결과적으로 합작은 성사되지 못했다.

　합작은 무산되었지만, 최첨단 기술을 갖춘 소재 기업으로 세계 시장의 문을 열겠다는 목표는 포기하지 않았다. 일진이 3M과 합작을 시도했다가 무산되고, 제로베이스에서 출발한 과정에 대해 자세히 알아보자.

3M과의 합작 추진

3M과의 합작 사업의 물꼬를 트는 데 중요한 역할을 한 인물이 있다. 미국에서 꽤 성공한 경영자 중 한 사람으로 꼽히는 신학철 부회장이다. 신 부회장은 서울대 기계공학과를 졸업한 뒤 3M코리아에 입사했다. 이후 유학 한 번 거치지 않고 필리핀 지사를 거쳐 본사에 발탁되었으며 3M 수석 부회장 지위까지 올랐다.

허 회장과 신학철 부회장은 같은 서울대 공대 출신이라는 인연으로 서로 교류하며 인연을 이어오고 있었다. 그러던 2010년 신 부회장은 일진과 3M이 합작 사업을 발굴해보면 좋겠다는 의중을 내비쳤다.

3M은 세계적 인지도가 일진보다 월등하게 높았지만 소재 관련 사업을 한다는 데 공통 요소가 있으니 합작의 가능성이 충분하다고 보았던 것이다. 더욱이 일진은 GE와 다이아몬드 소송을 잘 마무리하고 세계 시장에 성공적으로 진출했기에 기술력과 품질, 추진력에 대해서 세계적 주목과 인정을 받았다.

3M도 다이아몬드 분쟁 중에 일진의 저력에 대해 인상적으로 지켜보고 있었다. 규모와 브랜드에서 자신들보다 뒤처지지만 기술에 대한 신념과 비전, 연구 개발 추진력을 갖춘 일진과의 합작에 대해 긍정적으로 볼 여지가 컸다.

그래서 3M의 신 부회장은 2010년 허 회장을 미국으로 초대했다. 이때 허 회장에 대한 3M의 예우는 매우 극진했다. 애리조나 주의 유명 골프장에 안에 있는 고급 리조트로 이동하기 위해 전

용기까지 준비해둘 정도였다. 이것은 허 회장과의 만남에서 매우 중요한 사업적 논의를 전개하기 위함이기도 했다.

라운딩을 마친 후 신 부회장은 리조트에서 허 회장에게 매력적인 사업을 제안했다. 바로 고압 용기 사업이다. 신 부회장의 제안은 꽤 구체적이었다. 당시 3M은 나노 입자를 이용한 고성능 에폭시를 개발한 상태였는데 이를 이용한 복합 재료 사업을 검토 중이라고 했다. 이것을 자동차에 이용한다면 앞으로 성장성이 클 것이라고 했다. 이 사업에서 3M이 기술력과 글로벌 네트워크 기반으로 영업망을 맡고 일진이 생산을 맡아 잘 진행한다면 성공적인 사업 모델이 될 것이라 보았다.

나는 그 당시 기획실장으로서 허 회장을 수행했었고, 한국으로 돌아오자마자 곧바로 사업을 검토하기 시작했다. 결론을 내는 데는 그리 긴 시간이 필요하지 않았다. 마다할 이유를 찾을 수 없었다. 3M이라는 세계 일류 기업과 합작을 통해 사업을 확장하고 그들의 첨단 경영 기법도 배울 수 있는 기회였다.

사업을 신속히 진행시켜야 한다는 판단이 들었다. 국내에서 인수할 만한 고압 용기 회사를 찾아보고, 적절한 업체를 선정하면 3M과 공동 인수해 운영한다는 구체적인 밑그림도 그렸다. 하지만 동시에 3M이 그동안 한국에서 몇 개의 합작 사업을 추진했는데 결국 국내 기업들보다는 3M에 편향된 수익 배분으로 흘렀던 사례들을 반면교사로 삼아 합작 협상에 세심한 주의를 기울이기로 했다.

좁아진 협상의 문

아니나 다를까 얼마 못 가 합작 협상이 초기에 결렬되고 말았다. 사건의 발단은 우리 측에서 진행한 고압 용기 회사 인수 과정에서 벌어졌다. 3M과의 합작 사업의 시간을 단축시키기 위해서는 고압 용기 회사를 인수하는 것이 가장 효율적이라는 판단이었다.

당시 기획실에서는 전라북도 전주시 근교에 KCRKorea Composite Research이라는 회사가 있다는 사실을 알게 됐다. 1999년에 설립된 이 업체는 일찍이 압축 천연가스CNG, Compressed Natural Gas 자동차용 고압 용기를 개발했고 여기서 한 단계 더 나아가 현대자동차의 수소 연료 전지차용 연료 탱크를 개발 중이었다. 그런데 자신들의 예상보다 시장 형성이 빨리 되지 않아 자금이 고갈되었고 국내 LPG 연료 탱크 회사에 인수되었었다. 그 후 인수한 회사가 다시 매물로 내놓은 상황이었다.

우리는 즉시 이 회사와 접촉했다. 인수 조건도 꽤 좋은 편이었다. 가격 협상을 진행해 인수가를 조율했다. 하지만 인수 작업이 본격화될 무렵 3M에서 문제를 제기하고 나섰다. 투자 비율에 관한 내용이었다. 우리는 3M과 합작 사업 진행에서 지분대로 투자해야 한다는 입장인 데 반해 3M은 자신들이 사업의 기술력과 영업망을 제공하기 때문에 투자는 40%만 하지만 60%의 지분을 갖고, 더군다나 자신들이 생산하는 에폭시수지 합작사는 고가에 매입하는 조건을 굽히지 않았다. 결국 우리는 이런 조건이라면 '합작'의 의미가 없다고 판단했고 더군다나 사업을 시작하는 단계부터 이런 태도를 보인다면 앞으로 사업이 본격화된 후 어떤 요구를 해올지 예측할 수 없는 상황이었다. 그래서 허 회장은 지분대로 투자하지 않는다면 사업을 전면 포기하겠다는 초강수를 둔 것이다. 첨예하게 대립된 의견 차이는 좀처럼 좁혀지지 않았고 결국 협상은 결렬되고 말았다.

그래서 일진은 3M과의 합작 사업을 본격적으로 재검토하기 시작했다. 첫째, 3M이 개발했다는 Nano 입자를 이용해서 개발한 에폭시 레진의 성능이 그들이 말한 대로 세계 최고인지가 의심스러웠고 둘째, 그들이 원해서 검토하기 시작한 사업이었는데 투자 비율은 일진(6):3M(4)이고 지분은 일진(4):3M(6)이며 경영권은 3M에 있어야 한다는 국제 규격에 맞지 않는 조건을 제시했기 때문이다.

결국 일진은 60%를 투자하고 40%의 지분을 갖고 회사 경영권은 3M이어야 한다는 도저히 납득하기 어려운 조건에 의견 차를 좁히지 못해 합작 논의는 쉽게 결렬되고 말았다.

'제로'에서 다시 시작

3M과의 합작이 무산되었으니 상당 부분 진척되었던 KCR 인수도 없던 일이 되는 것은 당연한 수순이었다. 그런데 뜻밖의 상황이 벌어졌다. 허 회장의 난데없는 지시가 있었다.

"박 실장, KCR 인수 건은 그대로 진행하는 것이 어떻겠어?"

나는 그 순간 내 귀를 의심하지 않을 수가 없었다. 3M의 기술력과 글로벌 영업망에 의지해 추진하려던 사업에서 3M이 빠졌다면 의미가 없기 때문이다. 하지만 허 회장은 다른 관점을 가지고 있었다.

"3M 같은 큰 회사가 검토한 사업이라면 시장성이 있어 보여. 소재 기술을 근간으로 해온 우리 회사가 포기할 이유는 없을 것 같아. 3M이 빠지게 돼서 힘겨운 일이 되겠지만, 그동안 우리에게 힘든 일이 어디 한두 번이었나. 일단 한번 바닥부터 시작해보자고!"

결코 틀린 말은 아니었다. 3M처럼 큰 회사가 새로운 사업을 계획하면서 시장 조사를 허투루 했을 리가 없었다. 최고의 전문가들이 시장을 분석하고 방향을 예측했을 것이다. 그렇다면 사업 아이템으로서 이만큼 매력적인 분야도 없다는 결론이 나온다. 결국 우리는 KCR을 독자적으로 인수했다. 기술력부터 영업망까지 모두 밑바닥에서 시작해야 하는 험난한 상황이었지만 말이다.

예상대로 KCR을 인수하고 난 후의 여건은 열악했다. 합작을 논의할 때 3M에서 에폭시 기술을 제공하기로 했었는데, 그것을 자체 개발해야 했다. 또한 경험과 지식이 없던 분야인 CNG 영업망도 뚫어야 했다. 몸이 열 개라도 모자랄 지경이었다. 국내에서 급히 전문 경영인을 채용했지만 그것만으로 충분하지 않았다.

시시각각 난제들이 닥쳤다. 개발 단계 기술을 양산 기술로 업그레이드해 나가는 과정에서 국내 개조 시장에 소량 출시했던 제품들의 불량이 발생되어 대량 반품이 들어왔다. 매출은 부진한데 적자는 계속 늘어나는 형국이었다. 인수 책임자인 나는 항상 좌

불안석이었다.

우리는 앞으로 수소 자동차 시장이 열릴 가능성에 무게 중심을 두고 그룹 차원에서 도전해볼 사업이라는 판단을 했다. 나는 현장 경험은 없었지만, 비전을 품고 2014년에 운영 책임을 맡기로 자원했다. 하지만 그 무엇도 쉽게 확신할 수 없었다. 2011년 KCR을 인수한 후 대표가 4번이나 교체될 정도로 사업은 만신창이 상태였다. 의욕은 뜨거웠지만 현실은 냉담했다. 꿈만 허공에 덩그러니 걸려 있는 듯했다.

수소 자동차 열풍

다행히 KCR 인수 초기의 난관은 점차 극복돼갔다. 거듭된 연구 개발로 자체 기술을 확보했으며 현대자동차와 계약을 체결함으로써 고압 용기 사업은 체계를 갖추어가기 시작했다. 그런데 기술 개발이 진척되면서 더욱 깊어지는 불안감이 하나 있었다. 친환경 자동차에 대한 관심이 높아지는 것이 분명한 추세이긴 하나 3M이 예측했던 거대 시장이 언제 형성될지가 막연했다. 과연 그때까지 이 사업이 버틸 수 있을지 막막한 마음이었다. 시장이 열리기도 전에 자금이 동이 날 수도 있었다. 밑바닥에서 사업을 진행시킨 허 회장의 판단이 틀렸을지도 모른다는 걱정이 엄습했다. 그룹 내 여러 계열사가 있지만, 타이밍을 정확히 예측하지 못한 계열사의 사업을 그룹 차원에서 장기적으로 기다리며 마냥 지원해줄 수 있을지 미지수였다.

그런데 내가 사장으로 지원한 후 얼마 되지 않아 중요한 상황 변화가 있었다. 일찍이 현대자동차는 미래형 자동차로 전기 자동차보다는 수소 자동차를 택했다. 그리고 시장을 개척하기 위해 갖은 애를 써왔으나, 세계적인 주도 시장을 이끌어 나가기에는 글로벌 브랜드 파워가 미약한 상태였다. 그런데 이때 세계 1위 글로벌 자동차 기업 도요타가 가세하며 당시 자신들의 강점이던 전기 자동차 대신 수소 자동차를 미래 친환경 자동차로 선언한 것이다. 그야말로 급반전이었다.

기적이라고밖에 설명되지 않은 일이 실제로 눈앞에서 벌어지고 있었다. 시장이 제대로 열리려면 적어도 10여 년이 걸릴 것만 같았는데, 하루아침에 일대 전환이 일어났다. 허 회장의 사업적 혜안이 이번에도 적중한 것이다.

세계 최초의 자동차 사업은 1913년 대량 생산 시스템인 '포디즘 Fordism'을 앞세운 미국 포드자동차에 의해 시작되었다. 이 자동차의 핵심 기술인 내연 기관은 이후 100여 년간 자동차 시장을 이끌어왔다. 하지만 심각한 지구 환경 문제가 야기되었고 대체 자동차 개발이 시급한 과제로 꼽히며 시장의 화두가 돼왔다. 그 해결 방안으로 꼽힌 것이 전기 자동차였다. 세계 각국의 자동차 기업들이 꽤 오랜 시간 공을 들여 전기 자동차 개발을 추진해왔다. 그런데 2014년 도요타가 자신들의 미래 친환경 자동차의 방향을 재설정했다. 그간의 전기 자동차 개발 대신 수소 자동차로 전환을 선언한 것이다. 이것은 크나큰 반향을 일으켰다. 세계 자동차 브랜드 파워 1위 기업의 방향 전환은 세계 자동차 시장 전체를 뒤흔드는 대사건이 아닐 수 없었다.

현재 미래 자동차 시장은 전기 자동차에서 수소 자동차로 전환되고 있는 추세다. 얼마 전 독일의 모 자동차 기업의 개발 담당 부사장으로부터 흥미로운 이야기를 들었다. 전기 자동차로 유명한 굴지의 기업 임원인 그는 자신들은 전기 자동차 이후 수소 자동차가 주도적인 위치에서 시장을 점령할 것이라 예측한다고 했다. 전기 자동차의 배터리는 물리적 한계에 부딪혀 더는 효율 향상을 기대하기 어렵지만, 수소 연료 전지와 수소 연료는 계속적인 기술 진보로 가격이 내려갈 것으로 전망하기 때문이라고 한다.

그 시점이 5년 후일지 10년 후일지는 모른다. 하지만 일진은 변화하는 시대를 선도할 글로벌 기술을 축적했다. 일진복합소재의 탄생에는 허 회장 특유의 도전 의식과 끈기가 뒷받침되었다. 그리고 미래를 예측하는 남다른 혜안이 깃들어 있다.

기술력으로 앞서 나가는 일진 고압 용기

현재 일진복합소재는 수소 자동차를 개발하는 전 세계 자동차 회사 대부분의 러브콜을 받고 있다. 도요타의 수소 자동차 선언이 미래 자동차 산업의 판을 바꾸는 데 크나큰 계기가 되었다. 일진의 고압 용기는 초기 현대자동차에 납품하던 데서 출발했는데 지금 이 시간에도 세계를 향해 빠른 속도로 뻗어 나가

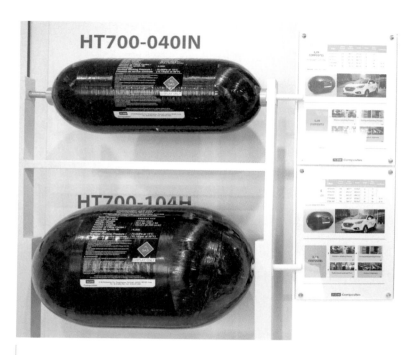

일진이 개발한 수소 연료 전지차용 연료 탱크

고 있다.

이렇게 도약할 수 있었던 이유로는 품질 경쟁력을 꼽을 수 있다. 도요타가 수소 자동차를 선언하기 2년 전부터 완성된 기술력으로 시장을 선점했으며 역량을 발전시켜 나가고 있었기 때문이다.

우리의 가장 큰 경쟁 상대는 도요타다. 도요타는 수소 자동차의 주요 기술력 중 하나인 고압 용기를 직접 제조해 생산해내고 있다. 세계적 거대 기업이라는 규모에 걸맞게 도요타의 고압 용기 생산 시설 규모는 엄청나다. 미래 사업의 비전을 둔 수소 자동차의 핵심 기술인만큼 상당한 공을 들였을 것이다.

그런데 우리의 주요 파트너인 현대자동차 관계자들은 우리 제품과 도요타 제품을 비교해보고 깜짝 놀라곤 한다. 일진의 고압 용기는 도요타가 사용하는 탄소 섬유보다 경제적인 등급을 쓰면서도 실제 성능 면에서는 같은 성능을 구현하기 때문이다. 다시 말해 가볍고 값이 싸면서도 높은 품질을 유지하고 있다는 이야기다. 이러한 우리 기술력은 세계 수소 자동차 시장에 입소문이 퍼졌고 우리는 여세를 몰아 더욱 시장을 장악해가고 있다.

한편 우리와 합작이 무산된 3M의 고압 용기 사업은 어떻게 되었을까? 3M은 일진과의 협상이 결렬되자 미국의 모 제조 업체와 손잡고 고압 용기 시장에 진출했다. 하지만 2015년에 사업을 철수했다. 주목할 점은 3M이 처음 제시했던 에폭시다. 우리는 3M과의 협상 결렬로 자체 연구 개발을 통해 에폭시를 생산했다. 그런데 일진이 생산하는 에폭시의 물성치는 애초 3M이 제안했던 수치에 비해 현격히 높다. 그뿐 아니라 단가도 당시 3M이 제시한 것의 절반 이하 수준이다. 우리가 세계 다이아몬드 시장에서 GE의 자리를 대신한 것처럼, 고압 용기 시장에서는 3M이 차지하려던 자리를 꿰찬 셈이다.

3M과 합작 사업은 글로벌 시장 진출의 부푼 꿈이었지만, 결국 성사되지 못했다. 하지만 이것은 불행의 서막이 아니라 새로운 도전의 신호탄이었다. 우리는 밑바닥에서 다시 시작했고 무모한 도전이 열매를 맺었다. 수소 자동차가 약 100년간 지속되어온 내연기관 자동차 시대를 끝내고 미래 자동차 시장의 중심이 되는 격변의 시대. 그 한가운데 일진이 있다.

공장이 관광지인 사람

허진규 회장의 미래 사업을 보는 혜안, 결단력, 끈기와 인내심은 보통 사람의 경지를 뛰어넘는다. 그런데 이러한 허 회장의 일상, 특히 여가는 어떨지 궁금하다. 한편으로는 허 회장에게 휴식이 주어지길 바라는 마음도 있다. 젊은 시절부터 사업에 삶 전체를 바쳤기에 남들처럼 누리고 즐긴 시간이 없었다. 이제 그룹도 안정화되고 연세도 드셨으니 여유를 가지면 좋겠다고 생각했다.

그런데 어느 시점부터 허 회장은 간혹 지인들과 여행을 다녀오곤 했다. 하지만 어찌된 영문인지 좀처럼 여행 이야기를 하지 않았다. 이 글을 쓰기 얼마 전에도 허 회장은 출장이 아닌 해외여행을 다녀왔다. 나는 허 회장에게 여행이 어땠는지 물어보았다. 이것은 개인적으로 매우 흥미로운 관심사였다. 사업을 위해 세계 곳곳을 누빈 분이지만 여행은 출장과는 다른 측면이 있다. 허 회장이 무엇을 어떻게 즐기는지가 매우 궁금했다.

"여행? 친구 녀석들이 은퇴를 하고 보채니깐 가보긴 하는데, 영 재미를 모르겠어."

"그래도 낯선 곳에 가면 새롭지 않습니까?"

"자네는 그런가? 나는 그보다 우리 공장들 둘러보는 재미가 더 크네."

허 회장에게는 공장이 관광지이자 휴양지인 셈이다. 돌이켜보면 허 회장은 젊은 시절부터 그랬다. 사업을 진행하다가 막히는 일이 있거나 어려움이 생기면 말없이 사무실을 나서 근교에 있는 공장에 가서 한참을 있다 돌아오곤 했다. 그러면 답답한 마음이 한결 풀린다고 했다. 공장에 들렀다가 직원들이 모여 있으면 그 무리 속에 섞여 잡담도 나누고, 기술적인 애로 사항이 생기면 함께 머리를 맞대기도 했다. 술을 즐기는 편은 아니지만 어떤 날은 아예 직원들과 자리를 마련해 소주잔을 기울이며 그들의 소소한 가정 이야기에 귀를 기울이기도 했다. 그렇게 공장을 다녀온 다음 날이면 허 회장의 표정은 한결 밝아져 있었다.

허 회장에게 공장은 풍경 좋은 그 어떤 곳보다 아름답다. 둘도 없는 명소이자 즐거움을 주는 공간인 듯하다. 지금은 혹시 직원들이 불편해할까 봐 예전처럼 자유롭게 드나들지는 못한다. 하지만 지금도 허 회장은 근교 공장을 찾아 둘러보고 온다. 세상에서 가장 진귀한 구경거리가 바로 그곳에 있기 때문이다.

4부

미래로 향하는 일진

일진제강

실 감던 작은 보빈이 일으킨 성장의 힘!

이교진_現 일진제강 대표

기회의 손길

나는 허진규 회장의 전주고, 서울대 금속공학과 직속 후배다. 이것이 인연의 끈이 되어 동문들 소개로 허 회장을 만나게 되었다. 1970년대 일진이 알루미늄 압출 사업을 시작한 지 얼마 되지 않았을 무렵, 영등포 문래동 공장에서 처음 인사드렸던 기억이 난다. 그 후 가끔 공장에 들러 차를 얻어 마시며 대화를 나누곤 했다. 그러던 어느 날 허 회장이 뜻밖의 제안을 해왔다.

"일진에 들어와서 무역업을 한번 해보는 것이 어떻겠는가?"

1970년대 한국 무역업은 비약적인 성장세를 보였다. 그 무렵 대우와 율산 같은 회사들이 무역업을 통해 큰돈을 벌어들였다. 일진도 이런 흐름을 맞추어 무역업 진출을 추진하던 중이었다. 명동 제일백화점 빌딩에 (주)일진을 설립하고, 샌프란시스코에 지사를 개설하려 준비하고 있었다. 허 회장은 나에게 샌프란시스코 지사에서 일하면 어떻겠냐고 의사를 물어온 것이다.

그 당시 나는 대기업의 종합 상사에 근무하고 있었다. 그래서 나를 적임자로 판단했던 것 같다. 매우 고마운 제안이었지만 정중히 거절의 뜻을 밝혔다. 종합 상사에 근무하며 무역에 빠져들고 있었던 것은 사실이다. 하지만 경험을 더 쌓으며 일을 배워야 하는 시기라고 보았고 무역 회사의 해외 지사를 맡는 것은 역부족이라고 생각했던 것이다.

그 후 몇 년의 시간이 더 흘렀다. 나는 열심히 직장 생활을 하고 있었다. 그러던 중 상상하지도 못했던 불운을 겪어야 했다. 회사가 정부에 밉보이는 바람에 부도가 난 것이다. 그야말로 하루아침에 일어난 일이었다. 1980년대에는 기업이 정부의 입김에서 자유롭지 못했다. 하루에도 수백 억 원의 무역 거래를 성사시키던 굴지의 기업이 졸지에 문을 닫는 어처구니없는 일이 벌어졌다. 나도 순식간에 실업자가 되었다.

허 회장도 이 소식을 알게 되었다. 그룹의 부도 소식이 매일같이 신문 사회면 머리기사로 올랐으니 모르는 게 오히려 이상한 상황이었다. 허 회장은 다시 만남의 자리를 마련했다. "다른 곳으로 옮길 계획이 있는 건가? 그렇지 않다면 내가 자리를 마련해놓을 테니 일진으로 들어오게."

그간 일진에도 변화가 있었다. 당초 계획했던 종합 무역 사업은 접은 상황이었다. 일진의 자체 개발품이 성공 가도를 달리면서 수출에 더욱 매진하게 된 것이다. 허 회장은 무역업에 커리어를 가진 나에게 수출 업무를 맡기고자 했다. 그러나 내 생각은 달랐다. 내가 수출 파트에 일하더라도 큰 도움이 되지 않으리라 보았다. 일진 생산품의 수출 업무는 이미 체계가 잘 잡혀 있었기 때문이다.

나는 입사를 결심한 후 마음속으로 큰 결정을 했다. 그리고 기획실장을 만나는 자리에서 한 가지 요청을 했다. 수출 업무를 맡기지 말고 현재 일진에서 가장 어려운 사업을 하는 회사로 보내 달라고 한 것이다. 이미 한 번 고사한 사람에게 재차 기회의 손을 내밀어준 허 회장에 대한 내 나름의 보답이었다. 어쩌면 젊은 혈기에 무모한 객기를 부렸는지도 모르겠다. 그렇게 일진에 첫발을 디디게 되었고, 내가 입사한 회사는 일진경금속이었다. 지금은 이름을 바꾸어 일진제강이 되었다.

보빈 사업의 명암

내가 입사하던 1985년 일진경금속은 말 그대로 최악의 상황이었다. 원사를 감는 보빈bobbin을 개발해 잠깐 호황을 누렸지만, 화섬化纖 산업의 극심한 경기 기복으로 치명타를 맞았다. 출근해보니 공장 가동이 전면 중단된 가운데 10여 명의 근로자들만이 현장을 지키고 있었다.

일진에서 처음 보빈을 개발했을 때만 해도 업계의 주목을 한 몸에 받았다. 1970~1980년대는 한국 섬유 사업이 만개하던 시절이다. 섬유 강국으로 등극하며 전성기를 이루었다. 이에 따라 화섬 산업도 급성장했다. 이와 함께 원사를 감는 데 필요한 실패인 보빈의 사용량도 기하급수적으로 늘었다. 하지만 그 무렵 보빈은 전량 일본에서 수입해서 사용해야 했다.

보빈은 원사를 감는 간단한 제품으로 보인다. 하지만 보빈 제조에는 고도의 기술력이 필요하다. 빠르게 감기는 원사의 엄청난 원심력을 버텨낼 수 있는 강도와 함께 실의 양을 정확히 감아내는 정교함 등의 핵심 기술이 뒷받침되어야만 한다. 보빈은 알루미늄 합금으로 만드는 데 그 합금 비율에 따라 품질이 결정된다. 만약 그 강도와 모양의 균형이 조금이라도 어긋나면 제품 생산 라인이 모두 멈추는 참극이 빚어진다. 이렇듯 정교한 기술은 국내에는 존재하지 않았고 일본 업체만 바라보아야 하는 형국이었다.

이 상황을 지켜보던 허 회장은 보빈 개발에 뛰어들기로 했다. 일진은 금구류와 알루미늄 섀시 등을 생산하고 있었는데 이미 알루미늄을 소재로 한 사업을 하던 터라 신규 사업으로서의 접근성이 좋았다. 여기에 더해 허 회장의 도전 의식이 한몫했다. 외국에서 전량 수입하던 제품을 국내 자체 개발하는 것이야말로 허 회장의 사업 철학이기 때문이다.

앞에서 말했듯이 보빈은 겉보기에는 작고 단순하지만 매우 예민하고 세밀한 기술력을 필요로 한다. 그래서 초기 개발이 쉽지만은 않았다. 허 회장이 직접 일본으로 건너가 보빈 업체 관계자들에게 도움을 요청하기도 했지만 일언지하에 거절당하고 말았다. 허 회장은 얼마나 속이 탔던지 일본 보빈 업체 사람의 명함에

일진이 국내 최초로 개발한 화섬용 보빈

적힌 주소지의 공장을 찾아가 그 주변을 맴돌았다고 한다. 변두리의 작은 공장이라 벽이 높지 않았고 멀리서나마 공장 안을 들여다볼 수 있었다. 하지만 그것으로 보빈의 핵심 기술을 파악할 수는 없는 노릇이었다. 그래도 어떻게 해서든 보빈 기술력을 쌓고 싶은 심정이 아니었겠는가.

이런 절박한 노력을 기울인 끝에 일진은 1981년 자체적으로 보빈 제조 기술을 완성했다. 연구 개발에 들어간 지 2년 만의 값진 성과였다. 그동안 합금, 압출, 열처리 등 각종 실험이 쉴 새 없이 반복되었다. 설비가 부족한 탓에 보빈 담당 연구원이 공장장 몰래 일진전기 부평 공장의 설비를 이용해 실험하다가 고장을 내는 일도 있었다. 이런 고역을 치르며 보빈 합금 조성과 가공 기술이

윤곽을 잡았고 결국 양산 체제에 도달할 수 있었다.

하지만 연구 개발이 다가 아니었다. 기술의 큰 언덕을 넘어왔건만 영업이라는 높은 산이 버티고 있었다. 그 당시에는 보빈 시장에서 일본 제품의 아성은 난공불락이었다. 제아무리 품질력을 입증한다 하더라도 좀처럼 장벽을 뚫을 수 없었다. 제품을 개발하고 양산 체제까지 갖춘 상황에서 매우 곤혹스러운 상황이었다. 그러던 중 시장의 작은 틈새를 발견했고 여기에 집중하기로 했다.

그 무렵 정부는 수입 다변화 정책을 전개하고 있었다. 지나친 수입으로 내수 시장 경기가 저조했기 때문이다. 이 정책으로 특정 국가나 기업으로 수입이 편중되는 것을 경계하게 되었다. 일진은 즉시 상공부로 달려갔다. 자체 기술력으로 완성한 보빈의 품질력을 검증받고 보빈을 수입 다변화 품목으로 지정해줄 것을 요청했다. 정부는 이 요청을 반겼다. 그 당시 국내 산업의 핵심 역할을 담당하던 화섬 산업의 주요 부품을 국산화하는 것은 매우 바람직한 일이었다. 보빈은 수입 대체와 국내 기업 경기 활성화를 이루는 효자 품목이었다.

수입 다변화 정책이라는 무기로 시장의 문을 연 일진의 보빈은 날개 돋친 듯 팔려 나갔다. 그러나 성공은 3년을 넘지 못했다. 아이러니하게도 화섬 산업 활황의 벽에 부딪힌 것이다. 앞에서 말한 것처럼 화섬 산업은 경기를 심하게 탔다. 그런데 시장 경기가 지나칠 정도로 뜨겁다 보니 생산 현장에서는 원사를 감아놓을 시간이 부족했고 보빈의 수요도 감소되었다. 나는 수요 급감으로 난관에 빠졌던 무렵에 일진경금속에 입사했다.

수출로 위기를 극복하다

유쾌한 굉음을 내며 밤낮없이 돌아가던 공장이 멈춰 섰다. 이제 국내에서 보빈을 찾는 업체는 극소수였다. 어떻게든 이 상황을 타개해야만 했다. 더욱이 가장 어려운 회사를 호기롭게 자초한 입장이었다. 반드시 효과적인 해결책을 찾아 난관을 돌파하지 않으면 안 된다는 압박감이 옥죄어왔다.

하지만 품질이나 내부 문제가 아닌 외부 환경 변화, 그것도 시장 경기에 의해 치명타를 입은 제품을 되살릴 방법을 강구하는 것은 모래밭에서 작은 바늘을 찾는 것처럼 어려웠다. 고민에 고민을 거듭했다. 대안은 단 한 가지, 해외 시장이었다. 내가 무역업에서 커리어를 쌓았기에 그쪽으로 생각이 흘렀는지도 모른다. 수출 외에 다른 방법은 없어 보였다.

나는 즉시 바이어buyer들을 만나며 정보를 탐색했다. 보빈이 반드시 필요한 나라, 즉 섬유 산업이 활성화된 곳을 찾는 게 과제였다. 그 시절은 인터넷이 발전하고 전 세계의 정보가 공유되는 지금과는 아주 달랐다. 직접 발로 뛰는 게 최선의 방법이었다.

여러 경로로 탐문한 끝에 인도가 가장 적절한 수출 대상 국가라는 사실을 알게 되었다. 지금도 마찬가지지만 그 당시 인도는 섬유 산업이 특화된 곳이기에 보빈 사용이 필수적이었다. 인도 기업들과 접촉해 보빈 수입 의사를 타진했다. 다행히 워낙 수요가 풍부했기에 순탄하게 납품을 따낼 수 있었다. 인도의 물가가 워낙 싸기에 이익률은 높지 않았다. 하지만 멈춘 공장을 다시 가동시키고 생산을 정상화시킬 수 있는 수준까지 주문량이 늘어났다.

안정적인 공장 재가동에 성공해 한숨을 돌리자마자 이 여세를 몰아갈 새 전략을 모색했다. 바로 신제품 개발이었다. 우리는 일회용one-way 보빈을 개발했다. 그때까지 보빈은 여러 차례 사용하는 제품이었다. 원사를 감아 사용한 보빈을 수거해 재가공한 후 다시 납품하는 방식으로 거래해왔다. 이 방식은 국내 업체 납품에는 효과적이었다. 그런데 수출을 하자니 여간 번거롭지 않았다. 보관과 운반이 불편했고 운송비도 만만치 않았다. 이 상황을 극복하고자 우리는 세계 최초로 일회용 보빈을 개발해 시장에 내놓았다. 일회용 보빈 개발은 일반 보빈 수준의 강도를 유지하면서도 일회용에 맞는 단가를 맞추는 게 관건이었다. 우리는 기존 알루미늄 합금 소재를 스틸 합금으로 대체함으로써 비용을 크게 절감시켰다. 반응은 폭발적이었다. 회수와 보관비가 들지 않으니 수출입 업체 모두에게 이익이었다.

일회용 보빈에 대한 입소문은 인도를 넘어 전 세계로 퍼졌다. 이에 따라 이탈리아, 일본, 태국, 인도네시아 등으로 수출 국가가 확대되었다. 때마침 국내 화섬 산업 경기도 한풀 꺾였다. 자연스럽게 회수 방식의 국내 보빈 수요가 크게 늘었다. 일진경금속은 설립 이후 최대의 호황을 맞이했고 그룹 내 캐시카우Cash Cow의 역할까지 하게 되었다.

인발강관 사업 도전

보빈 사업이 안정되었지만 여기에 안주할 수는 없었다. 그간의 경험을 통해 보빈이 경기 변화에 극도로 민감함을 잘 알고 있었기 때문이다. 덧붙여 섬유 산업 자체가 하향세로 들어섰기 때문에 언젠가는 이 사업이 바닥으로 가라앉으리라는 비관적 예측도 했다.

신사업으로의 전환이 필요한 시점이었다. 그래서 새로운 대체 아이템을 찾기 위해 고심을 거듭했다. 그러던 중에 발굴한 것이 인발강관引拔鋼管, solid-drawn steel pipe, drawing steel pipe: 이음매가 없는 강관이다. 인발강관은 보빈 생산에 사용되는 소재였는데, 당시 일진에서는 협력 업체에서 공급을 받아 사용하고 있었다.

우리는 인발강관 업체를 방문했다가 새로운 가능성에 눈을 뜨게 되었다. 가깝게는 이 원자재를 자체 생산한다면 보빈 생산비를 크게 절감할 수 있으리라는 판단이 들었다. 더 멀리 보아 보빈의 대체 사업으로서 가능성도 발견했다. 인발강관은 보빈뿐 아니라 건설, 자동차, 일반 산업 기계 등 다양한 분야에서 널리 사용되기 때문이다. 더욱이 인발강관은 기술 정보나 설비가 이미 보편화되어 있어 별도의 연구 개발 없이 바로 사업에 들어갈 수 있다는 이점이 있었다.

인발강관의 높은 사업성을 허진규 회장에게 보고했고 신사업으로의 변화를 강조해오던 허 회장이 곧 승인하면서 사업에 착수했다. 이 무렵 신임 사장이 부임해 인발강관 사업을 직접 챙기기로 하고 나는 A/W 사업을 전념하기로 했다.

　1992년 수원 공장 준공과 함께 자동차용 인발강관과 건설 중장비용 유압 실린더 양산에 착수했다. 기술 개발과 설비 구축이 어렵지 않았던 탓에 인발 사업은 곧바로 양산에 들어갈 수 있었다. 그런데 예기치 않았던 난관이 앞을 가로막았다. 자동차용 인발강관과 유압 실린더는 인발강관 중에서도 특히 정교한 기술력을 요구하는 제품이었다. 그리고 기존 업체가 유통망을 견고하게 장악하고 있어 신생 업체에 발주하는 수량이 아주 적고 다품종이었다. 인발 공정을 진행하려면 심리스와 용접강관_{鎔接鋼管} 같은 소재를 일본에서 들여와야 하는데, 납품 계약을 한 업체는 매번 한 달 전에 발주를 하기에 기간을 맞추기가 어려웠다. 납기일을 지키려면 미리 여러 소재를 확보해두어야 하는데 당시 주문량이 많지 않았던 탓에 단가를 맞추는 게 여간 힘든 일이 아니었다.

　이런 어려움이 지속되면서 공장 곳곳에는 원자재 재고가 산더미처럼 쌓였다. 다품종 소량 생산, 영업 부진, 공장 신축과 설비 투자에 따른 자금 압박 등이 겹쳐 회사는 창립 이래 최대의 위기를 맞고 있었다. 이때 허 회장의 특명이 떨어졌다. A/W 개발 생산에 전념하던 나는 회사 경영을 총괄하는 사업본부장으로 임명되었다. 인발 사업을 정상화시켜 회사를 되살리는 게 사명이었다.

　먼저 과다 재고를 처분해 현금화하고 최소 재고로 운영할 계획을 세웠다. 납품 대상 업체를 찾아가 3개월분의 제품 생산 계획을 미리 파악할 수 있게 해달라고 요청했다. 적어도 3개월 앞을 예상_{3 month forecast}하는 생산 체계를 갖추기 위해서였다. 자동차 산업에서는 계획 생산을 하므로 3개월 치 생산 수량이 미리 나와 있었다.

하지만 업체는 난색이었다. 생산 계획을 알려주는 것은 어렵지 않으나 3개월분의 인발강관을 미리 계약할 수는 없다는 입장이었다. 나는 한 달 안에 소재를 수입해 제품을 생산할 때의 어려움에 대해 설명했다. 그리고 혹 발생할지 모르는 리스크는 일진이 지겠다고 약속했다.

이렇게 제품 생산 계획서를 받자마자 일본 업체에 전화를 걸어 3개월 치 인발강관 소재를 주문했다. 기존의 1개월 치 주문에 비해 물량이 많아 단가를 줄일 수 있었다. 하지만 리스크 발생 가능성에도 대비해야 했다. 그래서 전산 시스템을 통한 재고 물량 관리 방식을 선택했다. 3개월 치 제품을 주문하더라도 한꺼번에 다 받지 않도록 통제하는 시스템을 갖춘 것이다. 일본에서 선적하는 수량을 효율적으로 관리함으로써 제품 출발 후의 통관 대기 시설, 운송 중인 선박, 공장으로 이동하는 트럭 등을 물류 창고의 대체 시설로 이용해 필요할 때 필요한 수량만 쓸 수 있게 했다.

사실 납품 업체에는 3개월 치 인발 소재를 미리 구입해두겠다고 했으나 부피가 큰 자재를 쌓아두려면 그 보관비가 만만치 않다. 그런데 이동 기간을 효율적으로 조절한다면 기존에 사용하던 창고 비용까지 절감해 이익을 늘릴 수 있다. 이를 위해서는 정확한 날짜에 정확한 수량이 입출하되는 것을 즉시 확인하는 전산 시스템이 필요했다.

현재는 이런 전산 시스템이 일반화되었지만, 당시만 하더라도 전산 프로그램이 생소하던 때라 구축 작업이 만만치 않았다. 하지만 최대한 단순한 구조를 마련해 전산 시스템을 구축했다. 다행히 3개월분의 소재 선구매라는 리스크를 극복하고 사업은 조금씩 안정적인 구조로 접어들었다.

그 이후 나는 영업력을 강화하는 데 초점을 맞춰 회사를 운영했다. 그 무렵 계열사 대표들에게 카폰이 지급되었는데, 나에게도 1대가 배당되었다. 이 카폰을 대리급 영업 사원의 차에 설치하도록 지시했다. 영업력 강화를 위해서였다. 이 조치는 큰 성과로 이어졌다. 당시 카폰은 대기업 사장들이나 사용할 정도로 귀한 물건이었다. 그런데 이것을 현장 영업 사원이 사용하도록 함으로써 자신의 역할에 대한 자부심을 상승시킬 수 있었다. 이것은 결과적으로 영업력으로 이어졌고 주문량도 빠르게 증가했다.

하지만 문제는 기술적인 부분에서 드러났다. 당시 인발 공정에 있어서 중요 문제 중 하나는 소재를 정밀하게 공정하지 못해 버려지는 로스트 량이 많다는 점이었다. 예를 들어 100개의 강관을 만들 수 있음에도 공정 기술 약화로 80개만을 생산함으로써 계속 20%의 손실이 나는 것이다. 품질력 개선도 더뎠다. 공장의 모든 연구진과 생산 인력이 노력했지만 품질력은 기대한 만큼 나아지지 않았다. 답답한 마음은 이루 말할 수 없을 정도였다.

이때 정부 정책과 관련한 희소식이 하나 전해졌다. 한일 관계 개선을 위해 양국이 한일산업기술협력재단을 만들어 일본 측의 주요 산업 기술을 한국 측에 제공한다고 했다. 우리로서는 그야말로 반가운 소식이었다. 일본은 인발에 있어서는 세계 최대 강국이었다. 그 기술력을 우리가 잘 습득한다면 품질 강화에 획기

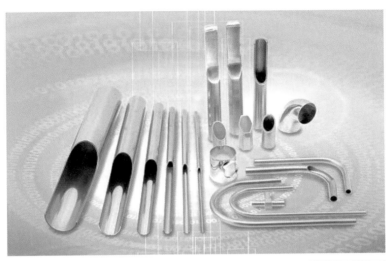

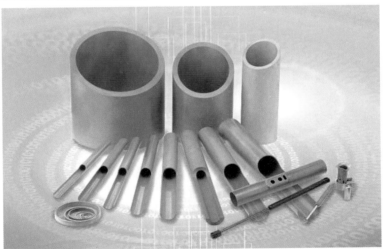

정밀 인발강관

적인 기회가 될 터였다. 더구나 그 비용 중 일부를 정부가 지원해 준다니 금상첨화였다.

우리 회사 직원 2명이 3개월 일정으로 일본에 건너갔다. 일본 인발 사업의 양대 산맥이라 할 수 있는 유압용 강관과 자동차용 강관을 전문적으로 인발하는 두 업체에 각각 파견되었다. 3개월 이라는 시간제한을 극복하기 위해서 일본어를 전혀 하지 못하던 직원 한 사람은 파견 전 회사 업무를 중단하고 50일 가까이 학원 에서 숙식하며 일본어만을 집중 공부하기도 했다.

일본에서 3개월간 인발 기술을 익히고 돌아온 2명의 직원은 괄 목할 만한 성과를 드러냈다. 그간 반복적으로 발생하던 공정의 문제점들이 눈에 띄게 개선되어 불량 발생률도 현저히 줄어들었 다. 그리고 이 두 사람이 국내 인발 기술에서 최고 전문가로 입 소문이 나면서 회사 품질력에 대한 인식이 크게 개선되었다.

이러한 품질과 기술력을 바탕으로 자동차 부품팀을 신설했고 조향 장치용 부품을 개발해서 만도기계에 납품했다. 기존 인발 사 업에서 한발 더 나아가 규모를 키운 가공 사업을 시작한 것이다.

이 무렵 연구소의 개발 담당 직원 한 사람이 형상이 복잡한 레 일Rail을 가져와서는 개발해보면 어떻겠느냐고 제안했다. 나는 그 직원에게 이 제품은 어떻게 만드느냐고 물었다. 그 직원은 선반에 올려 일일이 깎아가며 만든다고 대답했다. 이때 머릿속으로 아이 디어 하나가 번쩍이며 스쳤다.

"왜 일일이 깎아야만 하는가? 일일이 기계 가공을 하려면 시간 이 엄청나게 들 텐데. 그냥 확 훑어 내리면 안 되나?"

"무슨 말씀이십니까?"

"이 사람들 참. 인발 공정을 하면 순식간에 많은 수량의 레일을 생산할 수 있지 않나."

이렇게 해서 이형 형상재가 탄생했다. 인발 공정에 의한 이형 형상재는 기존의 절삭 공법에 비해 규격을 더 정확하고 빠르게 생산할 수 있다는 강점이 있다. 이 때문에 20년이 지난 지금도 일 진제강에 수익을 안겨주는 효자 상품이 되고 있다.

수출로 극복한 외환위기

우리는 자동차용 인발강관과 유압 실린더 생산에 이어 사무용 가스 스프링Gas Spring 개발에 착수했다. 자동차용 인발강 관과 유압 실린더는 사업 초기 단계인 까닭에 기술력과 유통망을 확보하는 데 어려움이 있었다. 그런데 사무용 의자나 자동화 기 계 등에 사용되는 인발강관인 이형재는 아직 만드는 회사가 없어 상대적으로 시장 진입이 용이한 상황이었다.

다행히 사무용 가스 스프링 시장에서 전 세계 1위인 대만의 MDI로부터 수출 계약을 따내고 첫 납품을 하게 되었다. 첫 수주 라 물량은 많지 않았지만 품질에 문제가 없다면 앞으로의 성장성 이 크게 기대되었다. 하지만 부푼 기대는 곧 물거품이 되었다. 제 품을 생산해서 MDI에 보내자마자 클레임이 제기되었다. 제품 외 관과 치수에 관한 문제였다.

기존의 자동차용 인발강관과 유압 실린더 기술을 따라 제품을 생산하다 보니 기능성을 중요시하고 외관에 소홀한 탓이다. 사무용 제품에서는 기능성 못지않게 외관의 흠이나 치수 등이 품질을 좌우하는 주요 요인이라는 점을 간과했었다. 납품 물량의 30% 정도의 제품이 반품되었고, 이를 재생산해서 보내야 했다. 그런데 외관 불량을 잡는 게 생각만큼 쉽지 않았다. 흠집이 생길 수 있는 공정을 하나둘씩 시정하기는 했지만 미세한 흠까지 완벽하게 제기하기에는 기술적으로 역부족이었다.

그렇지만 MDI에서 신생 업체의 초기 기술력을 안정화하는 데 어려움이 있음을 인정하고 기간을 연장해줌으로써 시간을 벌 수 있었다. 그동안 기술을 조금씩 향상시켰다. 기술 개선과 함께 제품 판매는 성장세를 빠르게 탔고 MDI에 대한 공급량은 늘어갔다. 초도 수출을 20피트급 컨테이너 2대 물량으로 시작했었는데, 1년 만에 매월 컨테이너 60대 분량으로 증대했다. 이렇게 수출 물량이 느는 것은 1997년 IMF 외환위기를 극복하는 데 큰 힘이 되었다. 2000년에는 '수출 천만불탑'을 받는 쾌거를 이루기도 했다.

우리는 이외에도 전선 사업에서 지지대 역할을 하는 알루미늄 와이어Aluminum Wire와 고가의 이형재 인발 제품을 생산했고 독일, 프랑스 등 유럽과 아시아에 수출했다. 수출 제품의 수익률도 높아 회사 이익에 크게 기여했다. 이런 과정을 거치면서 회사는 사업을 확장하며 성장 가도를 달렸다.

나는 1999년 1월 1일자로 회사를 일진산전으로 옮겨 새로운 사업을 맡았다. 이후에는 ㈜일진을 경영하다가 회사 합병으로 일진그룹을 떠났고 새로운 곳에서 일했다. 그로부터 약 13년이 흐른 2017년 다시 일진제강으로 돌아왔다. 내가 회사를 떠나 있는 동안 일진제강은 빠른 속도로 몸집을 키우며 눈부신 발전을 해왔다. 그 과정에 대한 이야기를 해보겠다.

빌리언 달러 프로젝트, 심리스

현재 일진제강에서 가장 주목받는 제품은 인발 공정의 소재이자 이음새 없는 강관인 '심리스'다. 회사는 1995년부터 인발 사업을 통해 성장세를 기록했지만 안도할 상황은 아니었다. 경쟁 업체가 우후죽순 생기면서 대체 생산품 개발이 절실히 요구됐다.

이때 심리스를 중요하게 검토하게 되었다. 2009년 투자를 검토할 무렵 외국의 여러 회사는 심리스 파이프를 생산하고 있었지만 국내에는 생산 업체가 없어 전량 수입하는 실정이었다.

인발 사업은 소규모로도 시작할 수 있지만 심리스는 달랐다. 대규모의 설비 시설을 갖추어야 했기에 대기업조차 선뜻 나서지 못하던 중이었다. 그렇지만 연구 개발과 제품 생산에 성공한다면 국내 기술력이 전무한 상황에서 1조 원 규모의 매출을 내다볼 수 있는 빌리언 달러Billion Daller 프로젝트였다.

사업팀은 허진규 회장에게 사업 계획서를 제출했고 긍정적인 방향의 검토가 이뤄졌다. 하지만 허 회장은 최종 승인을 미루었다. 3,000억 원 규모의 투자를 요구해야 하는 사업인 만큼 신중한 접근이 필요한 것은 당연했다. 또한 그룹 내 각 계열사들이 신규 사업을 진행하며 막대한 투자를 진행하고 있는 상황이기도 했다.

야심차게 빌리언 달러 프로젝트를 계획한 일진제강에서는 조바심이 나기 시작했다. 그룹 내 임원 사이에서 부정적인 의견도 흘러나왔다. 대기업도 함부로 나서지 못하는 사업에 손을 대었다가 그 리스크를 어떻게 감당할 수 있겠느냐는 염려였다. 그러나 일진제강 사업팀은 대담한 포부를 밝혔다. "심리스 사업은 대기업도 하기 어려워하는 힘든 분야입니다. 그래서 지금까지 아무도 걸어오지 않은 길이기도 합니다. 하지만 일진이 가야 하지 않겠습니까. 지금껏 일진의 성공 역사는 그렇게 쓰여왔다고 생각합니다. 심리스 사업을 재고해주십시오."

숙고를 거듭한 허 회장은 심리스 사업 진출의 결단을 내렸다.

심리스 사업의 초기 시장 진입은 쉽지 않았다. 공장을 짓고 설비를 갖추는 과정까지는 비교적 순탄했다. 하지만 공정의 각 단계가 유기적으로 흐르지 못했고 생산성도 낮았다. 공장 직원들은 매일 밤새우다시피 일하며 공정 안정화에 노고를 아끼지 않았다. 업무를 마치고 기숙사로 돌아가 쉬는 동안에도 공장과 연계된 무전기를 상시로 작동시키며 비상 상황에 대처했다. 24시간 비상 체제를 유지한 것이다. 그만큼 초기 공정 안정화가 쉽지 않았다.

시장성 또한 문제로 떠올랐다. 심리스 공장은 특성상 설비와 시설을 대규모로 갖추어야 한다. 그래서 양산을 시작하면 매월 2만 톤 이상의 제품이 쏟아진다. 그런데 국내 시장 규모는 사실상 월 3,000~4,000톤밖에 되지 않았다. 애초 시장 규모를 판단하는

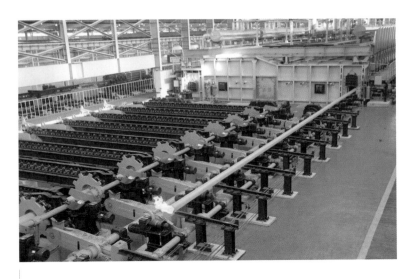

일진제강 심리스 파이프 생산 라인

데 착오가 있었던 것이다.

사업팀은 해외 시장으로 눈을 돌렸다. 애초 심리스 사업을 구상할 때는 자동차나 기계 구조용 보일러 시장을 목표로 삼았었다. 그런데 두 제품군은 품질 승인과 개발을 하는 데 시간이 적지 않게 들었다. 따라서 다른 시장을 개척할 필요가 있었는데 유전 사업 분야가 유력하게 검토되었다. 심리스는 이음새가 없는 강관이라는 특성이 있어 유전 사업에서 다량으로 쓰이기 때문이다. 이에 따라 유전 사업에 대한 수출이 유력한 대안으로 떠올랐다.

미국의 유전용 강관 유통 업체와 수출 계약을 맺고 제품을 납품하기 시작했다. 하지만 이 납품은 100만 달러 가까운 클레임으로 귀결되었다. 제품 규격이 실제 현장과 맞지 않았고 외관 불량도 있었다. 제품을 전량 재생산했다. 불량 제품은 회수 처리 비용을 줄이기 위해 현지에서 고철로 처리해버렸다.

안타까운 재생산 과정을 거치며 심리스의 품질력은 크게 개선되었다. 현재 심리스는 판매 규모를 점점 상승시키며 성장 곡선을 그리고 있다. 심리스의 품질이 개선된 데는 허 회장의 역할이 컸다. 허 회장은 사업 초기에 심리스에 대해 큰 관심을 두었고 자주 임실 공장을 방문해 사업 진행을 점검하고 직원들을 독려했다. 허 회장이 심리스 공장을 방문했던 어느 날, 심리스의 소재인 빌릿billet을 보고는 석연치 않다는 눈길을 보냈다. 아무래도 심리스의 불량이 빌릿에서 발생하는 것 같다는 이야기였다. 그 당시 공장에서 빌릿에 대해 언급하는 사람은 아무도 없었다. 거듭되는 불량의 요인을 공정에서 찾고자 노력했을 뿐 빌릿 문제로는 여기지는 않았던 것이다.

그런데 불량 요인 중 상당수가 빌릿에서 발견되었다. 허 회장의 눈이 정확했다. 이 문제를 개선하면서 품질력은 눈에 띄게 향상되었다. 현장 전문가의 시선을 피해갔던 맹점이 어떻게 허 회장에게 포착되었을까? 오랜 경험, 전체를 조망하는 통찰력, 집요할 정도의 관심과 애정이 한데 어우러진 결과가 아닐까 생각해본다.

피나는 노력과 개선을 통해 심리스 사업은 발전을 거듭했다. 2013년 1월에는 1만 톤 생산을 돌파했으며, 2014년 11월에는 사상 최대인 1만 6,000만 톤을 생산했다. 견고한 성장세를 이어가고 있는 것이다. 수출 시장의 성과를 국내 시장으로 이어가는 노력도 계속하고 있다. 애초 구상했던 보일러, 자동차 라인 파이프 등의 강관 제품을 지속적으로 연구 개발하며 시장성을 더욱 확장시키고 있다.

그럼에도 사업의 변수와 어려움은 상존한다. 2013~2014년에 배럴당 100달러대까지 치솟던 국제 유가가 2014년 하반기부터 폭락해 2015년에는 30달러대로 하락했다. 이에 따라 유전용 강관으로 미국 시장에 대한 의존도가 컸던 일진제강은 다시 시련을 맞았다. 현재는 이 난관을 돌파하기 위해 전력을 다하고 있다.

추억 속 이야기들

일진경금속기술연구소 탄생의 속사정

보빈 사업을 안정화시킨 지 얼마 지나지 않아서의 일이다. 신사업을 구상하고 기술 개발을 통해 기업 규모를 확장시키려면 인재 투입이 절실하다는 판단이 들었다. 물론 내부 개발 인원들이 있었지만 이들만으로는 턱없이 부족한 상황이었다. 그래서 평소 친하게 지내던 서울대 공대 교수를 찾아갔다. 학생들 중 우수한 인재가 있으면 추천해달라고 부탁할 요량이었다. 하지만 내가 말을 꺼내자마자 그 교수는 몹시 난처한 표정을 지었다.

"우수한 인재를 추천해주는 것은 어렵지 않네. 하지만 요즘 모두들 대기업을 선호해서 힘들지 않겠나?"

그 교수의 대답에 언짢은 마음이 들었다. 하지만 이해가 되지 않는 것도 아니었다. 일진그룹의 위상은 그 당시와 지금이 확연히 다르다. 현재는 신입 사원 공채 경쟁률이 수백 대 일에 이를 정도로 취업하고 싶은 기업이 되었지만, 1980년대 말에는 중소기업에 불과했다.

그렇다고 인재 영입을 포기할 수만은 없었다. 기업에서, 특히 기술 산업 분야의 기업에게 인재 양성은 강력한 핵심 무기나 다름없었기 때문이다. 그 교수는 나의 절박한 심정을 읽기라도 한 듯 대안 하나를 일러주었다.

"한 가지 방법이 있기는 해. 일진에 병역 특례 제도가 있나? 만약 일진이 병역 특례 해당 기업으로 자격을 갖춘다면 서로들 가려고 안달일 걸세."

병역 특례란 국가 경쟁력을 높이기 위해 병역 의무가 있는 사람 중 일부가 병역 대신 연구 기관이나 산업체에서 대체 복무를 하는 것이다. 여기에는 전문 연구 요원과 산업 기능 연구원 등이 있다. 즉 군대 대신 산업체 연구 기관에서 병역 의무를 하는 제도였다. 그 당시 우리 회사로서는 우수 인재를 영입하기 위한 최고의 방법이라는 생각이 들었다.

나는 이런 내용을 허 회장에게 보고했다. 그리하여 1991년 일진경금속 부속 기관으로 소재기술연구소를 설립했고, 이곳에 우수한 실력의 이공계 학생들을 영입했다. 인발강관 이형재, A/W, 심리스 강관 등 수많은 제품들이 바로 이 기술연구소를 통해 연구 개발되었다.

일진산전 근로자들의 눈물 어린 통장

1999년 나는 일진제강(주)에서 일진산전(주)으로 소속을 옮겨 근무하게 됐다. 허 회장의 특명 때문이다. 당시 일진제강은 안정화에 들어섰으니 경영에 고전을 면치 못하는 일진산전으로 가서 그 해결 방안을 마련해보라는 지시가 떨어졌다.

그 무렵 일진산전은 부채 700억 원에 적자가 120억 원에 달하는 아사 직전의 상황이었다. 발령을 받아 수원에 있는 공장에 가보니 그 모습이 처참하기 이를 데 없었다. 주문이 극소량이다 보니 공장은 돌아가는 날보다 멈추는 날이 많았다. 일손을 놓은 근로자들은 공터에 앉아 한숨만 내쉬고 있었다. 그때 작업반장 한 사람이 나에게 다가와 주머니에서 무엇인가를 내밀더니 눈시울을 붉혔다. 예금 통장이었다.

"사장님, 이것 좀 보십시오. 적금도 다 해약했고요. 잔고가 거의 바닥입니다. 우리 애들 유치원도 보내야 하는데 유치원은커녕 먹고 살길도 막막합니다."

물론 회사에서 임금이 체불된 것은 아니었다. 하지만 일감이 부족해 잔업과 특근이 아예 없었기에 공장의 모든 직원들이 기본급만으로 겨우 버티고 있었다. 사실 공장 근로자들은 하루 8시간 남짓의 기본급보다는 잔업 수당이 큰 소득원이다. 그래서 잔업이 사라지면 생계에 막대한 어려움을 초래한다.

작업반장의 표정에서 전해지는 절박함이 비수가 되어 가슴을 파고들었다. 나는 빠른 시간 안에 체제 변화를 꼭 이뤄야 했다. 우선 회사명을 일진산전에서 일진전선으로 바꾸었다. 영업 방향으로 수주 확보, 수익 확보, 선택과 집중의 3단계 전략을 수립했다. 첫 단계로 영업팀을 모아 가격과 상관없이 무조건 일감을 따오라고 했다. 수익률이 없더라도 일단 공장이 돌아가야 원가 절감이나 생산성 향상이 있을 수 있기 때문이다. 아니나 다를까 낮은 가격으로 물건을 공급해준다고 하니 일감이 빠르게 몰려들기 시작했다. 공장에 기계음이 쩌렁쩌렁 울리기 시작하자 직원들의 표정에도 조금씩 변화가 일어났다. 일감이 몰려드니 몸은 좀 고되지만 힘든 줄도 모르는 기색이었다.

일감이 늘어나자 두 번째 단계에 돌입했다. 일거리는 확보했으니 다음으로 이익률을 높여야 할 시기가 된 것이다. 수익률을 따지지 않고 작업을 지속한다면 장기적으로는 결국 기업이 무너지는 상황이 발생할 수 있다. 따라서 그때부터는 일감을 선별하는 과정을 거쳐야 했다. 일단 상승세를 탄 상황이라 그런지 이익률을 높여도 일감은 줄지 않았고 계속해서 몰려들었다.

이 여세를 몰아 세 번째 단계로 돌입했다. 고부가 가치를 위한 전략적 접근이었다. 당시 일진산전의 주요 생산품은 한전에 납품하는 전선과 부품이 대부분이었다. 그 당시 우리와 같은 전선 생산 업체가 국내에 30여 곳이 넘을 정도로 경쟁이 치열했다. 이 시장이 언젠가는 하락세를 탈 수밖에 없다고 판단했다. 그래서 우리는 초기 생산을 시작한 초고압 케이블 사업에 가속을 붙이기 시작했다. 당시 초고압 케이블은 그 기술력이 까다롭고 투자 규모가 커 LS전선과 대한전선 단 두 곳밖에는 생산을 하지 않았었다. 제품 개발에 성공한다면 고부가 가치 사업으로 성장할 가능성이 높았다. 다행히 세 번째 전략도 성공적으로 수행할 수 있었다.

이로써 침체에 빠졌던 일진산전 근로자들의 깊은 한숨을 깨끗이 씻어내게 되었다. 이 변화는 단순히 나 한 사람의 경영 능력으로 일어난 것이 아니다. 위기에 봉착한 일진전선 공장 근로자들의 절박함이 한데 뭉쳐 이뤄낸 성과다. 더 나아가 일진전선은 싱가포르 전력청으로부터 고압 전선을 최초로 수주함으로써 앞으로의 해외 수출의 물꼬를 트는 계기를 마련했다.

Y2K 괴담

1999년 연말이 가까워지자 산업 현장 곳곳에서 긴장감이 감돌았다. 바로 Y2K 문제 때문이다. 이것은 '밀레니엄 버그'라고도 불렸는데, 컴퓨터가 2000년 이후의 연도를 제대로 인식하지 못해 발생하는 결함을 의미했다. 당시 대부분의 컴퓨터는 연도를 끝의 두 자릿수만 인식했다. 그래서 2000년이 되면 1900년도와 똑같이 인식함으로써 사회적 대혼란으로 이어질 수도 있다고 했다. 혹자들은 이러한 전산 에러가 심각한 결과를 불러올 것이라 예측했다. 예를 들어 2000년으로 넘어가는 오전 0시에 운행하던 비행기가 갑자기 멈추거나, 군 곳곳의 무기가 저절로 작동할지도 모른다는 것이다. 이런 괴담이 사회 곳곳에 번져갔다.

산업 현장에서도 Y2K의 공포감이 확산되었다. 만약 전산 오작동으로 전력 공급이 끊기고 공장이 멈추기라도 한다면 참극이 벌어질지도 모를 일이었다. 일진전선 공장에서도 이런 염려가 번졌다. 혹시나 일어날 수도 있는 문제에 대비하기 위해 세밀한 점검을 해보았다. 그 결과 타워동의 초고압 케이블 피복 작업에 가장 큰 위험을 초래할 수 있다는 분석이 나왔다. 24시간 가동해야 하는 타워동 피복 작업이 멈춘다면 큰일이었다. 타워동 작업에 사용되는 피복 소재가 그대로 굳어버려 설비가 파손되기 때문이다.

물론 Y2K는 가설에 지나지 않았기에 별 탈 없이 지나가리라는 예측도 많았다. 하지만 미세한 위기 가능성도 허투루 넘길 수는 없었기에 대책을 세워야 했다. 문제는 시스템상의 시간적 오류는 실제로 맞닥트려야만 확인할 수 있다는 점이다. 이것을 예견하기란 쉽지 않았다. 이에 대해 고심하다가 하나의 묘안을 떠올렸다. 작동이 멈춰도 큰 손실이 없는 전산 시스템 시간 설정을 미리 2000년 1월 1일 오전 0시로 당겨보는 것이었다. 전산 시스템이란 어차피 설정 값에 따라 작동되기 때문에 굳이 2000년 1월 1일 오전 0시가 실제로 될 때까지 기다릴 필요가 없다고 판단했다. 다행히 인위적인 설정 값을 주어도 그 설비는 정상 작동을 했다. 아무런 문제도 발생하지 않은 것이다.

2000년 1월 1일 오전 0시가 되었다. 드디어 새로운 밀레니엄이 선언되었다. 각종 뉴스 채널에서는 Y2K로 가슴 졸인 기업체의 이야기를 쏟아냈다. 이 상황에 미리 대비하고 테스트한 나와 직원들은 웃으며 여유롭게 그 장면을 지켜볼 수 있었다.

외환위기 속 외자 유치

앞에서 말한 것처럼 나는 1999년 일진산전으로 발령받았다. 당시 회사 사정은 매우 어려웠다. 그중에서도 막대한 투자와 지속적 적자로 인한 자금 사정 악화가 가장 큰 문제였다. 당장 월급 줄 돈이 없어 그룹 차원에서 수혈받아 간신히 연명했다.

업무를 파악하다가 국제부흥개발은행IBRD, International Bank for Reconstruction and Development 산하 국제금융공사IFC, International Finance Corporation로부터 자금을 유치하다가 실패했었다는 보고를 받았다. 여기서 한 가닥 희망을 발견했고, 즉시 IFC와 재협상을 추진하라는 지시를 내렸다. 그러나 IFC의 답변은 냉정했다. 이미 투자 가치가 없다고 결론을 내렸기에 재론할 수 없다고 단칼에 거절한 것이다.

그러던 어느 날, 허 회장의 부름을 받고 골프를 같이하게 되었다. 어려운 회사 경영을 맡은 나를 격려하려는 의도였던 것 같다. 그때는 IFC를 통한 외자 유치가 머릿속을 가득 채우고 있었다. 공이 잘 맞을 리 없었다. 허 회장이 멍하게 서 있는 나를 불렀다. "어이 이 사장, 자네 차례야! 무슨 일 있나?" 허 회장과 함께 걸으며 IFC 투자 유치에 대해 이야기했다. 허 회장은 "아, 그것 말인가? 어렵다고 이야기를 듣긴 했는데, 자네가 자신 있다면 한번 재추진해보게"라고 격려하며 상황을 자세히 알려주었다.

회사에 들어와 각종 자료를 검토하며 투자 유치를 다시 추진하기로 결정했다. 즉시 프레젠테이션 자료를 작성한 후에 여러 차례 협상을 진행했다. IFC는 5명의 담당자를 파견했고 내가 작성한 자료를 바탕으로 분야별 인터뷰를 시작했다. 기본 조사는 이미 끝난 상태였기에 주로 대표이사인 나와 상세한 대화를 했다. 영업 전망, 경영 방침 등에 관한 것이 주된 내용이었다.

IFC 담당자들은 초고압 케이블 사업에서 어떻게 수익을 낼 것인지에 대해 집요하게 물어왔다. 그때 초고압 케이블은 전량 한국전력에 공급하고 있었다. IFC 담당자는 이에 대해 정확히 확인하고 싶다며 한국전력과의 미팅을 주선해보라고 했다. 한국전력은 이에 응하지 않으려 했다. 피가 마르는 심정으로 한국전력 측을 설득하기 위해 애를 썼다. 결국 있는 그대로 설명해달라는 부탁 끝에 미팅을 성사시킬 수 있었다.

IFC는 사업 기대 효과를 높이 평가했고, 투자를 확정하고는 금액 협상에 들어갔다. 나는 일진산전의 미래 가치가 대단히 크니 3,000만 달러의 자본 투자를 해달라고 요구했다. 여러 차례 조율을 거친 끝에 1,500만 달러의 자본 투자와 420만 달러의 대여를 하기로 했다. 결국 총 1,920만 달러의 외자를 유치할 수 있었다.

협상을 마무리하며 IFC 담당자들과 악수할 때 어려웠던 회사 사정, 투자 유치 과정에서의 마음고생, 노심초사하며 애태웠던 일들이 떠올라 나도 모르게 눈시울이 붉어졌다. IMF 외환위기를 극복하고자 전 국민이 금 모으기 운동을 펼치던, 단 1달러도 귀중할 때였다. 그런 상황에서 2,000만 달러 가까운 외자를 유치할 수 있었으니 대단한 성과였다.

이 소식은 공장 관할 지자체인 경기도로 전해졌고 경기도청에서 조인식을 하기로 했다. 1999년 6월 8일, 허진규 회장과 IFC 소장, 임창열 당시 경기도 도지사가 참석한 가운데 경기도청에서 투자 조인식이 열렸다. 회사는 230억 원의 자금을 끌어들여 자금 흐름의 숨통을 텄으며 생산에 몰두할 수 있게 되었다.

협상이 끝났을 때 나는 IFC 소장에게 협상 과정에서 우리 회사에 지적할 점이 없느냐고 물었다. 소장은 "경영자의 열정과 비전 모두 좋습니다. 그런데 컴퓨터를 중고품으로 사용하는 것은 좀

심합니다"라고 농담을 했다. IFC 소장의 말이 아직도 생생하다. 그 당시는 마른 수건도 또 짜는 마음가짐으로 일했다. 비용 절감에 최선을 다했다. 부족한 컴퓨터는 용산 전자 상가에서, 책상 등의 사무기기는 사당동에서 중고로 사서 쓸 정도였다.

허진규 회장의 유머 속에 숨은 속뜻

나는 1994년 일진경금속 본부장으로 발령받은 후 위기에 봉착한 회사의 실질적인 대표 역할을 감당해야 했다. 인발 사업 부진으로 침체된 회사에 재기의 불씨를 되살리느라 원가 절감, 생산성 향상, 마케팅 등에 대해 꼼꼼히 점검하며 혼신의 노력을 다했다. 그리고 회사 전반의 경영 상황을 허 회장에게 수시로 보고했다.

허 회장에게 보고를 하던 어느 날이었다. 손익에 대해 보고하면서 한계 이익Marginal Profit, ROIReturn On Investment, ROEReturn On Equity, 마케팅 전략Marketing Strategy, 현금 흐름Cash Flow 등의 경영 용어를 사용해서 설명했다. 그러자 허 회장이 "이 사장은 상경 계열 전문 지식을 어떻게 그렇게 잘 아는가?"라고 질문했다. 공대 출신이 경영 전문 지식에 밝은 게 조금 이상하다는 뜻이었다. 그리고 얼마 지나지 않아 사장단 회의에서 "이 사장은 서울 공대 경영학과 출신 같다"고 공개적인 칭찬을 했다. 그때는 내가 맡은 사업의 실적이 좋아지고 있을 때였다.

한편 어느 교수에게 나를 소개하면서 "이 사람은 서울 상대 금속과 출신이네"라고 말한 적이 있다. 회사의 실적이 좋지 않을 때는 이렇게 이야기하는 경우가 많다. 이 말에는 '공대를 나왔지만 기술은 별로'라는 뜻이 담겨 있다. 현재 사업을 잘 이끌어가고 있지 못하다는 지적을 농담 속에 담아 표현하는 것이다.

허진규 회장의 경영 DNA를 읽다

나는 일진에서 일하며 허 회장에게 깊은 영향을 받았다. 허 회장은 확고한 경영 철학을 소유하고 있을 뿐만 아니라 경영자로서의 DNA를 지녔다는 느낌을 준다. 이것은 오랜 시간 함께 일한 나에게도 스며들었다. 나도 미약하나마 그 DNA를 지니게 되었다. 일진의 성장에 바탕이 되었으며 나를 이끌어준 허 회장의 경영 DNA 몇 가지를 소개하고자 한다.

인재 양성

언젠가 허 회장은 "이 사장, 돈은 빌리면 되고 기계는 사면 되지만 사람은 잘 육성해야 된다네"라고 말했다. 그 이후 사람을 키우는 일을 최우선으로 삼고 인재의 발굴과 양성에 힘을 썼다. 그 결과 그 사람들이 우리 회사 일진을 발전시켰으며 나는 그들을 키우는 과정에서 거저 경영을 잘하는 사람이 되었다. 훗날 그들 중 상당수가 일진 또는 다른 기업의 최고 경영진이 되는 것을 지켜보며 인재 양성이 지닌 성장의 가치를 몸으로 느꼈다.

도전 정신

인발 사업, A/W 사업 등 비교적 큰 투자에 대해서는 회장의 직접적인 승인을 받았다. 그때마다 허 회장은 "이 아이템 우리만 하는 것인가?", "어려운 기술인가?" 등의 질문을 던졌다. 그리고 이에 대해 확신이 섰을 때만 '許' 자 위에 동그라미를 그리며 결재했다. 나는 그 영향을 크게 받았다. 어렵고 까다로운 기술이라는 것이 우리 일진이 그 사업을 해야 되는 이유이며, 돈을 벌 수 있는 근거라고 직원들에게 강조하곤 한다.

오로지 기술

1991년 고르바초프Mikhail Gorbachev가 이끌던 소련이 무너지고 옐친Boris Yeltsin 정부가 들어서면서 소련의 기술 연구소가 다수 해체되었다. 이에 따라 수많은 고급 연구원들이 연구소를 떠나는 상황이었다. 이때 허 회장은 그룹 내 몇몇 기술 임원들과 함께 러시아의 연구소를 방문했다. 기술 동향을 파악하고 연구원을 유치하기 위해서다.

그때 나도 동행을 했는데, 냉전이 완전히 끝나지 않은 시기라 긴장이 되었다. 하지만 허 회장의 표정은 무척 상기되어 있었다. 당시 일진경금속은 터빈 블레이드turbine blade 개발을 염두에 두고 있었는데, 러시아의 연구소와 연구원들이 상당 수준의 기초 기술을 지니고 있었기 때문이다.

허 회장의 모든 신경은 기술에 집중하는 듯하다. 항상 유망한 기술에 촉각을 곤두세운다. 기술이 있다면 그것이 냉전의 한복판이라도 한달음에 달려가 유치하기 위해 갖은 애를 써왔다.

그 이후로도 미국, 유럽 등지로의 공장 견학과 연구소 방문길에 허 회장과 동행할 일이 많았다. 내가 본 허 회장은 그곳이 어디든, 누구와 함께하든 한결같았다. 대화 내용은 오로지 하나, 기술뿐이다. 기술 동향 등에 대해서만 이야기를 나누었고 다른 데는 관심을 주지 않았다. 허 회장의 기술에 대한 강한 집념과 집중은 그간 일진의 다양한 기술 개발의 든든한 토대이자 원동력이 되어왔다. 그리고 새로운 시대로 향하는 이정표이기도 하다.

끈기

신규 사업이나 신제품 개발을 하다 보면 뜻대로 되지 않는 경우가 허다하다. 이럴 때 허 회장에게 사업의 어려움에 대해 보고하면 질책은 할지언정 중단하라는 말은 절대 하지 않는다. 한 번은 계열사에서 제품을 개발하다가 자체적인 판단으로 사업을 접은 일이 있었다. 허 회장은 이에 대한 보고를 받고는 퇴사한 기술자들을 직접 불러 다시 개발에 착수하도록 조치했다. 나는 이 모습이 굉장히 인상 깊었다. 기술의 연구 개발은 특히 끈기가 요구되는 분야다. 기다릴 줄 아는 인내야말로 성과를 끌어당기는 자성 체임을 잊지 말아야 한다.

경영의 기본

허진규 회장은 늘 "사장은 10년 후를 내다봐야 한다"고 강조한다. 그리고 "엔지니어는 데이터로, 경영자는 숫자로 말하라"고 이야기해왔다. 경영자에게는 장기적인 비전이 생명이며 정성적인 짐작보다는 정량적인 기준이 중요함을 역설한 것이다. 또한 과정과 함께 결과도 중요하다는 교훈을 일깨워준다. 나는 이러한 허 회장의 경영 철학을 지침으로 삼아 늘 되새기며 경영에 임하고 있다.

일진유니스코

기술이 창조한 건축물의 화려한 선율

민병석_現 일진디앤코 대표

●

서울시청, 동대문디자인플라자, 여의도 전경련 빌딩···. 화려한
외관을 자랑하는 건물들이다. 아름답고 섬세한 외장에서는 장인
의 손길을 거친 듯한 정교함이 엿보인다. 이렇듯 건축물의 미학은
외장에 의해 완성되며, 이는 고도의 기술력으로 뒷받침되어야 한
다. 현재 이러한 건물 외장 분야의 선두 기업은 일진유니스코다.
그런데 그 시작이 버려진 압출기 1대라는 사실을 아는 이는 드물
것이다.

낡은 알루미늄 압출기 1대의 힘!

허진규 회장이 일진금속공업사를 창업한 지 몇 년 지나

지 않은 1970년대 초의 일이다. 허 회장은 흥미로운 정보 하나를 들었다. 인천에 있는 한국기계라는 업체에서 800톤급 알루미늄 압출기를 매물로 내놓았는데, 아무도 거들떠보지 않아 방치되어 있다는 이야기였다. 그 무렵 일진금속공업사 공장이 부평에 있었기에 인근 공장의 일이 회사 직원들 사이에 전해진 것이다.

이 알루미늄 압출기는 일제 강점기 때부터 사용해온 기계로 오래되어 낡았을 뿐 아니라 용도도 없어 폐기 처분 직전이라고 했다. 허 회장은 소문의 진위를 파악하자마자 한국기계를 찾아갔다. 그리고 헐값으로 이 압출기를 구입했다. 처분이 어려워 오래도록 방치된 기계라 고철 수준의 매우 싼값에 흥정이 이뤄졌다.

허 회장이 관심 두는 사람 하나 없는 낡은 압출기를 사들인 이유는 무엇일까? 그 무렵 일진은 금구류 개발을 통해 신생 기업의 틀을 벗고 안정기에 접어들고 있었다. 그리고 회사를 성장시킬 새로운 사업 아이템을 다방면에서 찾던 중이었다. 그런데 헐값에 나온 압출기가 있다는 소식을 우연히 듣고는 신규 사업 하나를 선명하게 그릴 수 있었다. 바로 알루미늄 섀시 사업이었다.

1970년대는 일제 강점기와 한국전쟁의 피폐한 참상을 벗어나기 시작하면서 정치·사회·문화 등 다방면에 걸친 변화를 이뤄간 시기다. 본격적인 현대화가 이뤄진 것이다. 주거 문화에서도 큰 변화가 일어났다. 1960년대에 최초로 들어선 아파트가 1970년대 들어 확산되었고, 기존 주택의 개조도 활발해졌다. 그러면서 중요한 건축 자재인 섀시의 수요가 점점 늘어나는 상황이었다. 허 회장은 낡아빠진 압출기를 통해 섀시 사업을 구상한 것이다. 탁월한 사업가적 감각과 안목이었다. 허 회장의 눈에는 버려진 압출기가 예사롭게 보이지 않았을 것이다.

고철 덩어리 같았던 이 기계는 일진의 양평동 제2공장으로 옮겨진 후 새로운 모습으로 탈바꿈했다. 800톤급의 압출기는 1975년 문래동 공장의 주 설비로 안착했다. 연 1,000톤 정도의 생산 능력을 갖추며 오늘날의 일진유니스코로 향하는 황금 씨앗이 되었다.

알루미늄에 자연의 색을 입히다

알루미늄 섀시 사업은 허 회장이 예상한 대로 시작과 동시에 곧바로 성공 가도에 올라섰다. 제품은 생산하기 무섭게 팔려 나갔다. 사가려는 사람들이 공장 앞에 진을 치고 기다리고 있을 정도였다. 그래서 1976년에는 문래동 공장 증축 공사를 했고 직원을 40~50명 수준으로 증원했다.

그 당시 섀시 사업을 하던 모든 업체가 승승장구한 것은 아니다. 일진의 남다른 호황에는 경쟁사들과는 다른 차별화 전략이 뒷받침되어 있었다. 이러한 차별화를 통해 시장을 선점하고 장악할 수 있었다.

시장에서 알루미늄 섀시 수요가 늘어나자 자연스럽게 알루미늄 섀시 공장들이 하나둘씩 늘어났다. 경쟁이 벌어진 것이다. 허 회장은 이들과 경쟁하며 피를 흘리기보다 한 발짝 비켜서서 새로운 시장을 창출해야 한다고 판단했다. 그 무렵 블루오션 전략을 생각해냈던 것이다. 그래서 개발해 판매한 제품이 컬러 섀시였다.

그 시기 국내 알루미늄 섀시는 천편일률적으로 백색이었다. 백색 섀시는 판매할 때는 큰 문제가 없으나 시간이 지나면 산소와 결합되면서 부식되는 단점이 있었다. 비철금속인 알루미늄은 철과 달라 부식되어도 표면까지만 진행되어 내구성에는 문제가 없다. 하지만 미관상 문제가 있다. 녹슨 모습이 보기 좋을 리가 없다.

일진의 연구진들은 비철금속의 성질을 역이용하기로 했다. 강제로 알루미늄 섀시 표면을 부식시킨 후 피막 공정을 거쳐 자연 발색 컬러를 입힌 제품을 개발했고 시장에 내놓았다. '선 컬러Sun Color'라는 이름의 매우 독특한 제품이었다.

이 알루미늄 섀시는 고질적인 부식 문제를 해결했고 기존 백색 단일 품목 시장에 다채로운 색상으로의 변화를 가져왔다. 시장의 반응은 말 그대로 폭발적이었다. 전국 대리점들이 앞다투어 주문을 넣고 선입금을 했다. 그래도 안심이 안 되었는지 트럭을 몰고 와 공장 앞에서 밤새우며 기다렸다가 물건이 나오자마자 실어갈 정도였다. 어떤 날은 대리점주들이 서로 물건을 가져가겠다며 공장 앞에서 실랑이를 벌이기도 했다. 그야말로 엄청난 열기였다.

이런 성과에 힘입어 일진은 크게 성장했다. 1976년 문래동 공장 증축 당시 5억 5,000만 원이던 일진금속공업주식회사의 매출은 1977년에 22억 원, 1978년에는 65억 원으로 껑충 뛰어올랐다. 회사 이름대로 매일 최고 매출을 갱신하며 앞으로 나아갔다.

시장을 보는 허 회장의 사업가적 혜안과 강력한 추진력, 공학도로서의 기술 감각이 바탕이 되어 이뤄진 큰 성과였다. 하지만 이 획기적 성장도 긴 안목에서 되돌아보면 걸음마 단계에 불과한 것이었다. 허 회장은 컬러 섀시의 성공에 안주하지 않고 훨씬 더 큰 그림을 그리고 있었다.

알루미늄 컬러 섀시로 건축 업계를 내다본 허 회장은 이어 건축물 외장에 사용되는 신공법인 '커튼월' 사업에 도전장을 내밀었다. 지금은 국내의 많은 건물들이 커튼월 외장으로 완성된다. 하지만 그 당시 한국에서는 개념조차 생소한 혁신적 건축 공법이었다.

커튼월은 하중을 최소화한 얇은 벽을 건물에 입히는 방식이다. 비와 바람, 기후 변화 등의 외부 환경으로부터 건물 내부를 보호하고 안정된 실내 환경을 제공한다. 커튼월은 건물 자체를 이루는 구조체가 아니라는 특징이 있다. 그래서 멋진 디자인 효과를 만들어내고 외부 환경에 맞추어 유연하게 변화시키는 데 탁월하다. 서울시청, 동대문디자인플라자 등의 건물이 화려한 외관을 뽐내는 것은 커튼월 공법 덕분이다. 현재 대부분의 대형 건축물들은 외벽 공사 때 커튼월 공법을 채택한다. 커튼월은 주된 재료로 알루미늄 섀시와 알루미늄 패널panel을 사용한다.

허진규 회장은 알루미늄 섀시를 통해 건축 사업에 진출했기에 같은 재료를 사용하면서 그 부가 가치는 비교할 수 없을 만큼 높은 새로운 사업에 매료되었다. 물론 커튼월은 알루미늄 섀시와 비교할 때 엄청난 수준의 기술력을 요구하는 분야다. 하지만 자체 기술 개발에 강한 신념과 애착을 지닌 허 회장에게는 이러한 난관이 오히려 더 매력적으로 다가왔다.

일진의 커튼월로 시공한 아셈컨벤션
센터, GS강남타워, 동부금융센터,
서울시청 신청사(시계 방향)

대형 프로젝트, 한일은행 본점 커튼월

　　나는 허 회장이 커튼월 사업에 뛰어든 1980년에 일진과 인연을 맺었다. 그때 A기업 소속의 설계 기술자로서 명동 한일은행 본점의 커튼월 프로젝트에 참여하고 있었다. 이 공사는 원래 대림산업이 수주를 받아 A기업에 하청을 주었다. A기업이 설계와 제조, 시공을 맡아 공사를 진행하기로 했었으나 이 회사는 공사 도중에 부도를 내고 말았다.

　　한일은행 본점 공사는 업계의 이목이 집중된 대형 프로젝트였다. 특히 국내 최초이자 최대 규모의 커튼월 공법이 사용될 예정이었다. 그래서 A기업의 부도는 대림산업에게 크나큰 낭패였다. 그리고 나에게도 청천벽력 같은 소식이었다. A기업에서 이 프로젝트의 설계를 담당하던 사람이 바로 나였기 때문이다. 나는 하루아침에 직장이 사라져 실업자가 되었다. 야심차게 추진했던 프로젝트 준비 성과가 물거품이 될 위기였다. 나는 한없는 절망과 허탈감에 빠졌다.

　　그러던 어느 날 대림산업의 현장 소장이 백수 신세인 나를 만나자고 했다. 그때 그 자리에는 낯선 사람이 나와 있었다. 일단 인사는 했으나, 그 사람은 자신이 누군지 밝히지도 않고 대뜸 "민병석 씨, 나와 함께 만나볼 분이 있습니다"라고만 했다. 그리고는 행선지도 밝히지 않은 채 무조건 차에 타라고 했다. 나중에 알고 보니 그 사람은 일진의 영업 부장이던 김신탁 씨였다.

　　한참을 달려 도착한 곳은 문래동의 한 작은 공장이었다. 안내를 받아 공장 건물 2층으로 올라갔더니 또 다른 낯선 사람이 나를 기다리고 있었다. 그 사람은 "당신이 민병석 씨입니까? 우리 잘해봅시다"라고 말하며 나를 반겼다. 생면부지의 낯선 사람이 초면에 그것도 만나자마자 잘해보자는 말부터 꺼내니 어안이 벙벙했다. 그러자 김신탁 부장이 당황해하는 나에게 그간의 상황을 설명해주었다.

A기업의 부도 이후 대림산업이 새로운 파트너로 일진을 선택했으며, 일진이 한일은행 본점 프로젝트를 맡아 진행하게 되었다고 했다. 그런데 내가 이전 회사에서 하던 설계 분야를 맡아 계속해주기를 바란다는 이야기였다. 제안을 들으며 좀 당혹스러웠다.

대기업이 맡아도 성공을 확신하기 어려운 대형 프로젝트를 이름조차 처음 듣는 중소기업이 맡았다는 것이 뜻밖이었다. 거기다 정식 입사 절차도 거치지 않고 무턱대고 잘해보자는 사람을 신뢰할 수 있을지도 의문스러웠다. 하지만 신비하게도 나는 그 제안에 운명적으로 휩쓸려 들어갔다. 다음날부터 일을 시작하게 된 것이다. 직급이 무엇인지, 월급을 얼마나 받을지, 근무 조건은 어떤지 협의하지도 않았다. 상황이 어쨌든 한일은행 프로젝트는 설계 기술자로서 꼭 성공시키고 싶은 욕심나는 일이었다.

업무를 시작하긴 했지만 걱정이 앞섰다. 그 무렵 일진은 낡은 800톤급 압출기로 컬러 알루미늄 섀시 사업에 성공했고 설비 규모를 1,200톤급으로 업그레이드한 상태였다. 하지만 그것만으로는 부족했다. 그간 일진이 알루미늄 섀시 사업에서 차별화 전략을 통해 크게 성공한 것은 인정해줄 만한 일이었다.

그럼에도 커튼월 사업은 섀시 사업과는 차원이 완전히 달랐다. 알루미늄 섀시와는 비교되지 않은 새로운 사업 분야다. 1,200톤급 압출기를 사용해서 공사 기간 내 성공적으로 제품을 생산해낸다는 것은 엄두조차 나지 않았다. 더욱이 일진은 커튼월에 쓰는 제품을 생산해본 적이 없었다. 복잡한 제품 생산 도면을 공장에 보내면 직원들이 이해하고 생산할 수 있을지도 미지수였다.

그래도 겁을 집어먹고 마냥 미룰 수 없는 일이었다. A기업의 부도 이후 작업은 이미 상당 시간 지연된 상태였다. 나는 1980년 9월, 한일은행 본점 현장 사무소로 다시 출근했고 설계 업무에 집중했다. 며칠간 밤을 새운 끝에 공사의 가장 중요한 포인트인 컬럼 커버Colum Cover 다이스Dies 도면과 제품 가공 도면을 완성했고, 이 도면들을 공장으로 보냈다.

나는 완성품은 고사하고 견본이 나오는 데도 최소한 한 달 보름 정도의 시간이 걸리리라 보았다. 촉박한 일정에 쫓기는 대림산업 등의 관계사들이 기간을 채근하며 매일 연락을 취해왔지만 기다리는 것 말고는 별다른 방법이 없었다. 그리고 며칠 지나지 않아 생각지도 못한 연락을 받았다. 도면을 공장으로 보낸 지 8일 만의 연락이었다. 제품이 완성되었으니 설계자가 출하 전에 검수를 해보라는 이야기였다.

8일 만에 제품을 다 만들다니…. 공장장의 전화를 받고 내 귀를 의심할 수밖에 없었다. 시제품을 만드는 데도 한 달 보름여가 걸리는 공정인데, 8일 만에 완성품을 생산한다는 것은 물리적으로 불가능하다고 생각했기 때문이다. 미심쩍은 생각을 품고 공장으로 달려갔다. 만약 공장장의 말이 사실이라면 공정을 잘못 이해해 불량품을 생산했을 가능성이 클 것이라는 예상이 들었다. 공장으로 가는 동안 불안감이 더욱더 커져갔다. 그렇지 않아도 시간이 부족한데, 일이 더 꼬여갈 것 같았다.

온갖 불길한 상상을 떨쳐버리지 못한 채 공장에 도착했다. 이번에는 내 눈을 의심해야 했다. 눈으로 보면서도 믿기 힘든 광경이 눈앞에 펼쳐져 있었다. 수준 높은 완제품이 내 앞에 있었다. 그 짧은 시간 내에 수십 종의 압출 금형을 정확히 제작해 그대로 시공해도 문제없는 완벽한 제품을 생산해놓은 것이었다.

혹여 불량품이 없는지 제품을 하나하나 뜯어가며 확인해보았다. 어느 것 하나 오차 없이 도면 그대로의 제품들이 생산되어 있었다. 내가 알기로 이렇게 단기간에 제대로 된 완성품을 생산할 수 있는 공장은 국내에 존재하지 않았다. 혹 어디서 물건을 훔쳐 왔다면 가능할지도 모른다. 대체 어떻게 이 일을 해냈단 말인가?

나는 제품 검수를 하며 공장 관계자들과 이야기를 나누었고 그 비밀을 알 수 있었다. 설비나 기술이 아니라 '사람'이 비결이었다. 최고경영자부터 임원, 관리자, 현장의 기능공까지 회사 전체가 똘똘 뭉쳐 모든 열정과 역량을 쏟아부었던 것이다. '하면 된다'를 넘어 '하지 않으면 죽는다'는 각오로 8일간을 밤낮 가리지 않고 일로매진一路邁進한 끝에 이룬 기적 같은 성과였다.

그 무렵 일진의 구성원들 중 누구 하나도 '무모하다', '무리다', '힘들다' 등의 부정적인 말을 꺼내지 않았다. 회사를 살리고 키운다는 일념으로 한데 뜻을 모으고 역량을 결집시켜 불가능해 보이던 과제를 완수하고야 말았다. 보통의 회사라면 상상하기도 힘든 일이었을 것이다. 나는 그 강렬한 분위기에 심취되었고 '일진사관학교'라는 이름을 붙이기도 했다.

일진의 단합된 추진력을 버팀목으로 삼아 3개월 만에 공사를 끝내고 포상금까지 타게 되었다. 겨울이 오기 전에 외장 공사를 끝내지 못하면 실내 공사에 들어가지 못할 상황이었기에, 대림산업 측은 우리가 3개월 안에 작업을 마무리해서 11월 말까지 외장 공사를 끝내면 100만 원의 포상금을 지급하겠다는 조건을 내걸었었다. 그만큼 어려운 과제라는 뜻도 된다.

그러나 상식적으로 설명하기 힘든 특별한 정신력으로 무장한 일진사관학교는 이 일을 완수해냈다. 허 회장도 매우 기뻐하며 추가 포상금 100만 원을 더 지급했다. 이 덕택에 한일은행 본점 공사를 담당했던 일진의 임직원 전원은 11월 말에 부부 동반으로 설악산 여행을 떠났고 늦은 단풍의 정취를 마음껏 즐길 수 있었다.

한일은행 본점 외장 공사의 성과는 단순히 공사 하나를 빨리 끝냈다는 것보다 훨씬 컸다. 이 공사를 시작하기 전에 건설 업계가 일진을 바라보는 시선은 매우 냉담했다. "도대체 뭐하는 회사야?"라고 빈정거리듯 물어보기 일쑤였다. 아무리 훌륭한 기술력을 강조해도 거들떠보지 않았다.

그런데 우여곡절이 많았던 한일은행 본점 외장 공사를 성공리에 완수하자 업계의 시선이 확 바뀌었다. 일을 맡기기 위해 먼저 일진을 찾아오는 업체들이 늘어났다. 이 공사 후 여의도 사학연금회관, 유공 빌딩, 인사동 하나로 빌딩 등의 건축물 커튼월 공사를 연이어 수주했고 시공에 들어갔다.

나에게도 좋은 일이 생겼다. 국내 굴지의 건설 회사가 높은 몸값을 부르며 스카우트 제안을 해왔기 때문이다. 하지만 나는 일진을 선택했다. 당연한 결정이었다. 일진사관학교라는 이름을 붙일 만큼 대단한 정신력으로 무장한 곳이었기 때문이다. 나는 일진의 도전 정신, 단합력, 끈기를 직접 보았다. 이것은 그 어떤 근무 조건보다 값진 것이다. 나는 일진의 일원으로서 어떤 역할을 해보고 싶다는 강렬한 욕구에 휩싸였다. 물론 젊은 혈기도 결심하는 데 한몫했을 것이다. 하지만 일진이 지닌 분위기는 신선한 충격이었고 사람의 마음을 끌어당기는 마법 같은 자력이 있었다.

커튼월 사업의 초기 성과를 기반으로 일진유니스코가 설립되었으며 시티뱅크 서울 본사 사옥, GS강남타워GS Tower, 동부금융센터, 아셈컨벤션센터Assem Convention Center, 포스코센터 등의 건축물 외장을 도맡으며 커튼월 분야 국내 선도 기업으로 올라섰다.

마포 본사 사옥

허진규 회장은 1983년 한 가지 중요한 결정을 내렸다. 일진그룹 사옥을 건설하는 것이다. 그때 사옥 건립에 대해 내부에서 우려의 목소리가 흘러나왔다. 사옥 건설에는 막대한 비용이 드는 데 이를 너끈히 부담할 정도로 회사 재정이 넉넉하지 않았기 때문이다. 하지만 효율적인 경영 관리를 위해 사옥은 필요한 요소 중 하나였다. 당시 일진은 사업 확장으로 사세를 키웠지만 계열사들이 이곳저곳 임대 사무실에 입주해 있어 본사와 유기적인 업무 협조가 잘 이뤄지지 않았다.

여의도에 본사 사무실이 있었지만 그마저도 공간이 협소해서 늘어나는 업무량을 감당하는 데 어려움이 따랐다. 그래서 허 회장은 사옥을 지어 흩어져 있던 계열사들을 한곳에 모으고, 기업의 기강 확립을 하는 것이 시급하다고 판단을 한 것으로 보인다. 이미 1982년 마포구 도화동 50의 1번지에 670평의 토지를 구입해둔 상태였다. 하지만 언젠가 사옥을 짓겠다는 큰 그림만 있었을 뿐, 이처럼 빨리 진척될 것이라고는 누구도 예상하지 못했다.

사옥 건립을 확정한 후, 나는 허 회장과 동행해 도쿄로 출장을 떠났다. 설계를 맡은 황일인 일건건축사무소 사장도 함께했다. 그룹 사옥을 짓는 일인 만큼 허 회장 본인이 직접 챙기고 싶은 마음이 컸을 터다.

나에게는 첫 외국 출장이었는데 도쿄 한복판에서 본 건축물들의 풍경은 가히 놀라웠다. 국내에서는 보기 힘든 초고층 빌딩들이 즐비한 도쿄 시내 거리의 압도적인 풍경을 마주하며 마포에 들어설 그룹 사옥의 모습을 그려보자니 긴장과 설레는 마음을 감출 수가 없었다. 그렇다면 허 회장의 심정은 어땠을까? 1968년 노량진의 10평 남짓한 집 앞마당에서 시작해 670평 규모의 사옥이 올라서기까지 그간의 세월에 대한 만감이 교차하지 않았을까? 아니나 다를까 이른 시간 도쿄 시내로 출발한 허 회장은 밤늦도록 발걸음을 멈추지 않았다. 혹여 자신이 놓친 것들이 없는지 왔던 길을 돌이켜보고 또 보기를 반복했다. 발에 불이 나는 듯한 통증을 참지 못한 황일인 사장이 허 회장에게 "그 의도와 뜻을 충분히 이해했으니 그만하자"고 만류할 정도였다.

1984년 2월 6일, 기공식을 열었고 사옥 건축의 첫 삽을 떴다. 사옥은 일진의 핵심 기술인 커튼월 공법과 새롭게 특허를 낸 에어벤트Air Vent 시스템을 적용해 설계했다. 에어벤트 시스템은 건축물 외관에 열림 창문을 설치하지 않고도 외부와의 환기를 자연스럽게 하는 시스템으로 실내 환기를 돕고 외관의 미적 효과를 높여주는 장치다. 이 기술력은 1984년 특허를 출원했다. 일진은 사옥을 짓는 과정에서도 기술력 개발과 혁신이라는 가치와 신념을 반영하려 노력한 것이다.

한 층 한 층 쌓아 올린 그룹 사옥은 1986년 11월에 완공되었다. 이어 12월 23일에는 임직원 송년회를 겸한 준공식이 거행되었다. 창업 후 약 20년 만에 지어지는 사옥이었다. 1968년 단 2명의 직원에서 출발한 일진이 숱한 위기와 고비를 이겨내고 도전과 노력을 통해 맺은 결실로 그 의미가 각별할 수밖에 없었다. 사옥 건립을 통해 오롯이 피땀으로 일군 일진의 역사를 세상에 드러냈으며, 다가올 21세기를 향한 새로운 도전과 다짐을 되새겼다.

고심苦心이 통했던 알루킹 그릴 개발

오늘날의 일진유니스코가 있기까지 많은 기술력 개발이

이뤄졌다. 어느 것 하나 쉬운 길은 없었다. 그중에서도 특히 내가 직접 구상하고 연구에 참여한 알루킹 그릴Aluking Grill 개발 과정이 또렷이 떠오른다. 알루킹 그릴은 알루미늄을 소재로 한 방범망 소재다. 이 제품은 1984년 일진에서 자체 기술 개발에 성공했으며 이후 10여 년간 3,000만 달러 이상의 매출을 올리며 호주 시장에 판매된 효자 제품이다. 하지만 그 개발 단계는 녹록치 않았다.

1984년 회장실로 어떤 제품의 샘플과 설비 카탈로그가 도착했다. 대만의 한 설비 제작 업체가 보낸 것이다. 국내에는 널리 사용되지 않았지만 외국의 대형 목장 같은 곳에서 방범용으로 쓰이는 알루미늄 그릴 제품이었다. 허 회장은 이것을 관심 있게 보았고 당시 개발 업무를 맡고 있던 나에게 검토해보라는 지시를 내렸다.

대만 업체에서 보내온 카탈로그 자료를 검토해보니 구조가 그리 복잡하지 않았다. 머릿속에 대략 생산 공정이 그려졌다. 일진이 커튼월 생산 공정에서 사용하는 알루미늄 압출재를 활용해 충분히 생산할 수 있는 간단하면서도 매력적인 제품으로 판단되었다.

나는 그날부터 머릿속에 생산 공정을 떠올리며 생산 설비와 공정에 대한 설계를 시작했다. 그리고 샘플을 들고 문래동에 많이 있던 기계 제작 업체들을 찾아다니며 기계 제작 가능 여부, 제품 생산 가능성, 설비 제작비 등에 대해 조사했다. 조사한 내용은 정리해 모두 허 회장에게 보고했다.

그리고 곧장 난생처음 쓰는 텔렉스Telex를 이용해 대만 제조 업체에 미팅 관련 연락을 했다. 텔렉스는 일종의 전신 서비스인데 외국 회사와 연락하는 데 주로 사용했다. 대만 업체에서 미팅을 하자고 연락이 왔다. 우리가 대만 현지 공장을 방문해 가동 중인 제품 제조 설비를 둘러보기로 약속을 잡은 것이다.

대만 출장을 준비하는 과정은 번잡했다. 지금이야 언제라도 원하면 자유롭게 외국을 드나들 수 있지만 당시만 하더라도 일반인이 외국에 나가려면 여권 발급에만 2개월이 걸리고 비자 발급에 1개월이 추가로 소요될 정도로 절차가 까다로웠다. 여기에 병무청 신고와 반공 교육까지 받아야 했다. 그 당시 한 번이라도 외국에 다녀온 사람은 큰 출세를 한 것처럼 보이는 사회 분위기였다.

나는 겨우 서류를 다 갖추어놓고 출국하기 얼마 전에 갑자기 출장 멤버에서 빠져야 했다. 시티뱅크 서울 본점 프로젝트의 입찰 담당자가 되어 실무를 진행해야 했기 때문이다.

대만 출장은 압출 공장에서 생산을 담당하며 기계 설비에 능통한 양수영 대리가 혼자 떠나야 했다. 그동안 나는 도면과 시방서示方書, 입찰 서류, 영어 사전 1권만 챙겨서 그 무렵 조용한 동네였던 서교동 여관방에 장기 투숙하며 시티뱅크 입찰 준비를 했다.

알루킹 그릴 개발 프로젝트는 양수영 대리가 대만에 다녀온 후 다시 방향을 잡기로 했다. 대만 업체 측에서 제품 개발과 관련해 제시한 금액은 예상했던 금액을 크게 웃도는 2억 4,000만 원가량이다. 하지만 제조 공정에 대해 연구해보니 대만 업체의 아이디어보다 개선된 방식을 사용해 훨씬 싼 가격에 제조할 수 있을 것 같았다. 또한 당시 일진의 기술력은 가속이 붙은 상태였기 때문에 품질력에서 자신감이 있었다.

알루킹 그릴 제조는 비교적 간단한 프로세스 일부를 개선하는 것으로 고난이도의 기술이라 할 수도 없었다. 따라서 우리는 자체 기술로 설비를 제조해 구축하기로 했다. 예상한 대로 제품 개발에 5개월이 걸렸고, 총 제작비로 3,000만 원에 못 미치는 금액이 사용되었다. 대만 업체가 당초 제안한 비용의 10분의 1을 약간 넘는 비용과 자체 기술력으로 설비를 제작하게 된 것이다.

하지만 이 과정에서 대만 업체와의 갈등이 빚어져 꽤 진통을 겪어야 했다. 대만 업체가 우리의 자체 기술력을 인정하지 않았고, 자기 기술을 빼앗겼다고 주장했기 때문이다. 공장까지 방문하며 그들의 기계를 살 것처럼 보였던 우리가 자체적으로 설비를 구축한 것이 대만 업체에게는 억울하게 느껴졌을 것이다.

대만 업체는 거칠게 나왔다. 국내에 거주하는 화교를 시켜 나를 미행했고, 집까지 찾아와 위협하기도 했다. 이렇게 대만 업체와의 갈등은 몇 년간 지속되었다. 양측의 주장은 첨예하게 대립했으나 시간이 흐르면서 갈등이 점점 옅어져갔다. 두 회사 모두 싸움을 오래 끌어서 득이 될 것이 없었기 때문이다. 결국 뚜렷한 결론 없이 세월과 함께 희미해져갔다.

생사를 오간 고비, 시티뱅크 사옥 프로젝트

시티뱅크 사옥 입찰은 어렵게 준비한 외국 출장까지 포기할 정도로 중요한 프로젝트였다. 국내의 첫 외국계 은행 부동산 개발 프로젝트였기 때문이다. 현대건설, 동양강철, 일본의 후지

샤시Fuji Sash, 타지마Tajima 등 국내외 굴지의 대기업들이 참여했는데 최종 업체로 일진이 선정됐다.

나는 이 프로젝트의 책임자가 됐다. 허진규 회장이 대체 무엇 때문에 알파벳만 아는 정도의 영어 실력을 지닌 나에게 이렇게 중대한 임무를 맡겼는지 의아스러운 생각이 들었다. 하지만 주어진 과제는 어떻게든 방법을 찾아 완수하는 게 일진사관학교 구성원의 숙명이다. 나는 시티뱅크 사옥 입찰에 사활을 걸기로 했다.

시티뱅크 서울 본사 사옥 프로젝트는 내가 그동안 해왔던 어떤 일보다 힘겨웠다. 과정 하나하나가 역경의 연속이었다. 작성해야 할 문서만 해도 산더미 같았다. 출퇴근은 고사하고 시간을 분초로 쪼개어 써도 모자랄 지경이었다. 혼자 미국 출장을 가서 더듬거리는 영어 실력 탓에 혼쭐이 났다.

미국 출장 중 나는 프로젝트 추진을 위한 커튼월 설계, 구조 계산, 각종 기술 검토, 공사에 사용될 제품 구매 협상 등의 업무를 진행했다. 그리고 미국 중북부 세인트루이스에 있는 세계적 커튼월 컨설턴트 하이트만사Heitmann & Associates, Inc.를 통해 기술 검증 절차를 밟아야 했다. 시티뱅크 서울 사옥 공사는 외국계 업체의 프로젝트이기에 모든 공정에 대해 본사 담당 기관의 까다로운 검증 절차를 거치게 되어 있었다.

단순히 생각하면 정해진 순서에 따라 절차만 밟으면 되는 것이지만 이 과정 중에는 항상 예상하지 못했던 변수가 튀어나오곤 했다. 특히 한국과 다른 미국의 기업 문화는 많은 돌출 변수를 만들어내곤 했다. 한국에서는 급박한 프로젝트를 진행할 때 밤낮과 주말을 가리지 않고 일하는 게 일반적이다. 하지만 미국 기업의 직원들은 오후 5시면 퇴근하고 주말에는 반드시 쉬었다.

한국에서 빠른 속도로 일하는 게 몸에 배인 데다가 넉넉지 않은 출장비, 촉박한 일정으로 조급한 나는 미국 기업이 일하는 방식이 매우 답답했다. 그래서 미국 업체에 한 가지 제안을 했다. 미국 업체가 완성해주어야 할 도면, 서류 등을 내가 밤 시간과 주말을 이용해 준비하겠으니 미국 업체는 이것을 토대로 검증하고 문제가 발견되지 않으면 서명해달라는 내용이었다. 시간을 당기려면 누군가 업무 시간 외에도 일해야 하는데, 미국 기업에서 할 수 없다면 상황이 다급한 우리가 하는 게 최선이라고 판단했다. 다행히 미국 업체는 이 제안을 받아들였고 곧바로 실행에 들어갔다.

상상도 못했던 위급한 일도 벌어졌다. 도면을 만들려면 도면 제작 도구가 필요한데, 급한 대로 간이식이라도 갖출 필요가 있었다. 큰 합판 하나가 필요했는데 이 합판을 구하기 위해 버스를 타고 세인트루이스 시내로 나갔다. 나는 가게를 찾아다니던 중 흑인 강도단과 마주쳤다. 작은 체구의 동양인이 낯선 거리를 두리번거리고 다니고 있으니 손쉬운 목표가 되었을 것이다. 족히 예닐곱은 되는 무리가 나를 둘러싸고 벽으로 밀어붙였다. 그러고는 5달러를 요구했다. 5달러만 주어도 된다면 큰 문제는 아니다. 하지만 5달러를 꺼내려면 양말에 숨겨둔 돈을 모두 꺼내야 하는데, 강도가 그중 5달러만 가져갈 리는 만무하다.

나는 흑인 강도 무리를 밀치고 큰길가로 도망치기 시작했다. 당연히 강도들은 고성을 지르며 나를 추격해 왔다. 그들의 발자국

소리가 바로 내 등 뒤를 바짝 쫓았다. 이대로 잡힌다면 목숨을 내놓아야 할지도 모르는 것이다. 다행히 길가에 빈 택시가 세워져 있는 것을 보았다. 젖 먹던 힘까지 다해 택시에 올라탔다. 상황을 눈치챈 택시 기사가 임기응변의 기지를 발휘해 빨리 움직이는 바람에 가까스로 위기를 모면할 수 있었다. 지금도 그때 일을 생각하면 아찔하다.

이외에도 낯선 땅에서 벌어지는 여러 일들이 위기와 역경으로 다가왔다. 세인트루이스에서 뉴욕 공항으로 이동하다가 김규섭 뉴욕 지사장과 의사소통을 잘못하는 바람에 마약에 취한 노숙자들이 가득한 공항에서 함께 노숙하는 일도 벌어졌다. 영화 속에서는 있을 법한 일들이 하루하루의 현실에서 일어나고 있었다.

하지만 고생 끝에 낙이 왔다. 몇 달 정도 걸릴 것이라 예상했던 출장이 한 달 보름 만에 끝났다. 뉴욕 거래 회사와의 계약도 예상했던 금액보다 상당히 좋은 조건에 체결했다. 입찰서 1장 제대로 쓰지 못해 영어 사전을 들추어보며 겨우겨우 영어 서류를 쓰던 내가 이런 성과를 얻어낸 것은 행운이었다. 돌이켜보면 왜 이렇게 무모한 일을 자초했는지 아둔했다는 생각도 든다. 하지만 이것은 당연한 일이다. 누군가가 나를 신뢰하고 일을 맡겼다면 완수하는 것은 비즈니스맨으로서 본능이 아니겠는가. 영어도 제대로 하지 못하는 나를 중대한 프로젝트의 책임자로 발탁한 허 회장의 믿음과 기대를 결코 저버릴 수는 없는 일이었다.

허 회장은 계열사의 임직원들을 이런 방식으로 통솔한다. 크게 신뢰하고 크게 기회를 주며 크게 성장시킨다. 일진 성장의 원천은 기술력이다. 하지만 그 속에는 사람이 있다. 직원 개개인의 크고 작은 성장과 회사 성장의 뿌리를 함께하고 있다.

추억 속 이야기들

오래된 관행 깨기

앞에서 말했듯 나는 엉겁결에 일진에 들어온 셈이다. 입사와 함께 한일은행 본점 현장 사무소에서 일했고 1981년 한일은행 본점 준공을 마쳤다. 그때 본사로 복귀하라는 지시를 받았다. 나는 입사 후부터 줄곧 현장 근무를 했던 터라 본사에 친분이 있는 사람이 하나도 없었다. 막상 본사에 들어와 보니 생활하기가 쉽지만은 않았다. 이른바 텃세라는 것도 존재했다.

본사에 들어와 가장 먼저 한 일은 다이스 번호 정리였다. 건축 업계는 일의 특성상 봄부터 가을까지 공사를 하고 겨울에는 휴식기에 들어가는 게 일반적이다. 인테리어 업체 등 실내 공사를 하는 업체만이 겨울에도 일한다. 11월 말 한일은행 본점 공사를 마친 일진의 건축 부서도 마찬가지였다. 마땅한 일거리가 없었다. 그렇다고 회사에 출근해 마냥 놀고만 있을 수도 없는 노릇이었다. 나는 압출 사업에 기본이라 할 수 있는 다이스 일련번호를 정리하는 게 좋겠다고 생각했다. 다이스는 압출재를 생산하는 데 필요한 기본 틀이라 할 수 있다. 그런데 업무를 원활히 하려면 다이스를 크기별, 용도별로 표준화해 고유 번호를 부여하는 게 필수적이다.

나는 이것을 알루미늄 압출 사업의 기본 조건이라 보았다.

그런데 당시 일진은 건축업에 진출한 초기였던 탓에 압출용 다이스가 무분별하게 산재되어 있었다. 알루미늄 섀시 하나를 만들려고 해도 다이스를 찾느라 보내는 시간이 더 길 지경이었다. 그래서 비수기 여유 시간을 이용해 다이스 정리를 하자고 제안했다. 그런데 일은 뜻밖의 양상으로 흘러갔다. 나는 중복되거나 불필요한 다이스를 폐기하고 누구나 쉽게 찾아 쓸 수 있도록 각각의 고유 번호를 부여해 관리하자고 했는데, 다이스는 회사의 중요한 자산이기에 하나도 폐기할 수 없다는 반발이 나온 것이다.

숨은 속사정도 있었다. 누구나 알기 쉬운 방식으로 정리하면, 이 일을 도맡아 관리해오던 부서의 존재와 힘을 약화시킬 수도 있었다. 말하자면 일종의 기득권을 포기해야 하는 측면이 존재했다. 그래서 기존의 방식을 유지하려 했다. 하지만 나는 불편하고 불합리한 관행을 유지하는 것은 바람직하지 않다고 보았다. 언제까지 문제를 회피할 수도 없는 노릇이었다.

나는 매일 상부 보고를 하며 방법을 찾고자 했다. 하지만 오랜 관행을 깨는 일은 결코 쉽지 않았다. 비장한 정면 승부가 필요했다. 당시 말단 직원에 불과했던 나는 허 회장에게 직접 보고를 하고, 그래도 받아들여지지 않는다면 깨끗이 포기하기로 했다.

보고를 받은 허 회장은 매우 호의적이었다. 새로운 방식을 선택해 빠르고 효율적으로 업무를 할 수 있는데 굳이 과거 방식을 고집할 이유가 없다고 이야기했다. 그리고 기존 방식을 전면 수정하더라도 즉각 실행해보라고 지시했다. 허 회장의 서명을 받은 일이니 쉽게 풀릴 줄 알았으나 실제로는 그렇지 않았다. 현재의 다이스 표본과 같은 정리 체계가 잡히기까지 무려 3년여의 시간이 걸렸다. 이 일을 겪으며 기업 경영에서 하나의 관행이 새로운 체계로 변모하려면 큰 에너지와 오랜 시간을 투입해야 함을 절실히 느꼈다. 하지만 누군가 앞장서서 변화를 시도해야 한다. 중도에 포기하지 않고 끝까지 부딪히며 노력하는 태도가 필요한 것이다. 그러면 바람직한 변화가 이뤄질 수 있다. 이를 추진한 사람의 내면에는 끈기와 인내라는 선물도 또한 주어질 것이다.

라구아디아 공항의 공포스러운 밤

시티뱅크 서울 사옥 프로젝트 진행을 위해 미국 출장을 갔던 때의 일이다. 갖가지 일들이 일어났지만 뉴욕 라구아디아LaGuardia 공항에서의 하룻밤은 지금 생각해도 등에 식은땀이 흐르는 공포를 준다.

나는 세인트루이스에서 커튼월 설계에 관한 검증 절차를 마치고 뉴욕으로 가야 했다. 당시 시티뱅크 서울 공사에 쓰일 자재를 조달하기 위해서였다. 당시 계약은 유리, 단열재, 실리콘 등을 미국산 제품으로만 쓰도록 규정했는데, 한국에서는 이 제품들을 구할 수 없었다. 나는 뉴욕에서 김규섭 뉴욕 지사장을 만나기로 했었다.

나는 세인트루이스를 떠나기 전에 김 이사와 통화했다. 김 이사는 도착 시간인 6시 40분에 맞추어 뉴욕 공항으로 데리러 오기로 했다. 나는 첫 뉴욕행이지만 공항에 도착하자마자 김 이사를 만나는 것이니 별 문제없으리라는 생각으로 마음을 놓았다. 비행기는 제시간에 맞춰 도착했다. 하지만 공항 그 어디에서도 김 이사를 찾을 수 없었다.

휴대 전화를 거의 쓰지 않던 시절이라 연락을 할 수도 없고 공항을 헤매고 다녔다. 뉴욕 지사 사무실에 전화를 해보았지만 퇴근 시간을 훌쩍 넘긴 터라 아무도 전화를 받지 않았다.

내가 뉴욕 초행길임을 뻔히 아는 김 이사가 약속을 잊었을 리도 없고, 혹시 공항에 오던 중 교통사고라도 당한 건 아닌지 불안한 생각이 들었다. 그러면서 시간이 하염없이 흘렀다. 결국 밤 11시가 되어도 김 이사의 모습은 보이지 않았다.

밤이 되자 공항 분위기는 낮과는 전혀 다르게 변했다. 공항 대합실에 덩치 큰 사람들이 들어서기 시작했고, 이들 중 상당수가 마약에 취한 듯 보였고 노숙자도 상당수 있었다. 대합실 한쪽에서는 시비가 붙어 고성이 오가는 험악한 장면도 연출되었다. 영어도 제대로 못하는 내가, 외모가 다른 사람들 속에 혼자 덩그러니 버려지듯 있으려니 오금이 저려왔다.

그러던 중 뜻밖의 정보를 하나 알게 됐다. 공중전화에서 통화하는 이의 이야기를 가만히 들어보니 내가 지금 있는 곳은 뉴욕공항이 아니었다. 정확하지는 않으나 뉴욕에는 세 곳의 공항이 있다고 하는 것이다. 김 이사와 나는 서로 다른 공항에 있는 것이 분명해 보였다. 하지만 연락할 방법도 없고 수중에 출장비마저 다 떨어진 상황이었다.

약간의 교통비 외에는 돈이 없었던 나는 결국 라구아디아 공항에서 노숙자들과 하룻밤을 보내는 수밖에 없었다. 기나긴 밤이 흐르고 다음날 아침이 밝아왔다. 주소가 적힌 메모지를 들었다. 버스를 타고 뉴욕 지사를 직접 찾아가서 김 이사를 만날 수 있었다. 김 이사는 뉴욕 공항에서 밤새 나를 기다렸다고 한다. 그동안 나는 라구아디아 공항에서 밤새 두려움에 시달렸던 것이다.

물론 지금은 출장 경험도 많이 쌓이고 사전 준비도 철저히 하기에 이런 어처구니없는 일이 발생하지 않는다. 하지만 그 당시만 하더라도 외국 출장을 비롯한 모든 상황이 처음 겪는 것이었기에 좌충우돌해야 했다. 하지만 무사히 위기를 넘긴 덕택에 웃으며 이야기할 수 있는 추억으로 남아 있다.

일진디스플레이
67배 매출 성장의 기적

김하철_現 루미리치 대표

●

일진디스플레이는 최고경영자의 오랜 숙원이자 일진그룹의 미래 비전을 상징하는 기업이다. 야심찬 포부를 안고 그룹 역사상 최대 규모인 1,700억 원을 투자해 출범시켰다. 하지만 앞을 볼 수 없는 짙은 안개 속에 빠졌고 부진의 굴레를 벗어나지 못해 허우적거렸다. 7년여의 고단한 프로젝트는 종지부를 찍어야 했지만, 최악의 상황에서 최고의 기회가 찾아왔다. 그야말로 신의 한 수였다. 67배의 매출 성장을 일구어낸 기적 같은 반전 스토리를 만나보자.

위기의 일진디스플레이

일진디스플레이는 일진그룹 내에서 후발 주자에 속하

는 회사다. 하지만 반도체 분야는 허진규 회장이 오래도록 고심해온 숙원 사업 중 하나였다. 일진그룹은 금구류 같은 부품·소재 산업으로 출발해 고속 성장을 해왔다. 그 발전의 과정에서 허 회장의 마음속에 반도체 산업에 대한 열망이 싹을 틔우고 있었다.

반도체는 20세기 후반에 본격적인 시장을 열었으며 현대의 생활 전반에 큰 영향력을 끼치는 최첨단의 기술 영역이다. 공학도이자 사업가인 허 회장에게 크고 앞서 나가는 이 시장이 매력적으로 보일 수밖에 없었다. 그러나 반도체 산업은 이전의 어떤 사업과도 다른 특별한 성격이 있었다. 일단 시작하려면 막대한 규모의 자금을 투자해야 했다. 제아무리 그룹이 성장 가도를 달리고 있다지만 신중에 신중을 기할 수밖에 없었다.

허 회장은 1999년 깊은 장고의 마침표를 찍었다. 숙원을 행동으로 옮겨 사업을 하기로 결단했다. 이 무렵 일진은 GE와의 다이아몬드 분쟁을 마무리하고 성공의 물꼬를 튼 상태였다. 하지만 현실에 안주할 생각은 없었다. 새로운 도전 분야를 개척해 첨단 소재 산업으로 사업 영역을 넓혀가기로 야무진 결정을 했다.

일진다이아몬드 내에 사업기획단이 발족했고, 20여 개의 신규 사업화 아이템을 다각도로 검토했다. 그 결과 성장 산업 중 하나로 꼽히는 휴대폰의 핵심 부품인 LN/LT 웨이퍼wafer 산업에 진출한다는 결정을 내렸다. 그 당시 국내에서는 LN/LT 웨이퍼를 전량 수입해서 쓰는 상황이었다. 만약 국내 자체 기술력으로 이 제품을 양산할 수 있다면 엄청난 규모의 시장을 장악하게 될 것이다. 그뿐 아니라 수입 대체 효과를 거두어 국익에도 크게 기여할 수 있는 가슴 벅찬 프로젝트였다.

사업성 검토가 끝나기가 무섭게 일이 빠르게 진척되었다. 먼저 단결정 성장 및 웨이퍼 가공 전문 인력을 모집했으며, 외국 원료 공급 업체와 업무 협약을 체결했다. 준비 작업을 차근차근 이행했고 사업기획단을 발족시킨 지 7개월 후에는 일진다이아몬드가 있는 음성 공장 안에 1,400평 규모의 결정 성장 공장을 착공했다.

가장 중점을 두었던 분야는 연구 개발이다. 첨단 소재 개발 생산을 향한 비전이 실행되느냐는 여기에 달려 있었다. 곧 연구의 성과가 나왔다. 2000년 9월에는 휴대폰과 GPS 단말기 등의 핵심 부품인 '표면 탄성파 필터용 LT-웨이퍼'를 국내 최초로 개발함으로써 업계의 주목을 받았다. 이것은 금구류에서 시작한 핵심 기술력 국내 자체 개발 시도를 첨단 소재인 반도체까지 확장한 것으로 큰 의미가 있었다. 이후에도 기술력을 강화하기 위한 시도를 계속했고 노력의 강도도 더 높여갔다. 그 결과 2002년에는 세계 최대 표면 탄성파 필터 회사인 독일 엡코스EPCOS와 수출 계약을 체결할 수 있었다. 3년간 엡코스 소비량의 10%에 해당하는 LT-웨이퍼를 공급하기로 한 것이다.

엡코스는 업계 내에서도 품질 승인이 엄격하기로 정평이 난 회사다. 이 회사의 혹독한 검증을 통과했다는 것은 탁월한 기술력의 증표로 통한다. 일진은 사소한 결함 하나 없이 제품을 양산해 공급함으로써 세계 시장에서 품질력을 인정받게 되었다. 우수한 제품은 하나로 그치지 않았다. 2002년에는 세계 최초로 무정전기 블랙 LT-웨이퍼를 개발했다. 이 제품은 정전기 발생과 빛의 난반사를 없애 생산성을 크게 높이는 기술력이 뒷받침되었다. 더욱 주목할 점은 소재의 특성상 양산이 불가능하다고 알려진 제품의 양산에 성공했다는 사실이다. 일진 연구진들은 혼신의 노력을 기울임으로써 기술 장벽을 극복했고 세계 최초의 양산 생산자라는 명예로운 호칭을 얻었다. 결정 성장 사업부는 신규 사업팀이라는 제약을 극복하고 기술력을 선점하면서 2~3년가량 안정적인 성장을 이어갔다. 지속적인 투자와 기술 개발에도 만전을 기했다.

하지만 뜻하지 않는 환경 변화로 사업이 위기에 직면하고 말았다. 첨단 신소재 산업으로 촉망받던 LN/LT 웨이퍼가 과열 양상을 보인 것이다. 이 시장은 레드오션으로 전락했다.

나는 반도체 사업이 위기에 빠졌던 바로 이 무렵에 일진에 들어왔다. 그전에는 삼성SDI에서 마케팅 상무로 근무하며 관련 업계에 종사해왔다. 또한 허 회장의 맏사위로 가족의 인연을 맺고 있다. 허 회장은 나에게 위기에 빠진 반도체 사업을 맡아달라고 요청했다. 사업이 잘되는 중이라면 거절할 수 있었을지도 모른다. 하지만 극심한 어려움에서 벗어나기 위해 발버둥을 치는 허 회장의 간곡한 청을 차마 거절할 수 없었다. 어느 정도 자신감도 있었다. 꽤 오랜 기간 삼성SDI에서 일하며 디스플레이 관련 경험을 쌓았기 때문이다.

2006년 폭염이 기승을 부리는 여름, 일진으로 향하는 첫 출근이 시작되었다. 허 회장의 당부로 막상 일진디스플레이를 맡겠다고 했으나, 이미 막다른 길에 다다른 기업을 다시금 일으켜 세울 수 있을지는 확신할 수 없었다.

막상 뚜껑을 열어보니 상황은 생각하던 것보다 훨씬 더 심각했다. 시장 과열에 직면한 LN/LT 웨이퍼만 문제가 있는 것은 아니었다. 사업부의 주력 제품이라 할 수 있는 고온 폴리 TFT-LCD초박막 액정 표시 장치 패널이 처한 상황은 이보다 더욱 악화되어 있었다.

1,700억 원이 투자된 LCD 패널 사업의 위기

그룹에서 1998년에 첨단 신소재 사업 진출을 위한 사업 기획단을 별도로 발족해 LN/LT 웨이퍼와 함께 중점적으로 추진한 사업으로 LCD 장치 패널이 있었다. 이것은 일본의 소니Sony Corporation와 엡손Epson이 독점하고 있던 프로젝터용 핵심 부품 고온 폴리 TFT-LCD 패널과 응용 제품을 생산하는 사업이었다.

이 사업은 나중에 LN/LT 웨이퍼와 함께 일진디스플레이로 통합되었는데, 일진그룹 신규 사업 사상 최대 규모인 1,700억 원이 투자되었다. 일진은 1999년 일진다이아몬드 내에 전자부품연구소를 설립했으며 평택 어연한산산업단지에 1만 3,040평 부지를 매입해 2001년 연면적 7,800평 규모의 차세대 디스플레이 공장을 완공함으로써 사업을 본격화해 나갔다.

LN/LT 웨이퍼가 미래로 향하는 첨단 사업의 기초 과정이었다면, 고온 폴리 TFT-LCD는 여기서 한발 더 나아가 일진이 본격적으로 IT 산업으로 확장해감을 의미했다. 투자 규모가 큰 만큼이나 초기 기술력 장악에도 심혈을 기울였다. 각지의 최고 전문 인재들을 업계 최고 연봉이라는 파격적 대우로 고용해서 연구 인력으로 투입했다. 이때 생산직을 제외한 연구직 인원만 200여 명에 이르렀다. 엄청난 사업 규모와 연구 개발 인재에 대한 전폭적 지원 의지가 엿보인다.

과감한 투자와 집념 어린 기술 개발 결과, 일진은 고온 폴리 TFT-LCD를 완성했다. 기술적 진입 장벽이 높아 소니와 엡손 외에는 생산하지 못하던 분야에 도전장을 내어 세계 세 번째 주자로 시장에 진출하게 됐다. 이후 사업부는 공장 완성 1년 만인 2002년, 0.9인치 XGA DW 패널을 양산할 수 있는 단계에 올라섰다.

하지만 신제품 출시를 얼마 남겨놓지 않은 시점에 뜻밖의 위기가 찾아왔다. 소니와 엡손이 일진의 제품 양산에 대응해 특허 침해로 공격해올 것이라는 정보가 입수되었다. 물론 일진은 자체 연구를 통해 기술을 개발하고 제품을 완성했다. 그러나 여기에 사용된 기술에 대해 먼저 특허 등록을 해놓은 회사가 있다면 법적으로 문제가 발생할 소지가 있었다.

사업부 설립부터 제품 양산 직전까지 만 4년여의 노력이 물거품이 될 수 있는 심각한 상황이었다. 사업이 좌초할지도 모르는 최대의 위기가 찾아온 것이다. 그간 연구해온 기술력을 살릴 수 있는 방안을 마련하는 게 시급한 과제였다. 사업부에서는 연구진과 회의를 거듭한 끝에 디지털 구동 방식을 DW 구동 회로에서 LS 구동 회로로 변경하기로 했다. 구동 방식을 바꾼다면 경쟁자의 특허 시비를 피하면서 그간 연구된 기술 방식을 병행할 수 있다.

기본 방침을 세운 사업부는 시간을 줄이는 방법을 선택했다.

LS 디지털 구동 방식의 신기술을 보유하고 있는 미국 기업 사리프Sarif를 인수해 기술력을 확보한 후, 제품 개발을 통해 본격적으로 시장에 뛰어들기로 했다.

시장의 반응은 뜨거웠다. 2003년 3월에 세계적 최대 규모의 독일 하노버 CeBITCenter of Business Information Technology and Telecommunication 2003 전시회에 제품을 선보여 호평을 받았다. 같은 해 8월에는 중국에서 LCD 프로젝터 생산을 위한 합작 법인을 설립해 세계 시장 진출의 교두보를 쌓아 올렸다. 중국 장시성 주장시 정부 및 신시어Sincere 기술유한공사와 함께 주장시 로산공업단지에 LCD 프로젝터와 광학 엔진을 생산하는 합작 법인 '3T국제광전자기술유한공사3T國際光電子有限公司'를 설립한 것이다. 이를 통해 일진은 중국 디스플레이 시장 진출의 전진 기지를 마련했다. 현지 법인이 일진의 LCD 패널을 독점적으로 사용하기로 함에 따라 안정적인 수요처를 확보했으며 국내 최초로 중국과 450만 달러 수출 계약을 성사시켰다.

일진은 의미 있는 성과에 고무되었다. 하지만 이 기쁨은 그리 오래가지 못했다. 잠복했던 위기가 머리를 내밀고 다시금 일진을 뒤흔들었다. 치명적 기술 문제였다. 변경했던 LS 구동 회로에서 도트 발생이라는 약점이 발견된 것이다. LCD 패널은 수십만 개의 셀cell로 이뤄지는데 눈에 보이지 않는 셀 중 일부에 불량이 발생해 검은 점처럼 도트가 발생했다. 이 불량 현상은 일정한 위치나 수량에서 나타나는 게 아니라 불규칙적으로 발생했다. 그래서 그 근본 원인을 밝힐 수 없었다. 이미 납품이 시작된 단계이기에 불안감이 더욱 커져갔다.

문제는 이것으로 끝나지 않았다. 패널 중 일부는 납품 당시에는 아무런 문제가 없다가 일정 기간이 지나면 색이 일부 번지는 색 번짐 현상이 나타났다. 진행성 불량 현상이었다. 이에 대해 중국의 발주처는 강력한 클레임을 제기했다. 제품은 컨테이너째 무더기로 반품되었다. 가장 답답하고 가슴 아픈 일은 불량의 원인조차 제대로 밝혀내지 못하는 현실이었다.

엎친 데 덮친 격으로 외부 시장 환경도 최악으로 변모했다. TFT-LCD와 DLP를 사용하는 최종 제품인 프로젝터의 가격이 급락한 것이다. 그동안 프로젝터가 시장에 다량 보급되었기 때문이다. 과거에 프로젝터는 1,000만 원 내외의 고급품으로 대기업조차 몇 대씩밖에 갖추지 못했었다. 그런데 어느 순간 대규모 물량이 시장에 풀리면서 가격이 급전직하急轉直下하고 말았다. 프로젝터의 핵심 부품인 TFT-LCD가 폭락한 것은 자연스러운 수순이었다.

일진은 제품 불량과 시장 가격 폭락이라는 이중고를 겪어야 했다. 위기 상황으로 에워싸여 어느 한곳 돌파구를 찾을 수 없었다. 그야말로 진퇴양난의 상황에서 실낱같은 희망이라도 찾아야 했다. 1,700억 원의 초기 투자에 그동안의 기업 운영비까지 합해 약 3,000억 규모의 손실이 생길 위기였다. 더욱이 500여 명 직원이 일자리를 잃어야 할 급박한 상황이 전개되고 있었다.

일진은 혁신 기술이라는 정면 승부를 선택했다. 2003년 광학 엔진 사업에 새롭게 진출하기로 결정한 것이다. 기존 프로젝터는 영상을 재현할 때 3원색을 살리기 위해 TFT-LCD 패널 3개를 사용한다. 그런데 일진은 2년의 연구 개발 끝에 TFT-LCD 1개만으로도 천연색을 구현하는 제품인 싱글Single LCD 패널을 2005년에 완성시켰다.

기존의 3패널을 1패널로 대체하는 신기술은 생산비를 절감시킬 수 있다. 따라서 가격이 낮아진 프로젝터 시장에서 원가 경쟁력을 확보할 수 있게 한다. 또한 광학 엔진을 단순화시킴으로써 초소형 프로젝터를 만들 수 있게 한다는 점에서 획기적인 강점이 있었다. 위기를 기회로 반전시킬 수 있으리라는 기대가 움텄다. 이 기술이 혁신 성과 가치를 인정받으며 2006년 '전자부품 기술대상'에서 대통령상을 받게 되자 희망의 분위기는 더욱 고조되었다.

너무 앞섰던 기술이 불러온 참패

내가 일진에 처음 들어올 무렵에는 싱글 LCD 개발을 마친 상태였다. 혁신적 기술을 세상에 내놓았기에 업계에서 쏟아지는 관심도 무척 높았다. 하지만 기업 경영은 매우 불안정했다. 적자가 오랫동안 누적되어 하루하루 버티듯 회사를 꾸려 나가는 중이었다. 싱글 LCD라는 새로운 기술력을 확보해놓은 게 유일한 버팀목이었다. 빠른 시간 내에 이 기술을 활용한 사업 모델을 구축하는 게 당면 과제였다. 우리는 초소형(포켓용) 프로젝터에 주목했다. 앞에서도 말했듯 싱글 LCD는 광학 엔진을 단순화한 특징이 있기에 초소형 제품의 생산을 가능하게 한다.

싱글 LCD 패널을 활용한 '초소형(포켓용) 프로젝터'

일진은 SK텔레콤과 손잡고 차세대 전략 제품 사업에 나섰다. 휴대폰 내장형 1-LCD 패널과 광학 엔진 사업을 공동으로 추진한 것이다. 지금은 초소형 프로젝터가 상용화되어 사용 중이다. 하지만 그 당시에는 프로젝터를 소형화해 휴대폰과 연계해 사용한다는 발상 자체가 충격에 가까웠다. 기발하고 획기적인 아이템이었다. 이 소식은 업계에 알려졌고 삼성, LG 등의 휴대폰 생산 기업들이 앞다투어 일진에 러브콜을 보내왔다. 그만큼 업계에 큰 화제를 불러일으킨 것이다.

그러나 우리는 사업을 추진하는 과정에서 예상하지 못했던 난관에 부딪히고 말았다. 바로 기반 기술 문제였다. 당시 휴대폰에 내장형 1-LCD 패널을 사용하면 배터리가 1시간도 버티지 못하는 상황에 직면한 것이다. 제아무리 핵심 기술을 가졌더라도 이와 연계된 관련 기술이 뒷받침하지 못하면 무용지물이 될 수밖에 없다. 내장형을 외장형으로 바꾼 소형 제품을 샘플로 만들어 시연해보았지만 이 역시 배터리가 1시간을 버티지 못했다. 물론 배터리 가용 시간에 대해 업계의 연구가 지속적으로 이뤄지고 있는 상황이었다. 하지만 1-LCD 패널을 충분히 사용할 정도의 배터리 기술이 완성되기를 마냥 기다릴 수는 없었다. 일진의 상황은 그리 녹록하지 않았다. 이미 막대한 투자를 했고 거액의 손실을 치러왔다. 앞으로 얼마나 더 걸릴지 모르는 기반 기술 개발을 손 놓고 바라볼 수 없는 노릇이었다.

안타깝지만 어쩔 수 없었다. 미래가 보이는 사업이지만 눈물을 머금고 거둬들이는 결정을 해야 했다. 일진은 1-LCD 패널과 광학 엔진 사업을 전면 중단하기에 이른다. 직원들은 적자 상태의 사업을 선순환 구조로 돌리기 위해 갖은 애를 썼다고 했다. 하지만 이미 과열되어 부가 가치가 추락한 시장 현실을 바꾸기에는 역부족이었다. 투자와 노력이 오히려 기업을 무너뜨리는 지경에 이르렀다면 다른 방법과 결단이 필요했다.

그로부터 10여 년의 시간이 흐른 지금, 초소형 프로젝터는 히트 상품으로 상용화되었다. 휴대폰으로 다운로드한 영화를 장소에 구애받지 않고 자유롭게 벽면에 쏘아서 큰 화면으로 보는 것이 얼마든지 가능해졌다. 그동안 배터리를 비롯한 기반 기술이 축적되어 휴대폰과 초소형 프로젝터를 연계하는 데 따른 문제점들을 해결한 것이다.

이런 현실 속에서 그 당시를 되돌아보면 일진이 완성한 기술은 미래 시장성이 분명했지만 시대를 너무 앞서갔다는 생각을 지울수 없다. 사업에서 제품의 완성도는 매우 중요하다. 하지만 시기도 중요하다. 특히 IT 산업에서는 서로 연계되는 기반 기술력과의 상관관계를 충분히 고려해야 한다. 업계에 신선한 충격을 던져준 혁신적 기술을 개발해놓고도 그 시대와 맞지 않아 비운을 맞아야 했던 경험을 통해 뼈아픈 교훈을 얻었다.

LED 열풍!

TFT-LCD 사업의 전면 중단은 더 이상의 손실을 막기위한 불가피한 선택이었다. 하지만 회사 내부의 상실감은 이루 말할 수 없을 정도였다. 첨단 신소재 개발 프로젝트에는 미래를 향한 일진그룹의 철학과 신념이 고스란히 담겨 있었기 때문이다. 그래서 여느 사업이라면 벌써 정리했어야 할 상황에서 막대한 손실을 감내하며 6년이나 버텨냈는지도 모른다.

LN/LT 웨이퍼와 TFT-LCD라는 기존 사업들을 접으면서 우리는 그간의 손실을 만회하기 위한 새로운 사업 체제를 구상했다. TFT-LCD는 터치스크린 패널 사업으로 전환하고 LN/LT 웨이퍼 사업부는 사파이어 웨이퍼라는 새로운 분야에 진출하기로 했다. 새로운 사업은 사파이어 웨이퍼 분야에서 먼저 시작했다. 사파이어 웨이퍼는 LED Light-Emitting Diode 제품에 사용되는 핵심 소재다. LN/LT 웨이퍼와 제조 방식이 비슷해서 기존 기술력을 활용할 수 있다는 장점이 있었다. 그 당시 LED는 완성된 기술력이라고 볼 수 없었으나 조금씩 성장세를 밟아가고 있었다. 그래서 머지않은 시간 내에 시장이 열릴 것이라는 기대감이 일었다.

마침내 단비가 내리기 시작했다. 위기와 부진으로 황폐화된 일진디스플레이 사업이 기회의 비를 맞아 촉촉이 젖어들었다. 2009년을 기점으로 LED TV 시장이 호황기로 접어들면서 사파이어 웨이퍼 공급 부족 현상이 나타나기 시작한 것이다. 그동안 준비해온 사파이어 웨이퍼 제조 기술과 생산력이 세상에 빛을 발하는 시점이 되었다. LED TV는 집집마다 빠르게 확산되었다. 일진의 사무실에는 부족한 사파이어 웨이퍼의 수요를 맞추기 위해 주문을 요청하는 전화벨이 멈추지 않았다. 감동적인 북새통이었다. 밀려드는 주문량에 맞추기 위해 설비를 증설해서 35만 장으로 생산량을 늘렸다. 하지만 이것으로도 몰리는 수요를 감당하지 못할 정도로 사파이어 웨이퍼의 주문량은 늘어만 갔다. 주문량이 70만 장에 이어 100만 장으로 늘어나는 것은 순식간이었다. 설비도 지속적으로 증설했다. 이런 성과 덕분에 그간의 막대한 손실에 짓눌려 있던 회사 재무 구조가 급격히 개선되기 시작했다.

이러한 사업의 급성장은 LED TV 시장의 갑작스러운 호황에 힘입은 바가 크다. 하지만 이것은 표면적인 분석이다. 근본 요인은 일진 내부에 있다. 그간 축적해온 일진의 기술력과 품질이야말로 성장의 핵심 동력이 되었다. LED 제품에 사용하는 사파이어 웨이퍼는 주로 일본이나 대만 등에서 수입해 사용했었다. 그런데 일진디스플레이가 이들을 능가하는 기술력을 보여주었기에 주문을 확보할 수 있었다.

사파이어 웨이퍼는 표면 굴곡이 완성된 LED 제품의 불량률에 끼치는 영향이 크다. 일진디스플레이는 두께가 430㎛ 정도인 2인치 사파이어 웨이퍼 표면 굴곡을 10㎛ 이내로 제어하는 고밀도의 기술력을 갖추고 있었다. 머리카락 두께의 10분의 1에 해당하는 크기를 제어하는 것으로 업계 내에서도 최고급 사양에 해당하는 기술력이다. 만약 일진이 이러한 기술과 품질력을 확보하지 못했다면 LED TV 시장 팽창은 그저 남의 집 잔치로 끝났을 것이다.

일진디스플레이는 LED TV 호황 국면에서 탁월한 기술력으로 성장판을 열었다. 그리고 4년여에 걸친 연구 개발로 사파이어 웨이퍼를 제작하는 바로 전 단계인 잉곳ingot을 성장시키는 성장로 grower까지 자체 개발했다. 이를 통해 비약적인 원가 절감을 했고 경쟁력을 더욱 증대시켰다. 게다가 잉곳과 웨이퍼부터 칩 패키지, 조명에 이르는 완제품 산업까지 발 빠르게 진출해 확장함으로써 전 공정을 아우르는 기술력, 생산 설비 시설을 모두 갖추었다.

신의 한 수, 시대를 정확히 내다본 터치 기술

사파이어 웨이퍼를 통해 올린 소득은 터치스크린 사업 투자의 원천이 되었다. TFT-LCD 사업을 중단한 우리는 터치스크린 분야로 진출하기 위해 2008년 8월 A-터치A-touch사를 인수하기로 결정했다. A-터치는 터치스크린 연구 개발과 생산·판매를 위해 2000년에 설립된 회사다. 2003년 1.6인치 필름 타입 터치스크린 양산을 시작했으며 2007년에 생산 CAPA 3차 증설을 완료하고 월 1,000k를 생산·공급하고 있었다.

A-터치의 터치스크린 제품은 손가락의 압력을 이용한 저항막 방식을 채택했는데 자동차에 장착하는 내비게이션이나 은행 ATM 기기에 주로 사용되었다. A-터치는 비교적 우수한 평판을 받으며 제품을 생산했고 업계 4위를 기록했으나 운영에 어려움을 겪고 있었다. 그 무렵 시장이 과다 출혈 경쟁의 레드오션으로 변모했기 때문이다.

그럼에도 우리는 A-터치의 인수를 결정했다. 터치 기술력의 미래 가치를 높게 보았기 때문이다. 그 당시만 해도 터치스크린을 쓰는 곳이 많지 않았다. 하지만 스마트폰 시대가 도래한다고 예견했을 때 터치스크린 시장이 급성장할 것은 자명했다.

우리는 초기 기술력 확보 시간을 줄이기 위해 A-터치를 인수한 후 이를 기반으로 차세대 터치 기술력을 연구 개발하는 전략을 구상했다. 그러나 A-터치 인수 과정은 녹록치 않았다. 이미 사업성을 잃어 회사 운영에 어려움을 겪고 있기는 했으나, 벤처기업으로 시작해 성장한 후 대기업에 인수되었을 때 자신들의 입지가 흔들리는 것에 관해 두려움을 느끼는 직원들이 상당수 있었다. 이것은 대부분의 M&A 과정에서 겪는 과정이지만 A-터치 직원들의 반발 강도는 보통의 경우보다 훨씬 더 컸다. 이런 감정적 동요를 누그러뜨리려면 무엇보다 공동 성장의 믿음을 심어주는 과정이 필요했다.

나를 비롯한 일진의 임직원들은 함께 A−터치 공장을 찾아가 거의 매일 직원들을 설득하는 일을 이어갔다. 기존의 터치 기술을 활용해 스마트폰용 터치스크린을 개발한다면 사업성이 비약적으로 커질 것임을 강조했다. 또한 이 사업이 인류 발전에 이바지한다는 사실을 인지시키는 데도 힘을 쏟았다. 이렇게 노력했음에도 A−터치 직원 전부를 설득하지는 못했다. 하지만 다행히 핵심 기술 인력들은 마음의 문을 열고 우리와 뜻을 함께하기로 했다. 이들은 평택 공장으로 몸을 옮겨와 새롭게 출발했다.

A−터치 인수와 함께 새로운 사업 모델을 구축하고 초기 연구를 진행할 무렵에 사파이어 웨이퍼 사업이 급성장했다. 사파이어 웨이퍼로 안정적인 매출이 쌓이면서 터치스크린 사업에 대한 투자가 활성화될 수 있었다. 그때 터치스크린 부서는 기존 저항막 방식에서 정전 용량 방식으로 기술을 전환 중이었는데, 사파이어 웨이퍼 사업에서 재원을 마련해 연구 개발에 필요한 인력 충원과 시설 투자를 적극적으로 추진할 수 있었다.

손가락의 온도와 정전기를 이용해 터치하는 정전 용량 방식은 기존의 손가락 압력에 의한 저항막 방식보다 더욱 정교한 터치 기술이었다. 이 기술이 개발된다면 앞으로 시장에 미칠 파급력이 클 것으로 예상되었다. 허 회장은 정전 용량 방식 터치스크린 시제품 개발을 위해 100억 원이라는 과감한 투자를 결정했고 인력과 시설을 확충하기 시작했다.

67배 매출 성장 신화

　　일진의 과감한 투자는 드디어 꽃을 피웠다. 스마트폰에 이어 태블릿 PC 시장이 열리면서 터치스크린 수요가 폭증한 것이다. 2008년 99억 원이던 사업부의 매출은 2013년 6,600억 원으로 치솟았다. 무려 67배의 급성장이었다. 사파이어 웨이퍼 매출 증대가 사업 재기를 위한 발판이 되었다면, 터치스크린은 기폭제로 작용하며 사업을 정점으로 끌어올렸다. 이 성과는 갖은 고생과 인고의 세월 끝에 획득한 값진 것이었다. 일진디스플레이 사업부뿐 아니라 그룹 전체에 큰 귀감이 되었고 자신감을 회복시켜주었다.

　일진의 터치스크린은 여느 기업과는 확연히 다른 독보적인 기술력과 운영 방식으로 고속 성장을 이뤄 나갔다. 특히 기술적 수직 계열화가 성공의 핵심 요소로 작용했다. 기술적 수직 계열화는 터치스크린 패널의 핵심 부품인 센서부터 모듈까지 모든 공정을 오롯이 자체 생산하는 방식이다. 주요 공정을 포함해 일부 공정이라도 외부에 의존할 때는 외부 변수에 의해 취약해질 수 있는데 그 위험성을 차단함으로써 안정적인 성장 궤도를 유지할 수 있게 했다. 수익 증대의 호기에 안주하지 않고 그것을 재원으로 삼아 연구 개발에 과감한 투자를 한 것도 성공으로 도약하는 데 큰 몫을 담당했다. 총 63억 원에 이르는 금액을 재투자함으로써 태블릿 PC용 생산 라인의 생산 능력을 월 35만 개에서 월 70만 개 수준으로 대폭 늘렸다. 또한 모바일용 3.5인치 소형 제품 생산 능력도 60만 개에서 100만 개까지 늘려 나갔다.

터치스크린 패널

　이런 노력에 힘입어 터치스크린은 출시 5년 만에 매출 6,000억 원 이상을 기록했다. 실로 놀라운 성장세였다. 그 당시 터치스크 린은 매년 50% 이상 수요가 급증했다. 하지만 제품을 안정적으 로 공급할 수 있는 기업은 세계적으로 7~8개 정도에 불과했다. 이 사실에 비추어볼 때 일진의 기술력과 위상은 세계 최고 수준 이었다. 업계에서는 "일진디스플레이는 센서에서 모듈까지 터치 패널 생산 공정을 모두 자체 진행하는 만큼 경쟁사보다 기술력과 원가 경쟁력이 우위에 있다"고 평하기도 했다.

　기적 같은 급성장은 웃지 못할 일화들도 낳았다. 일진디스플레 이는 2004년 일진다이아몬드에서 분할해 상장했다. 이후 터치스 크린 성공으로 주가가 무려 10배 가까이 올랐다. 그런데 직원들 중 상당수는 이런 주식 상승 혜택을 누리지 못했다. 일진디스플 레이 제품들이 부진을 보이며 사업이 난관에 빠지던 때에 앞으로 의 급성장을 예상하고 선뜻 주식을 사들인 사람이 그리 많지 않 았던 탓이다.

추억 속 이야기들

대기업으로 사라진 인재들!

허진규 회장은 TFT-LCD 사업을 시작하면서 특히 인재 채용에 많은 공을 들였다. 대기업들과 인재 확보 경쟁을 마다하지 않고 관련 분야 명문대 출신들을 업계 최고 대우로 파격 고용한 것이다. 그러나 사업을 시작한 지 3~4년이 지나고 실적이 계속 하향 곡선을 그리자 직원들이 하나둘씩 동요되기 시작했다. 출시하는 제품마다 번번이 실패하다 보니 곧 망할 것이라는 소문이 회사 곳곳으로 번져 나갔다. 회의 분위기도 살벌하기 그지없었다. 3,000억 원이라는 대규모 자금을 투입하고도 성과가 나지 않으니 분위기가 예민해지는 것은 당연한 흐름이었다.

상황이 점점 나빠지면서 직원들이 하나둘씩 사표를 내기 시작했다. 상당수 직원들이 대기업 채용 공고를 보고 이직을 했다. 다른 기업들은 일진 출신 직원들을 매우 선호했고 호의적으로 받아들였다. TFT-LCD 산업에서는 기술력이 곧 경쟁력이다. 3~4년간 일진에서 연구를 거듭하며 노하우를 쌓은 인재들이 무엇보다 소중한 자산임은 두말할 나위도 없다. 경쟁 업체들 입장에서는 이만 한 가치를 지닌 인재들을 끌어들이는 일을 마다할 이유가 없었다. 하지만 겨우 키워놓은 인재를 빼앗기는 일진은 분통을 터트렸다. 인재 유출에 대해 자구책을 세워야 했다.

일진은 청와대와 산업자원부에 진정서를 제출했다. 중견 기업이 지속적인 투자로 키워놓은 신입 사원을 대기업에서 빼앗아가는 것은 불공정 거래에 해당한다고 주장한 것이다. 경쟁 기업 인사 부서를 찾아가 목소리를 높이기도 했다. 기술 분야 인재는 회사의 자원이나 마찬가지니 제아무리 채용 공고를 거친 과정이었더라도 도의적인 차원에서 당장 중단하라고 요구했다. 이런 노력은 약간의 성과가 있었다. A기업에서는 불미스러운 분쟁으로 잡음이 생기는 것을 원치 않아 채용한 직원들을 모두 돌려보내주기로 약속했다. B기업은 정당한 채용 절차를 거쳤으므로 이미 뽑은 직원을 퇴직시킬 수 없다고 했다. 하지만 현재 뽑은 직원까지만 수용하고 이후로는 채용하지 않기로 협의했다.

빼앗겼던 직원들 중 일부를 되찾는 데 성공했으나, 이런 과정도 그리 오래가지 못했다. TFT-LCD 사업은 좀처럼 나아질 기미가 보이지 않았고 하향세가 더욱 심해졌다. 결국 회사를 떠나는 직원들이 계속해서 생겨날 수밖에 없었다. 따지고 보면 그 직원들이 신나게 일할 수 있는 환경을 제공하지 못한 회사의 탓이 가장 클지도 모른다. 기업을 운영하다 보면 많은 어려움이 있다. 그중에서도 사람을 잃을 때가 가장 가슴 아프다. 회사 형편이 좋지 못해 직원들을 떠나보낼 수밖에 없을 때의 안타까움은 살점이 떨어져 나가듯 아프다. 이를 겉으로 크게 드러내지는 못하지만 두고두고 마음의 생채기로 남는다.

평택 부동산이 요동치다

반도체와 IT 사업을 하는 일진디스플레이는 부동산과는 큰 인연이 없다. 기술로 승부하는 기업인 만큼 부동산 투자에 별다른 관심을 두지 않는다. 하지만 일진디스플레이 때문에 평택 부동산이 크게 요동친 일도 있었다.

터치스크린 사업이 급성장하면서 평택 공장의 생산직 직원이 급속하게 늘어나 1,000명에 육박했다. 그 당시 일진디스플레이는 직원들의 출퇴근과 주거 안정을 위해 기숙사를 제공했는데, 늘어난 직원 수가 워낙 많아서 인근에 집을 구하기 어려운 지경이었다. 근처에 전세가 나오면 모두 계약했는데 원하는 만큼 구할 수 없었다. 공급이 한정된 상황에서 일진의 수요가 너무 컸던 것이다. 그러다 보니 주변 지역 전세와 월세 가격이 폭등하기에 이르렀다. 일진디스플레이는 예상하지 못했던 일로 지역 주민들의 원성을 듣는 상황이 되었다.

그러나 일진디스플레이가 평택 주민들에게 민폐만 끼친 것은 아니다. 일진의 성장세로 평택 지역에 많은 인구가 유입되었고 이것은 지역 경제 활성화로 이어졌다. 유동 인구가 늘어나서 근처 상권이 활기를 띠게 되었다. 평택 공장의 이런 활기는 사업 시작 10여 년 만에 이룬 쾌거로 암울했던 과거와 극적으로 대비된다. 많은 이들로부터 사실상 망한 기업처럼 취급받던 일진디스플레이는 포기를 모르는 끈질긴 노력과 집념으로 기적 같은 반전 신화를 일구었다. 마침내 꺼지지 않는 불로 공장을 밝히며 평택의 밤을 더욱 환하게 했다.

알피니언메디칼시스템
미래를 향한 의료 기기 사업 도전

황영철_現 알피니언메디칼시스템 상무

의료 기기 분야는 그간 일진그룹이 전개하던 사업과는 성격이 달랐다. 현재 알피니언메디칼시스템㈜으로 성장한 이 사업의 출발점에는 한 줄의 신문 기사가 있다. 신문 기사에 상상력을 덧붙인 젊은 직원의 정제되지 않은 아이디어는 최고경영자의 식견 속에서 가능성의 꽃을 피웠다. 허 회장은 엉뚱한 보고 내용을 무시하거나 허투루 흘려보내지 않았다. 그 속에서 불모지나 다름없던 한국 의료 기기 사업의 장래를 통찰했으며 미래의 씨앗을 발견했다.

전환기에 찾아온 행운

돌이켜보건대 내가 허진규 회장을 만나고 일진그룹과

인연을 맺은 것은 큰 행운이다. 2002년의 일이다. 나는 경제학을 전공한 후에 모 그룹 계열 증권사에서 근무하고 있었다. 그런데 이 회사는 경영 악화로 부도가 나고 말았다. 함께 일하던 동료들은 하나둘씩 다른 기업으로 이직을 했다. 졸지에 실업자 신세가 된 나도 새로운 직장을 알아보아야 할 형편이었다.

하지만 나는 다른 가능성을 염두에 두었다. 기왕 이렇게 되었다면 유학을 가서 공부를 좀 더 하고 싶다는 바람이 있었던 것이다. 대학 졸업 후 직장 생활을 하느라 정신없이 달려왔다. 그러면서 마음 한편으로는 전문 분야의 지식을 더 쌓으면 어떨까 하고 생각해왔던 것이 사실이다. 하지만 생각으로만 그쳤을 뿐 행동으로 옮기지는 못했다. 숨 쉴 틈 없이 빠르게 돌아가는 증권가의 속도에 맞추느라 엄두도 내지 못했다. 그러다 회사가 부도를 내는 극단적 상황이 오니 불운을 기회삼아 마음을 굳힐 수 있었다.

유학을 준비하던 중에 기대하지 못했던 기회가 찾아왔다. 일진 그룹의 스폰서십을 통해 MBA 과정을 마칠 수 있다는 것이다. 유학 기간 중 학비와 생활비를 지원받으면 공부하고 돌아와서는 일정 기간 회사에 근무하면 되는 제도였다. 유학비 걱정도 덜고 졸업 후 취업 자리도 보장받는 셈이니 최고의 조건이었다. 갑작스럽게 인생의 전환기를 맞았지만 뒤이어 행운을 거머쥐게 되었다.

일진의 후원 장학생으로 유학을 떠나기 전, 허 회장과 처음 만났다. 그 자리에서 허 회장은 이렇게 격려했다. "가서 좋은 경험을 쌓고 오게. 돌아올 때는 이를 통해 좋은 신사업 아이템을 구상해 왔으면 좋겠네. 내가 원하는 건 그것뿐이네."

신문 기사 한 줄에서 이어진 상상

나는 그룹 스폰서십을 받아 미국 미네소타대학에서 MBA 과정을 마치고 일진그룹에 들어와, 기획실의 재무팀 과장으로 일하게 되었다. 근무를 시작한 지 3개월 정도 지난 2004년 9월, 비서실로부터 허 회장이 나를 부른다는 연락을 받았다. 면담 사유는 정확히 전달받지 않았지만 마음속으로 짐작 가는 구석이 있었다. 유학을 떠나기 전 당부한 내용이 신사업 아이템 구상이었기 때문이다.

유학에서 돌아와 첫 만남인 만큼 신사업 아이템에 대한 궁금증으로 나를 찾는 것이라 생각했다. 미국에서의 경험을 바탕으로 3가지 아이템을 정리했고 이것을 허 회장에게 보고했다. 그중 하나가 의료 기기 사업이다.

내가 유학 생활을 했던 미네소타는 미국의 전형적인 중서부 주로서 옥수수 농사, 광업, 식품 산업 등의 제조업이 주된 산업이었다. 여기에 덧붙여 의료 관련 산업이 발전한 곳이기도 하다. 미국에서 가장 유명한 병원 중 하나인 메이요 클리닉Mayo Clinic이 미네소타주에 있기 때문이다. 메드트로닉Medtronic, 가이던트Guidant, 세인트 주드 메디컬St. Jude Medical 등 의료 기기 회사 본사가 이곳에 위치를 두었으며 중요한 일반 의료 기기 제조 업체인 3M의 본거지도 미네소타였다. 그래서 MBA 과정 중 마케팅, 경영 전략 등의 과목을 배울 때 사례 연구Case Study에 의료 기기 회사들이 자주 등장했다. 결국 자연스럽게 이들 회사에 관심을 가지게 되었다.

그렇지만 의료 기기 사업을 허 회장에게 보고할 신사업 아이템의 첫 순위에 올릴 생각은 없었다. 매력적이고 사업 전망이 좋은 분야이긴 했지만 그간 일진이 해오던 산업용 소재, 전력 계통의 사업과는 성격이 달랐고, 병원이라는 고객 또한 일진에게 익숙하지 않았기 때문이다. 더구나 투자 회수에 걸리는 시간이 길었기에 사업 개발을 담당하는 사람들이 매력적으로 느끼기에는 분명한 한계가 있다고 보았다. 다만 미네소타에서 익숙하게 보아왔던 사업이기에 관련 정보가 풍부했고 일진이 과거 의료 기기 회사인 ETEX를 인수해 지속적으로 운영하고 있음을 알고 있던 터라 혹시 그 연관성을 찾을 수 있으리라 기대했던 것이 솔직한 속내다.

나는 의료 기기 사업보다는 제조업 위주인 그룹의 사업 영역을 소프트한 쪽으로 확장시킬 분야를 생각하고 있었다. 온라인 게임이나 어뮤즈먼트 파크Amusement Park, 놀이공원, 확장성 교육 사업 등에 큰 비중을 두고 있었다. 그 당시 미국은 삶의 중요한 가치를 '즐거움fun'에 두었고 이에 맞춘 엔터테인먼트 사업이나 교육이 활성화되어 있었다. 이것을 한국에 들여와 응용하고 신사업으로 구성하면 좋은 모델로 성장시킬 수 있으리라고 판단했다.

드디어 허 회장에게 신사업 아이템을 보고하는 자리가 만들어졌다. 나는 허 회장이 어떤 분야에 관심을 가질지 전혀 알지 못하는 상태였다. 그래서 내가 선호하고 염두에 두었던 사업에 대한 보고는 뒤로 미루고 의료 기기 사업에 대해서 먼저 설명하기로 했다. 나는 허 회장과 대화 자리가 마련되기 며칠 전에 흥미로운 신문 기사 하나를 보았었다. 이 기사로 이야기를 시작하면 좋겠다는 생각이 들었다. 그 내용은 대한민국 영재들 대부분이 의대를 가장 선호하고 진학한다는 것이었다.

"회장님 시절에는 최고의 인재들이 화학공학과, 금속공학과, 건축학과에 들어가지 않았습니까? 그래서 대한민국이 1970년대에 화학 입국, 제철 입국, 건설 입국이 되었습니다. 저나 저희 형님 시절에는 최고의 인재들이 보통 물리학과나 전자공학과를 갔습니다. 그래서 지금 대한민국이 IT 강국이 되었고 그 혜택을 보고 있습니다. 얼마 전에 신문을 보니 현재 대한민국 영재들은 대부분 의대를 간다고 합니다. 그렇다면 앞으로 대한민국에는 의료와 관련된 사업 영역이 잘될 수도 있다고 추정해볼 수 있습니다."

다듬어지지 않은 내용이었다. 미국에서 돌아온 지 얼마 되지 않았을 무렵이라 기획실 업무에 적응하기 바빴다. 더욱이 사전 예고 없이 급작스럽게 호출을 받은 터라 즉흥적으로 이야기를 이어갔던 것이다. 사업 아이템 제안에서 필수적인 사업의 매력도, 역량 확보 가능성 등에 대해서는 빼먹었다. 그리고 관련된 자료도 충분히 검토하지 못해 우연히 읽은 신문 기사 내용을 읊어대고 있었다. 한마디로 구멍이 숭숭 뚫린 형편없는 제안이었다.

보고가 끝나자 주위에서 정적이 흘렀다. 무성의한 보고에 화가 난 것인지 허 회장의 눈에서 레이저 광선이 뿜어 나오는 것 같았다. 자책과 후회가 머릿속을 스쳤다. 불안한 마음으로 침묵이 깨지기만을 기다렸다. 찰나의 시간이 길게만 느껴졌다.

"그래서 의료와 관련된 어떤 사업을 하자는 건가?"

드디어 허 회장의 반응이 나왔다. 목소리를 들어보니 역정이나

미국의 ETEX사 인수

짜증이 난 것은 아니었다. 허 회장은 진지하게 관심을 보이고 있었다. 제안 보고가 이렇게 흐른 이상 멈출 수는 없었다. 나는 엉뚱한 이야기를 이어갔다.

"서비스업 경험이 없는 우리 회사가 갑자기 의료 서비스업을 하자는 것은 아닙니다. 우리는 수출을 할 수 있는 무언가를 만들어야 합니다. 영재들이 대거 의대에 가서 대한민국 의사들의 수준이 높아진다면 이들이 좋은 도구를 쓰고 싶어 하지 않겠습니까? 조자룡이 헌 칼을 써서 장판교를 헤치고 나왔다는 데 조자룡에게 새 칼을 쥐어주면 더 잘 싸우지 않겠습니까?"

요즘 젊은이들 용어로 '아무 말 대잔치'였다. 지금 그때를 돌이켜보면 얼굴이 화끈거린다. 일개 과장이 회장 면전에서 두서없는 이야기를 주워 담다니…. 증권사에 다닐 때 인수 합병 업무를 하면서 이런저런 사람을 만나며 아무 말이나 지껄이던 버릇이 남아 있었던 것이다. 그래서 나도 모르게 입에서 나오는 대로 말을 쏟아낸 것이다. 허 회장이 『삼국지』와 『도쿠가와 이에야스』를 즐겨 읽는다는 이야기를 어디선가 들어서였는지 뜬금없는 조자룡 칼타령까지 하고 말았다.

또다시 정적이 흘렀다. 등줄기에서 식은땀이 흐르더니 한기가 느껴졌다. 허 회장은 한참을 생각에 잠긴 듯했다. 그러다 내 얼굴을 빤히 쳐다보았다.

"의료 기기…, 그거 좋을 것 같은데 한번 추진해보게. 구체적인 안을 만들어보게!"

뜻밖의 대답이었다. 나는 당황스러웠다. 물론 의료 기기 사업도 신사업 제안 중 하나였다. 하지만 정작 내가 선호하고 제안하고 싶은 분야는 따로 있었다. 의료 기기 사업은 MBA를 한 미네소타 지역과 관련이 깊고 신문 기사와 연결해 이야기를 시작하기에 적합하다 싶어 첫 순위로 넣은 것이다. 뒤이어 다른 아이템에 대해 본격적으로 제안하려 했다. 더욱이 제안의 내용도 엉망이었다. 신문 기사에 상상을 보탠 후에 논리적 맥락과 근거 없이 나오는 대로 마구 말했다. 무례하기까지 했다. 그런데 허 회장은 덜컥 이 아이템의 사업성 검토를 지시한 것이다. 정작 선호하던 사업 아이템은 말조차 꺼내지 못했다. 허 회장은 젊은 직원의 마구잡이 제안 속에서 어떤 가능성을 발견했던 것일까? 다른 사람의 눈에는 들어오지 않았던 미래의 씨앗을 보았으리라 생각한다.

의료 기기 사업 본격 가동

정신없는 제안 보고 이후 나는 국내 의료 기기 회사 현황과 외국 사례들을 꼼꼼하게 검토했다. 제대로 조사해보니 국내 의료 기기 산업은 매우 척박했다. 의료 기기 사업체 수는 1,500개가 넘었다. 하지만 그중 90% 정도가 10인 이하의 영세 기업이었다. 초음파나 MRI 등의 정밀 의료 기기보다는 매스, 붕대, 청진기 등의 일반 의료 기기를 생산하거나 외국 제품을 국내에 들여와 판매하는 중개상 수준인 곳이 대부분이었다. 기업으로서 제대로 된 규모를 갖추고 있는 곳은 메디슨, GE-삼성, 동아엑스레이(후에 리스템으로 상호 변경) 등이 손에 꼽을 정도였다. 하지만 메디슨은 법정 관리 중이었고, GE-삼성은 합작JV 계약이 종료되어 GE 단독으로 사업을 끌어가는 상황이었다.

나는 막막한 심정이었다. 상상의 나래를 펼치며 의료 기기 사업을 제안했고 사업의 본격화를 위한 검토를 지시받은 상황에서 내가 할 수 있는 일이 별로 없었다. 어림짐작으로 사업을 구상했지만 본격적인 추진을 위한 설계 작업은 이와는 완전히 달랐다. 그간 내가 해오던 업무의 대부분은 M&A를 위한 중계였다. 이런 나에게 의료 기기 관련 전문 지식이 있을 리가 없었다. 누구를 만나고 어디서부터 시작해야 할지 갈피도 잡을 수 없었다. 당장 할 수 있는 일이라곤 인터넷을 검색하며 자료를 모으는 것이 전부였다.

형식적으로나마 사업 기획서를 완성하기 위해 자료 조사를 하던 어느 날이었다. 허 회장으로부터 직접 전화가 왔다. 이틀 후 조찬 모임이 있는데 그 자리에 배석하라고 했다. 굉장히 당혹스러웠다. 허 회장이 참석하는 조찬 모임이라면 거물급 인사들이 바쁜 시간을 쪼개어 만든 자리다. 중요한 사안들이 거론되는 자리에 일개 과장인 내가 배석한다는 것은 격에 맞지 않는다. 모임 참석자들과 화제의 무게를 감당할 수 있을지 몹시 부담스러웠다.

내가 예상했던 대로 거물들의 조찬 모임이었다. 대한민국 의료계의 유력 인사인 정남식 세브란스병원 박사와 이민화 메디슨 전 회장이 조찬에 참석했다. 내가 인터넷이나 뒤지며 자료를 모으는 동안 허 회장은 진짜 '액션'에 돌입했던 것이다. 그동안 의료 기기와 관련된 수많은 전문가들을 수소문했고 사업의 방향성과 장단점을 자체적으로도 검토하면서 일진의 추진 사업으로서 적합성을 판단했던 것이다.

이날 조찬 모임은 최고 전문가들이 모인 자리답게 꽤 심도 있는 대화가 오갔다. 과거 평생 한 번 할까 말까였던 초음파, MRI 검사 등이 보편화되어 이제 2년에 1번씩 정기 검진을 통해 이용하는 현실이라고 했다. 또한 평균 수명이 길어지면서 건강에 대한 대중적인 니즈가 커진 만큼 의료 기기 사업은 이전에 비해 더욱 빠른 속도로 확장·발전될 것이라고 내다보았다.

현재 한국 의료 기기 산업은 불모지나 다름없지만, 앞으로 한국인 특유의 손기술라는 장점을 발현해 발전시킨다면 세계적 수준에 올라설 것이라는 희망적인 예측도 들었다. 한 예로 GE-삼성이 만들어낸 초음파 기계는 세계 최고 수준이었는데, 그 제품을 개발한 곳이 바로 한국 지사였다. 또한 의료 기기의 세계적 대표 주자 지멘스Siemens도 한국에 연구소를 만들었다.

한국 의료 기기는 자체 브랜드로 보면 보잘것없다. 하지만 세계 최고 수준의 의료 기기 모델의 상당수가 한국에서 생산되었다. 인적 인프라는 이미 갖추고 있는 셈이다.

의료 기기 사업성 검토 단계에서 조찬 모임은 매우 큰 의미가 있었다. 이 자리를 시작으로 사업 타당성에 대해 구체적으로 접근하기 시작했다. 그리고 사업이 차근차근 추진되는 출발점이 되었다.

돌이켜보면 그날 조찬 모임은 내가 의료 기기 사업에 열정을 품고 투신하게 된 강력한 계기였다. 사업을 제안한 젊은 실무자보다 훨씬 더 빠르고 구체적으로 사업을 검토하는 70대 고령의 허 회장의 모습을 보면서 한없이 부끄러운 마음이 들었다. 허 회장은 말과 서류가 아닌 행동으로 나를 이끌었다. "나를 믿고 이 사업을 제대로 만들어보라"고 무언의 지시를 내리는 듯했다. 귀에 들리지는 않았지만 강렬하면서 거부할 수 없는 지시였다. 나에게 변화가 시작되었다. 의료 기기 사업에 대한 의지와 집념이 점점 두터워졌다.

물거품이 된 3년의 협의

모든 사업이 그러하듯 의료 기기 사업의 초기 추진 과정도 순탄하지 않았다. 이 시기를 생각하면 가장 선명하게 떠오르는 사람이 김진하 박사다. 김 박사는 허 회장의 전주고, 서울대 공대 후배인데, 2001년 메디슨의 부도와 함께 진행된 공개 매각 입찰 과정에서 허 회장과 첫 인연을 맺게 되었다고 한다. 김 박사는 지멘스 헬스 케어 사업부의 최고기술경영자CTO, Chief Technology Officer 출신으로 한국인으로서는 최고위직에 오른 입지전적 인물이다. 특히 초음파 분야에서는 엔지니어 출신의 실력자로 통했다. 하지만 김 박사는 저돌적인 성향이었고 대부분의 비즈니스 경험을 미국에서 했던 터라 국내에서 신사업을 진행하며 여러 복잡한 상황을 조율하는 데 만만치 않은 상대였다.

후에 허 회장과 김 박사가 처음 만났을 때의 이야기를 들었는데, 인상적으로 기억에 남는다. 두 사람은 서울 마포의 가든호텔에서 첫 미팅을 가졌다고 한다. 허 회장은 김 박사의 능력과 경력을 높이 평가했고 호텔 종업원에게 종이 1장을 갖다달라고 한 다음 그 자리에서 고용 계약서Engagement Letter를 썼다고 한다. 허 회장의 추진력과 결단력에 깊은 감동을 받은 김 박사는 일진의 의료 기기 사업에 힘을 보태기로 마음을 굳혔다고 한다.

내가 감당하지도 못할 의료 기기 사업을 제안했을 당시는 이미 허 회장과 김 박사의 만남이 있은 후였다. 물론 회사의 여러 정황 때문에 사업이 본격적으로 진행되지는 않고 있었다. 허 회장은 이런 기반을 갖추고 있었기에 나의 엉뚱한 제안에 흔쾌히 답을 내놓았던 것이다.

조찬 모임이 있은 몇 주 후, 허 회장은 나에게 김 박사를 소개해주며 함께 사업을 구상하라고 지시했다. 그 무렵 김 박사는 외부 프로젝트를 많이 맡고 있어서 당장 입사하기는 어려운 상황이었다. 그 대신 파트너로서 일진과 협력 관계를 이어갔다.

허 회장은 일진다이아몬드의 한 사업팀이 철수하고 나간 마포 사옥의 100평 넘는 사무실 공간을 사업 비밀 유지를 위해 혼자 사용하라고 배정해주었다. 널찍한 사무실에 책상과 프린터, 회의용 테이블이 각각 하나씩 덩그렇게 놓여 있었다. 황량한 느낌마저 드는 이 공간에서 의료 기기 사업의 가닥이 하나씩 잡혀 나갔다. 대한민국을 대표하는 의료 기기 업체로 성장한다는 비전과 함께 사업 계획도 조금씩 구체화되었다.

나는 김 박사와 매주 수차례 만나며 사업 계획을 진행시켰다. 첫 플랜은 법정 관리 중인 메디슨을 인수해 사업을 시작하는 것이었다. 만약 인수가 어렵다면 국내 자원 기반이 풍부한 초음파 진단기를 자체적으로 연구 개발해 생산하겠다는 대안을 수립했다.

허 회장도 우리 구상의 큰 방향성에 대해 동의했다. 하지만 구체적인 사업 진행 과정에서 문제가 불거졌다. 김 박사가 제안한 사업 방안은 김 박사 개인에 대한 의존도가 높았다. 이상적인 측면도 강했고 지나치게 많은 투자 금액이 요구되었다. 미국에서 쌓은 풍부한 비즈니스 경험은 역설적으로 국내 실정을 고려하며 사업을 전개하는 데 걸림돌로 작용한 것이다.

김 박사의 사업 방안은 내가 이끌던 일진의 사업 개발 조직과 잦은 충돌을 빚었다. 결국 약 3년에 걸쳐 김 박사와 공동 추진하던 의료 기기 사업이 무산되고 말았다. 2007년 김 박사는 일진과의 사업 추진을 포기하고 대안을 모색했다. 바이메드VIMED라는 초음파 진단기 회사를 자체적으로 설립해 사업을 추진하겠다고 통보해왔다. 우리는 협의점을 찾지 못하고 결별 수순을 밟았다.

허 회장의 지시하에 3년간 의료 기기 사업에 매진했던 나로서는 허탈하고 안타까웠다. 하지만 사업이 전면 중단된 상태에서 내가 할 수 있는 일은 하나도 없었다. 하루라도 빨리 마음을 다잡고 다른 업무에 매진하는 게 최선이었다.

우연 속 두 번째 도전

우리와 결별한 김진하 박사는 메디슨과 지멘스를 거친 고석빈 부사장, 4명의 엔지니어와 함께 바이메드라는 회사를 설립해 운영했다. 프로소닉Prosonic이라는 초음파 프로브Transducer 회사가 여기에 투자했다. 그런데 그 무렵 프로소닉은 주가 조작 사건과 경영권 분쟁으로 굉장히 어수선했다. 따라서 사업 규모를 감당하기 위해 막대한 자금이 들어가는 초음파 진단기 사업을 지속적으로 지원할 형편이 되지 못했다. 더욱이 김 박사가 지향하던 '종합 의료 기기 회사'로 성장하기에는 역부족이었다.

그러던 2008년 3월, 김 박사로부터 전화가 1통 걸려왔다. 결별한 지 8개월 만의 일이었다. 그동안 김 박사와는 연락이 없었다. 3년간 힘을 쏟아 추진하던 사업이 중단되면서 상실감이 컸기 때문에 김 박사를 만나야겠다는 생각조차 못하고 있었다. 그랬기에 김 박사와의 통화는 갑작스러웠다. 바로 그때였다. 뜻밖의 전화가 1통 더 왔다. 허 회장이었다.

내가 기획실에 근무할 때는 허 회장이 사업 개발 담당자인 나를 직접 찾거나 전화를 하는 일이 종종 있었다. 하지만 그 당시 일진홀딩스로 소속을 옮긴 상황이었기에 허 회장으로부터 직접 전화를 받는 일이 없었다. 몇 초 간격으로 예기치 않은 전화가 걸려온 예사롭지 않은 순간이었다. 나는 수화기 너머의 김 박사에게 허 회장으로부터 전화가 왔다고 알린 후 양해를 구하고 통화 대기 버튼을 눌렀다.

"회장님, 안녕하십니까?"

"어이, 잘 지내? 그런데 요즘 김진하 박사는 어떻게 지내는가?"

나는 소스라치게 놀랐다. 이런 기막힌 우연이 있다니.

허 회장과 통화를 마친 나는 김 박사에게 허 회장이 김 박사의 소식을 물어보더라고 전했다. 그러자 김 박사는 어쩌면 하늘의 뜻인지도 모르겠다며 허 회장과의 만남을 주선해달라고 부탁했다.

김 박사의 자세한 사연을 들은 것은 그로부터 한참 후였다. 프로소닉의 투자를 받아 바이메드를 운영하던 김 박사는 프로소닉의 복잡한 내부 사정과 추가 투자가 꽉 막혀 몹시 답답해했다. 그래서 차선책으로 의료 기기 사업에 투자하고 싶어 하는 대기업들을 대상으로 투자 유치를 시도했다. 하지만 조건이 맞지 않거나 사업을 대하는 철학이 서로 달라서 뜻을 이루지 못했다. 고민이 깊어가던 중에 비록 결별한 회사지만 '혹시' 하는 마음으로 나에게 전화를 했다. 그런데 바로 그때 허 회장의 전화와 겹쳤던 것이다.

하늘의 뜻을 내세우는 건 조금 억지스럽긴 하지만 이 절묘한 우연을 계기로 허 회장과 김 박사 그리고 나, 이 세 사람이 다시

한자리에서 만나게 되었다. 그리고 그로부터 1개월 후에 일진은 프로소닉이 바이메드에 투자했던 지분을 인수했다. 공식적으로 초음파 진단기를 시작으로 하는 의료 기기 사업에 뛰어든 것이다. 지난 수년간 노력해왔던 일이 우연을 매개로 현실이 되었다.

　허 회장은 여러 사업을 진행하면서 겪는 크고 작은 진통들을 겉으로 잘 드러내지 않는다. 그래서 그 속내를 짐작하지 못할 때도 많다. 그런데 바이메드 지분 인수를 결정하는 과정을 보면서 의료 기기 사업에 대한 허 회장의 관심과 의지가 얼마나 큰 것인지 생생하게 알게 되었다.

의료 기기 사업을 향한 집념과 끈기

　일진의 의료 기기 사업 추진의 고비마다에는 우연적인 요소가 여러 번 작용했다. 이것이 사업 시작과 재개의 방아쇠 역할을 했는지도 모른다. 하지만 이것은 눈에 보이는 일부 모습이다. 실제로는 허 회장의 집념과 끈기가 의료 기기 사업 추진의 모든 것이었다. 그리고 허 회장의 집념과 끈기야말로 이 사업을 성공으로 이끌 가장 큰 무기임을 확신한다.

　의료 기기 사업은 일진그룹의 주력 분야인 전자나 전기 계통 제조업과 달리 대단히 긴 호흡을 갖는다. 제품 개발에 상대적으로 장시간이 걸린다. 예를 들어 휴대폰이나 디지털 디바이스는 1~2년 만에 개발되고 출시 후 6개월 만에 성패가 갈린다. 이와 비교할 때 의료 기기는 개발에만 최소 3~4년(초도 개발은 5~6년)이 소요되고 시장에 제대로 침투할 때까지 2~3년은 족히 걸린다.

영업도 쉽지 않다. 5년이 넘는 긴 시간을 투자해 성공적으로 제품을 개발했다 하더라도 영업에 실패해 시장에서 사장되기 일쑤다. 채널을 잘 개발하지 못하거나 사용자인 의사들의 까다로운 눈과 손에 익지 않은 제품이 그대로 묻혀버리는 일이 허다하다.

의료 기기 사업은 불확실성이 크고 실패의 확률도 높다. 그래서 국내 대기업들이 선뜻 투자하기 어려운 분야다. 혈액 분석기, X-Ray, CT 등을 내부적으로 개발하고 메디슨을 인수하는 등 의욕적으로 사업에 뛰어든 삼성전자조차도 사업을 시작한 10여 년 동안 뚜렷한 성과를 못 내고 있는 실정이다.

의료 기기 사업에서 보인 허 회장의 인내는 실로 대단했다. 최초로 사업을 검토한 2004년부터 알피니언(바이메드는 2010년 '알피니언Alpinion'으로 사명을 변경)이 제대로 된 제품 라인업Line Up을 갖추는 2013년까지, 10년 동안 1원도 벌어들이지 못하는 사업과 회사에 지속적으로 투자했다. 기다리면서 후원을 해온 것이다. 최초 사업 개발 단계, 바이메드 인수, 초기 제품 생산 등 모든 과정에서 자칫 흔들릴 수 있었던 여러 임직원들을 견고하게 붙잡아 한 방향으로 움직이게 한 원동력이 허 회장의 집념과 끈기였다.

허 회장은 해마다 KIMES국제 의료 기기&병원 설비 전시회 등 주요 전시회에 방문해 의사들과 직접 미팅을 진행했다. 회사의 연구 소장뿐 아니라 실무급 연구원들을 직접 불러 제품과 기술에 대한 설명을 듣곤 했다. 젊은 임원들도 피로감을 느끼는 종일All-Day 미팅을 여러 차례 치르면서 사업의 현황과 기술 그리고 의료 사업의 방향에 대해서 직접 챙기고 검토하고 지침을 내렸다. 그리고 사업 하겠다는 '사람'에 대한 강한 신뢰를 보여주었다.

나는 2004년부터 2008년까지 5년간의 사업 준비 기간 동안 약 10차례의 의료 기기 사업 기획안을 허 회장에게 보고했다. 보고 라기보다는 "이렇게 사업을 시작하자"는 제안에 가까웠다. 그런데 그 기획안들은 보고한 횟수만큼 반려당했다. 어떤 기획안은 허 회장이 직접 재검토의 이유와 부족한 점검 사항을 알려주었다. 하지만 어떤 때는 기획안이 거절당한 이유를 알 수 없었다.

고생스럽게 기획안을 작성해본 사람이라면 누구나 특별한 이유 없는 반려가 얼마나 괴로움을 주는지 잘 알 것이다. '무엇이 잘못되었는가?', '허 회장 말씀의 행간은 무엇인가?', '원하는 사항은 무엇인가?' 등을 고민하다 보면 좀 더 구체적이고 직설적으로 지시하시거나 지적하지 않는 결정권자가 원망스럽기도 했다. 하지만 허 회장은 그렇게 많이 기획안을 기각시키면서 단 한 번도 보고하는 내 기를 꺾은 적이 없었다. 간혹 부실한 내용이나 순진한 접근 방식에 화를 낸 적은 있었다. 그래도 보고 끝에는 항상 "한번 잘해보라고!"라는 격려를 덧붙였다.

지금에 와서 돌이켜보면 사업 개발을 하겠다는 직원이 좀 더 절실하고 치열하게 사업을 들여다봄으로써 다양한 개시 전략을 세우고 혹시 발생할 수도 있는 위험을 검토해서 입체적인 접근 방법을 도출해내도록 유도하는 허 회장만의 용인술이라는 생각이 든다. 나는 이 덕분에 사업을 꼭 성공시켜보겠다는 오기를 품었고 우여곡절 끝에 사업을 시작할 수 있었다.

김 박사와 다시 결합한 후에도 의료 기기 사업은 좌충우돌했다. 바이메드를 인수한 이듬해인 2009년 9월, 우리와 김 박사는 '사업에 대한 시각의 간극'을 좁히지 못하고 결국 다시 결별했다. 그 후 고석빈 사장을 맞이했다. 제품의 출시는 늦어졌고 애초 계획했던 것의 2배 가까운 금액이 투자되었다. 사업이 이렇게 길고 번잡하게 꼬이는 동안에도 허 회장으로부터 "이 사업 되는 거야?" 같은 흔하디흔한 질문조차 받아본 일이 없다. 물론 시간 지연에 대한 질책, 약속한 성과를 달성하지 못했을 때의 꾸중을 들은 적은 있다. 사업의 세부 내용에 대한 지적도 있었다.

하지만 최고경영자로서 가장 근본적이면서 궁금한 질문인 사업의 가능성에 대해서는 일절 거론하지 않았다. 이것은 허 회장 스스로 사업에 대해 확신하기 때문이기도 하지만 사업을 추진하는 사람의 진정성에 대한 신뢰를 보여주는 것이기도 하다.

한 예를 보자. 2011년에 메디슨을 인수한 삼성은 실적에 따라 2년마다 대표이사를 교체했고 지금까지 3명의 사장이 바뀌었다. 하지만 알피니언은 2010년 김진하 박사 이후로 고석빈 사장이 회사를 맡았고 이 체제가 2017년까지 그대로 이어져오고 있다.

7년 만의 첫 영업 흑자

알피니언은 2013년에 첫 영업 흑자를 기록했다. 사업을 검토하기 시작한 2004년 이후 10년, 회사 설립 이후 7년 만에 이룬 값진 성과였다. 현재까지 성장세는 이어지고 있으나, 빠른 성장을 위해 제품 라인업과 영업 채널을 급속하게 확장한 탓에 2017년 현재 혹독한 성장통을 겪고 있다. 하지만 HIFU High Intensity Focused Ultrasound, 집속 초음파 치료기 개발과 출시, 치매 진단기 개발 등 공격적인 사업 확장을 준비하고 있다.

알피니언은 변화하는 시장 환경과 장기적인 시각에서의 사업 간계 변경에 대응하기 위해 2017년 새로운 리더십을 확보하기로 결정했다. 8년간 회사를 이끌어온 고석빈 사장이 사임하고 GE에서 오랜 기간 초음파를 개발·생산해온 최영춘 사장이 바통을 이어받았다.

내가 이 사업을 초기부터 기획하고 개발했다는 사실을 아는 몇몇 회사 내·외부 지인들은 가끔 이렇게 묻곤 한다. "너는 어쩌려고 이렇게 힘든 사업을 시작하자고 했냐?"

사실 그 해답은 명쾌해야 한다. 사업을 개발하는 사람이 신사업 투자를 선택할 때는 한 가지 명확한 이유가 있다. "돈을 벌 수 있을 것 같아서"다. 돈을 벌지 못하는 사업은 아무리 명분과 사업의 의도가 고상하더라도 오래 지속될 수 없다. 의료 기기 사업은 '돈을 벌 수 있느냐'는 관점에서 100% 확신을 내놓기 어렵다. 중국 기업들의 도전도 거세고 시장에 먼저 들어온 대형 경쟁사들의 텃세와 수성修城의 장벽도 견고하다. 고객들의 보수성도 일진이 시장에 신속히 침투하지 못하는 큰 걸림돌로 작용하고 있다.

하지만 한 점 의심도 없이 확신하는 것 하나가 있다. 의료 기기 분야는 끈기와 집념으로 새로운 역사를 써온 일진그룹에 어울리는 사업이다. 또한 끈기와 집념을 지닌 허 회장의 스타일에 가장 적합한 사업이기도 하다. 그래서 이 사업의 성공을 믿는다. 이것이 내가 이 사업에 뛰어든 이유다.

의료 기기 사업의 초기 모델 ETEX

앞에서 이야기했지만 내가 허 회장에게 의료 기기 사업을 제안하게 된 배경 중 하나가 ETEX다. 일진은 과거 해외 의료 기기 사업인 ETEX를 인수해 운영하고 있었다. 그리고 10배의 차익을 남기며 매각함으로써 일진 성장사에 의미 있는 기여를 했다.

처음 의료 기기 사업을 제안했을 때 나는 일진에 갓 들어온 상태라 ETEX에 대해 상세히 파악하지 못했었다. 하지만 어렴풋이 일진이 ETEX를 통해 의료 기기에 대한 감을 지니고 있으리라 짐작했고 허 회장도 그 카테고리에서 긍정적으로 사업을 검토할 수 있다고 보았다.

1990년 10월 11일, 일진은 미국 보스턴 소재의 의료 기기 분야 벤처 기업 ETEX를 인수하며 생명 공학 사업에 진출했다. 인수 금액은 약 20억 원이었다. 거액의 투자는 아니었지만, 당시 국내 기업이 미국에서 기업을 발굴하고 투자한 사례가 거의 없다 보니 우려의 목소리가 높았다. 더욱이 ETEX는 벤처 기업으로 출발해 경영에 어려움을 겪던 작은 회사였다. 사업성 검토를 제아무리 철저

2014년 KIMES

히 했더라도 당시 수많은 벤처 기업들이 경영 악화 속에서 무더기로 무너지는 상황을 고려할 때 확신을 가지기 힘들었다.

허 회장은 벤처 리스크 때문에 ETEX 인수를 주저하지 않았다. 당장은 경영에 어려움을 겪고 있으나 그 미래성이 보인다면 검토할 가치가 있다고 본 것이다.

위기에 봉착한 ETEX를 정상화시키고, 선순환 구조로 전환시키기까지 수많은 우여곡절이 있었다. 의료 기기 사업의 특성상 제품 개발에 생각보다 오랜 시간이 걸렸다. 이 무렵 ETEX를 전문성을 갖춘 글로벌 의료 기기 회사에 매각하려 했으나 이마저도 쉽지 않았다. 결국 투자금을 회수할 수도, 투자된 금액을 포기할 수도 없는 상황에 내몰렸다. 게다가 ETEX에 투자한 다른 기업들이 추가 투자를 거부함으로써 ETEX에 대한 일진의 지분은 자연스럽게 증가했다. 이것은 빚을 지속적으로 떠안는 셈이 되었다.

하지만 허 회장은 ETEX를 포기하지 않았다. 10년이 넘는 시간 동안 사재까지 투자하는 끈기와 인내를 보였다. 결국 성과가 나오기 시작했다. 1996년 뼈 대체용 의약성 신물질을 개발하며 조금씩 성장세를 보이기 시작했다. 2002년 4월에는 심장 및 척추 의료 기기 분야의 세계적 기업 메드트로닉Medtronic에 1,220억 원에 매각했다. 이것은 일진이 투입한 전체 금액의 10배나 되는 돈이었다.

ETEX의 성공에는 긴 호흡이 필요한 사업에 대한 끈질긴 인내와 집념이 뒷받침되어 있다. 알피니언과 마찬가지다. 이것은 일진이 오늘날과 같은 성공을 이루기까지 탄탄한 토대가 될 것이다.

전주방송

집념으로 일군
매스 미디어 산업의 첫걸음

김택곤_現 전주방송 대표

●

  허진규 회장은 도전을 업으로 삼은 사람이다. 허 회장의 도전
은 남다르다. 신념과 확신이 넘치며 끈질기게 인내하는 집념이 살
아 있다. 그래서 담대한 승부를 펼친다. 그런 점에서 허 회장은 타
고난 승부사이기도 하다.

  허 회장의 도전은 잇달아 사업을 성공시켰던 제조업을 넘어 매
스 미디어 분야까지도 이어졌다. 거기서도 남다른 열정과 도전을
이어오고 있다. 허 회장은 전주방송을 통해 지역 방송 언론에 진
출했다. 하지만 전주방송은 일진의 작은 계열사 하나에 머무는
존재가 아니라 각별한 의미를 지니고 있다.

  허 회장과 일진에게 전주방송은 특별한 기업이다. 기업가라면
사업 성패의 잣대를 수익성에 둔다. 하지만 허 회장은 전주방송에
관한 한 숫자로 매겨지는 수익성과는 다른 기준을 적용해왔다.

그것은 '언론으로서 제 역할을 다하는 것'이다.

그동안 기업 집단을 이끌어온 허 회장에게 정치권의 청탁, 외부 인사의 압력, 심지어 가까운 지인의 하소연이 없었을 리 없다. 하지만 허 회장은 전주방송에 이런 일을 지시한 적이 없다. 청탁이나 압력의 유효 기간이 한참 지난 뒤 이런 일이 있었노라고 이야기할 뿐이다. 언론사의 특수성을 인정하고, 인사 문제에 관여하지 않는 점은 언론인 출신들도 놀랍게 생각한다.

전주방송에는 허 회장의 강한 신념이 녹아 있다. 매스 미디어 산업을 통해 얻은 폭넓고 깊이 있는 정보들을 이정표삼아 일진그룹의 도전을 이어가겠다는 전략도 엿보인다. 즉 전주방송은 매스 미디어 산업을 향해 내딛는 허 회장의 첫걸음이면서 전초 기지다. 전주방송의 어제와 오늘에 걸친 이야기를 통해 매스 미디어에 대한 허 회장의 각별한 이념과 열정을 살펴보자.

방송 산업에의 첫 도전, SBS 선정 경합

일진그룹은 전주방송의 1대 주주가 되기에 앞서서 서울방송SBS의 대주주였다. 그 당시로 돌아가 보자. 1990년 6월, 정부는 민간 방송 허용을 골자로 하는 이른바 '방송 구조 개편 계획'을 발표했다. KBS, MBC가 방송 전파를 독점하면서 발생하는 부작용을 줄이고 산업화 진전으로 급격하게 늘어난 광고 적체 현상을 타개하기 위해서였다. 정부는 이 계획을 발표하면서 민간 방송

사 운영 주체의 자격 요건을 제한했다. 다양한 분야에서 독과점을 누리던 대기업들의 참여를 배제하고 건실한 중견 기업들이 컨소시엄을 구성하도록 유지한 것이다.

1990년 9월, 일진은 본격적인 민방 참여 방안을 수립했으며 공보처 민방설립추진위원회에 신청서를 제출하면서 경쟁에 뛰어들었다. 방송에 대한 허 회장의 의지는 특별했다. 산업화와 함께 급격히 늘어난 광고로 큰 수익을 올리겠다는 욕심이나 언론 사업에 진출해 사업 다각화를 이루겠다는 차원을 넘어섰다.

허진규 회장은 비디오와 오디오를 함께 갖춘 최적의 현대 매체 방송이 사회적으로 막강한 힘을 지니고 있음을 잘 알고 있었다. 사명감을 지니고 방송 사업을 영위함으로써 한국 사회 발전에 이바지하겠다는 신념이 투철했던 것이다. 어쩌면 방송은 허 회장이 일진그룹을 통해 지향하던 기업 보국, 기술 보국과 그 궤를 같이 하는지도 모른다.

민방 참여를 위한 과정은 결코 녹록하지 않았다. 공보처에 접수된 민방 참여 희망 업체만 60여 곳에 이를 정도로 경쟁이 치열했다. 그중에서 민방 주체 선정을 위한 심사 과정을 거쳐 마지막 경합에 이른 곳은 단 두 곳이다. 바로 일진그룹과 태영건설이다. 태영건설은 규모는 작지만 재정이 탄탄한 건설 회사라는 이미지를 가지고 있었고, 일진그룹은 제조업 분야에서 건실하게 성장해 온 기업이었기에 두 곳 모두 민방 지배 주주 선정 기준에 적합하다는 평가를 받았다.

결국 민방 주체 기업으로 태영건설이 선정되었다. 일진에 비해 단순한 기업 경영 구조를 갖추고 있어 방송 업무에 전념하기 쉬울 것이라는 판단이 작용한 것이다. 주식의 총 30%를 차지한 태영건설은 민방의 설립부터 회사 경영진 임명까지 모든 업무를 주도했다. 일진은 최종적으로 7%의 지분을 가진 대주주로 확정되었다.

대주주로 선정된 것은 의미 있는 일이었지만 경영에 참여할 수 없다는 점이 큰 아쉬움을 남겼다. 민방 운영 주체가 결정된 후 허 회장과 프로젝트 실무진들은 실망감을 느끼며 크게 안타까워했다. 하지만 비관으로 끝날 일은 아니었다. 허 회장은 이를 통해 방송에 대한 새로운 경험을 쌓고자 했다. 이와 함께 방송에서 얻는 새로운 정보를 바탕으로 앞으로 그룹이 나아가야 할 방향을 다방면으로 모색하고자 했다.

지역 민방 시대와 함께하다

1994년 4월 9일, 정부는 지역 민방 TV 방송 신설 계획을 발표했다. 1차로 선정된 지역 민방 설립 지역은 부산과 대구, 광주와 대전이었다. 1차 지역 민방을 성공적으로 개국시킨 정부는 이듬해인 1995년 7월, 지역 민방 추가 설립을 골자로 하는 방송 구조 개편 방침을 발표했다. 그리고 지역 민방 허가 지역으로 인천과 울산, 전주와 청주를 선정했다.

전주 지역에서는 전라북도의 대표 기업으로 평가받던 세풍과 거성, 쌍방울과 하림 등의 4개 업체가 사업 계획서를 제출했다. 회사 규모로 보자면 쌍방울이 가장 유리했다. 제지 회사인 세풍은 지역 내 인지도가 약했으며 규모 면에서도 쌍방울에 뒤처졌다. 하림은 그 무렵 사업을 확장해 나가기 시작할 때라 지금처럼 인지도가 높지 않았다. 거성은 지역의 작은 건설 회사에 지나지 않았다.

하지만 결과를 쉽게 예단할 수는 없었다. 쌍방울이 여러 면에서 선두에 섰다고는 하지만 속단하기에 일렀다. 사업 규모보다는 지역과의 연고성이나 지역 기여도에 높은 비중을 두는 사업 심사 기준 때문이다. 그런 점에서 보자면 세풍이 유리했다. 전라북도 군산에 본사와 공장을 두고 있었고 지역 문화 예술 관련 사업을 활발하게 해오고 있었다. 그래서 연고성 및 지역 사회 공헌도에서 쌍방울보다 높은 평가를 받았다.

이렇듯 첨예한 대결 구도가 펼쳐지는 가운데 세풍이 뜻밖의 행보를 보였다. 일진그룹에게 컨소시엄을 구성하자고 제안한 것이다. 일진은 수도권을 중심으로 사업을 확장해온 터라 전라북도 내에서의 인지도는 낮았다. 하지만 건실한 경영과 기업 윤리 측면에서 좋은 평가를 받았다. 허진규 회장의 고향이 전라북도 부안이기에 앞으로 지역 사회에 공헌할 가능성이 높다는 점도 고려 요인이 되었다. 일진은 고민 끝에 세풍의 제안을 받아들였다. 이로써 세풍을 1대 주주, 일진그룹을 2대 주주로 하는 세풍·일진 컨소시엄이 구성되었다.

1996년 10월 28일에는 2차 지역 민방 사업자 선정을 위한 청문회가 열렸다. 이 자리에서 컨소시엄 참여 업체들의 전반적인 재정 상황과 도덕성, 그리고 방송법에 대한 이해 정도를 꼼꼼히 따졌다.

드디어 발표일인 11월 6일. 전주 지역의 민방 운영 업체로 세풍과 일진 컨소시엄이 최종 결정됐다. 세풍의 지역 사회 공헌과 일진의 탄탄한 재정, 건실한 기업 이미지가 더해짐으로써 나온 결과였다. 일진그룹은 전주 민방 2대 주주로 민방 사업에 참여하게 됐다.

전주방송, 첫 전파를 쏘아 올리다

전주방송은 2차 민방 시작과 함께 새로운 시대를 향한 첫걸음을 내디뎠다. 민영 방송 사업이 세간의 집중을 받았던 만큼 전주방송의 개국을 앞두고도 많은 기대와 우려가 엇갈렸다. 공중파 방송의 천편일률적인 프로그램 편성에 피로감을 느끼던 일부 지역민들은 새로운 전라북도 민영 방송사 탄생에 남다른 기대를 보였다. 이와 반대로 점점 심화되는 방송 경쟁에서 살아남기 위해 시청률에만 집착하는 자극적인 방송으로 전락하지 않을지 우려하는 목소리도 존재했다. 또한 광고주들의 눈치만 보는 기업 편파적인 방송이 되는 것 아니냐는 의혹의 눈초리도 있었다.

전주방송은 지역민들의 기대에 부응하기 위해 지역민들의 삶의 현장을 담아내는 지역 밀착형 프로그램 제작을 편성 방침으로 삼았다. 또한 지역 정서에 부합하고 지역 전반에 활력을 불어넣는 방송을 만들고자 노력했다.

하지만 개국을 준비하는 첫 단계부터 난항이었다. 전북 권역에 전파를 쏘아 올리기 위해 송신소를 세워야 했는데 이 과정이 쉽

전주방송 FM 라디오 방송 개국 축하 행사

지 않았다. 당시 모악산 정상에 KBS와 MBC 송신소가 있었기에 이곳을 피해야 했다. 우여곡절 끝에 전주방송은 정상부 20m 아래쪽에 송신소를 건립하게 됐다. 개국 날짜가 정해져 있다 보니 작업에 속도를 내야만 했는데 송신소를 세울 자리에서 암반이 계속 나왔고, 돌을 일일이 깨부수는 작업이 한동안 이어졌다. 더구나 공사 현장이 깊은 산속이라 공사 장비는 물론 인부들이 마실 물까지 일일이 헬기로 수송해야 했다. 이런 난관 속에 송신소 건립에만 40억 원 가까운 예산이 투입됐다. 이렇게 힘들게 건립된 모악산 JTV 송신소를 통해 송출되는 전주방송은 전북뿐 아니라 인근 충남의 서천, 논산, 부여 등에서도 시청할 수 있다.

전주방송은 진정한 지역민의 방송이 되겠다는 진심이 통한 덕분에 지역 주민들의 마음을 사로잡을 수 있었다. 이렇게 개국 초기 가파른 성장 가도를 그리며 전라북도 대표 방송사로서의 위치를 견고히 다져 나갈 수 있었다.

격동하는 전주방송

하지만 전주방송에 예상하지 못했던 위기가 찾아왔다. 첫 방송을 시작한 지 채 1년도 되지 않은 때에 IMF 외환위기가 일어난 것이다. 최악의 경제 상황에서 대한민국을 이끌던 유력 기업들마저 줄줄이 무너져갔다. 기업들의 연쇄 도산과 대규모 구조 조정으로 경기는 급속도로 냉각되었다. 얼어붙은 소비 심리는 결국 눈부신 고성장을 거듭해온 방송 광고계마저 마이너스 성장을 기록하게 만들었다. 전국의 방송사들은 유례없는 경영난에 빠져 너도나도 허리띠를 졸라맬 수밖에 없는 형편이었다. 물론 전주방송도 그 찬바람을 피하기 어려웠다.

전주방송의 1대 주주였던 세풍제지도 위기에 빠졌다. 기업의 존립이 위태로울 만큼 경제적인 어려움에 시달렸다. 급기야 전주방송 1대 주주 자리를 내놓아야 할 형편이었다. 이 자리를 차지하려는 기업들이 여럿 있었지만, 일진그룹이 그들과의 치열한 접전에서 승리를 거두었다. 2000년 2월 22일, 일진은 세풍을 대신해 전주방송의 1대 주주가 됐다.

전주방송을 인수한 일진그룹은 방송 사업의 확실한 기반 위에서 방송과 인터넷 사업을 열정적으로 추진해가겠다는 굳은 의지를 보였다. 그러한 일진의 의지를 엿볼 수 있는 것이 FM 라디오 개국이다. 부산방송의 FM이 어렵게 운영되고 있었고, 전주방송 또한 IMF 위기를 어렵게 거쳐온 상황이라 라디오 개국에 대해 신중을 기해야 할 터였다. 하지만 고심을 거듭한 끝에 '매직 FM'이라는 애칭으로 FM 라디오 방송을 출범시켰다. 젊고 생생한 방송이라는 슬로건을 내걸고 전북 전역과 충남 일부 지역을 가청권으로 방송을 시작했다. 당시 라디오 개국 행사에는 허진규 회장과 전라북도 도지사 등이 직접 참석해 자리를 빛냈다. 이어서 2005년 12월 29일에는 HD TV를 개국함으로써 본격적인 HD 방송을 시작했다. 이로써 전주방송은 지역을 대표하는 민영 방송으로 위상을 한층 높이게 됐다.

일진그룹과의 만남

허진규 회장과 나는 고등학교와 대학교 선후배지간이다. 하지만 서로 전공 분야가 달랐기에 직접 만나거나 교류할 기회는 없었다. 하지만 나는 1980년대 말부터 허진규라는 이름을 익히 알고 있었다. 말하자면 강렬한 인상으로 뇌리에 깊이 박힌 인물이었다.

결정적인 계기는 '골리앗을 이긴 다윗'으로 비유되는 GE와의 다이아몬드 분쟁이었다. 이것은 한국 기업 역사에 유례를 찾기

전주방송

힘든 쾌거로 기록될 만하다. 거의 한 세대가 흐른 지금까지도 세계 최대 기업 GE와 6년여의 끈질긴 승부를 펼쳐 소중한 승리를 일구어낸 이야기가 회자되고 있을 정도다.

　나는 언론을 통해 그 처절한 승부의 전말을 유심히 지켜보았다. 그 과정에서 기업가이자 승부사로서 허진규 회장의 진면목을 발견했다. 이제 겨우 세계에 얼굴을 내민 대한민국에 GE와 당당히 맞서는 기업이 있다는 사실이 놀라웠다. 그 기업의 경영자가 내가 태어난 전북 출신이며 그것도 내가 다녔던 고등학교의 선배라는 사실을 알게 되자 묘한 자부심까지 느꼈다. 그 이후에도 언론을 통해서나 일진그룹 임직원인 동문들의 이야기를 통해 허 회장의 거침없는 승부와 성공에 관해 들을 수 있었다. 하지만 허 회장을 직접 만나고 함께 일하는 인연을 맺게 된 것은 세월이 꽤 흐른 후의 일이다.

2005년 광주 MBC 사장직을 내려놓은 지 보름이 채 지나지 않았을 때였다. 낯선 전화가 걸려왔다. 수화기 너머의 인물은 자신을 헤드헌트라고 소개했다. 그는 내게 방송국 경영자를 찾는다며 미팅을 제의해왔다.

나는 MBC 기자로 첫발을 내딛은 후 30년 가까운 시간을 언론계에 몸담았다. 그래서 웬만하면 알음알음의 인맥으로 서로 연결될 수 있을 것인데 헤드헌트를 통해 연락이 오는 것은 뜻밖이었다. 하지만 전혀 불쾌하지 않았다. 낯설고 신선하게 느껴졌다. 전화를 받고 이틀 후 헤드헌트와 첫 미팅을 했다. 나는 의뢰인이 누구인지 물었다. 하지만 그는 의뢰인의 뜻이라며 자세한 내용을 알려주지 않았다. 며칠이 더 흐르자 의뢰인이 직접 면접을 하고 싶어 한다는 연락이 왔다. 헤드헌트는 그때에야 전주방송의 최대 주주 일진그룹 허진규 회장의 이름을 알려주었다. 이렇게 해서 전주방송의 대표이사를 맡게 되었다. 그 후 6년간 전주방송을 경영했고 5년을 떠나 있었다가 다시 돌아와 2년째 전주방송을 맡고 있다.

허진규 회장은 인맥을 통해 충분히 직접 연락할 수 있는 고향과 고등학교, 대학 후배인 나를 굳이 헤드헌트를 통해 접촉했을까? 아마 학연과 지연을 떠나 그 자리에 가장 적합한 인물을 찾기 위해서였을 것이다. 객관적으로 판단할 수 있는 헤드헌트를 활용하고 다각도의 검증을 거친 것이다. 나는 이것이 허 회장이 사람을 등용하는 독특한 방식이라고 생각한다.

공정 언론의 기틀을 세우다

전주방송이 지역 민방으로서 제 역할을 다하게 된 데는 방송국 구성원들의 의지와 노력이 중요한 역할을 했다. 그렇지만 방송 경영의 독립성과 공익성을 소중히 여기는 허 회장의 마인드도 큰 몫을 차지한다.

사업가의 주된 관심은 아무래도 투자한 이상의 이익을 얻는 것에 쏠린다. 허 회장도 탁월한 기업가이기에 계열사들이 수익을 얻기를 바랄 것이다. 하지만 전주방송의 경우는 달랐다. 전주방송을 통해 수익을 올리고자 했다면 허 회장의 위치를 내세워 얼마든지 정치적 특혜를 얻어낼 수 있었을 것이다. 하지만 허 회장은 정치적 입김에서 철저히 자유롭고자 했다. 정치와 관련된 기부나 후원 자체를 일절 하지 않았고, 그 어떤 특혜도 기대하지 않았다.

정치적 도움을 받지도 주지도 않을 것이라는 허 회장의 소신과 철학은 전주방송 인수 이전과 이후에 변함이 이어지고 있다. 나는 이런 떳떳함과 강직한 신념이 지금까지 모진 어려움 속에서 기업을 성장시켜온 중요한 토대가 됐을 것이라 믿는다.

짐작해보자면 허 회장의 고향이 전북이기에 전주방송 인수 이후 알게 모르게 수많은 인사 청탁을 받았을 것이다. 하지만 허 회장은 단 한 번도 직접적인 지시나 간접적인 추천을 통해 누군가의 인사를 부탁하는 언행을 하지 않았다.

인사권도 방송국의 독립성을 인정했기에 깊이 관여하지 않았다. 방송국 인수 이후, 그룹 내에서 방송국 인사를 두고 허 회장이 일정 역할을 해야 한다는 의견이 나온 적이 있다고 한다. 하지만 허 회장은 아나운서를 비롯한 신입 사원 채용에 일절 관여하지 않았다. 최종적으로 누가 선정되었는지를 묻는 게 전부다.

다만 정치적 경력이 있는 인물은 언론인으로 배제했다. 또한 일정한 지위 이상의 인사를 할 때 그 사람이 그 자리에 적합한 인물인지, 제 역할을 할 수 있을지 객관적인 자료를 통해 확인하고자 했다. 하지만 이 역시도 무리한 요구가 아니라 구성원들이 인정할 만한 검토 수준이었다.

방송에 대한 열정

허진규 회장은 방송국이 그저 프로그램을 제작하고 송출하는 데만 그치지 않고 언론사로서 시대의 변화를 담을 수 있도록 새롭고 획기적인 시도에 나설 것을 끊임없이 요구한다. 허 회장에게 전주방송은 매스 미디어 산업을 확장해가기 위한 첫걸음이었다. 실제로 전주방송 인수 후에도 허 회장은 다양한 도전에 열정적으로 나서고 있다. 대표 사례가 위성 방송 사업이다.

한국에서는 2002년에 처음 디지털 위성 방송이 시작되었다. 이것은 다른 나라들에 비하면 매우 늦은 출발이었다. 위성 방송 사업자 선정 과정이 너무 더디게 진행된 탓이다. 그 당시 위성 방송 사업자 선정은 치열하게 진행됐다. 위성 방송이 국내 방송 사업 전반에 혁명적인 변화를 몰고 올 것이라 예상했던 만큼 대기업인

LG와 KT가 도전장을 내밀었다. 두 회사는 위성 방송 사업화를 일찌감치 컨소시엄을 구성하고 만반의 준비를 갖추어갔다.

다들 이 두 회사 중 하나가 위성 방송 사업권을 따내리라 예측했다. 그런데 두 기업이 각축을 벌이는 경쟁 현장에 뛰어든 뜻밖의 업체가 있었다. 바로 일진이다. 허 회장은 오랜 고심 끝에 경쟁 입찰에 참여하기로 결정을 내렸다. 그룹 내에서는 최종 결정 직전까지 반대의 목소리가 적지 않았다. 이미 두 기업에 비해 6개월이나 준비가 늦은 상태이고, 예산과 인력 면에서도 큰 차이로 뒤처졌기 때문이다. 하지만 전주방송을 통해 첫발을 내디딘 매스 미디어 사업을 한 단계 성장시키고 싶은 허 회장의 의지는 확고했다. 위성 방송 사업권을 따낸다면 더욱 양질의 콘텐츠를 생산할 수 있고, 이는 방송 기업으로서의 입지를 더욱 탄탄히 굳히는 계기가 될 것이라 확신했던 것이다.

일진이 도전함에 따라 위성 방송 사업자 선정 경쟁은 LG와 KT, 일진의 3파전으로 진행됐다. 일진은 다소 늦게 출발했지만 대기업이 아닌 중견 기업이 위성 방송 사업자가 되어야 하는 이유를 내세우며 적극적으로 경쟁에 임했다.

아쉽게도 일진은 2대 주주에 준하는 자격을 얻는 데 그쳤다. 하지만 일진은 SBS 2대 주주로서 경영에 직접 참여할 수 없는 현실을 경험한 바 있었다. 그래서 스스로 그 자격을 포기하고 말았다. 방송에 대해 열정과 집념이 강했던 허 회장은 단순한 주주 참여는 아무런 의미가 없다고 판단한 것이다.

방송을 향한 허 회장의 집념은 이후 케이블 TV 일자리 방송JBS

설립으로도 이어졌다. 또한 연합뉴스와의 사업 제휴를 적극 추진했다. 이때 허 회장은 연합뉴스가 취재와 보도를 맡고 전주방송이 경영과 기획, 제작을 진행해야 한다고 주장했다. 하지만 연합뉴스 측의 입장은 달랐다. 제작 전반과 경영은 기존대로 연합뉴스가 진행하고 일진은 제한적 경영권만을 가지고 지분에 참여하기를 원했다.

그룹 내에서도 연합뉴스 측의 의견대로 주식만 보유하는 게 좋겠다는 의견이 있었다. 나 역시도 고려해볼 제안이라 이야기했다. 하지만 허 회장의 의견은 위성 방송 사업 선정 과정 때와 똑같았다. 단순한 지분 보유는 본인의 뜻과는 맞지 않다고 했다. 논의를 반복했지만 양측 의견의 골은 좁혀지지 않았다. 결국 연합뉴스가 다른 투자자를 찾으면서 협상이 무산되었다.

최근 허 회장과 이야기를 나누면서 과학 산업 전문 뉴스를 제작하는 온라인 매체를 육성할 계획을 가지고 있음을 알게 되었다. 허 회장이 꿈꾸는 매스 미디어 산업은 미완성 단계이자 현재 진행형이다.

추억 속 이야기들

허진규 회장의 남다른 서예관

허 회장은 고향 전북에 봉사하는 직책을 하나 맡았었다. 세계서예전북비엔날레 조직위원장이다. 세계서예전북비엔날레는 전북

서화의 전통성 계승과 발전을 꾀하는 이 고장의 대표 문화 축제다. 본래 1997년 동계 유니버시아드 대회 때 기획된 일회성 행사였지만, 2000년에 조직위원회를 다시 구성해 지금까지 그 명맥을 이어오고 있다.

허 회장은 세계서예전북비엔날레 제4기(2010~2014)와 제5기(2014~2016) 조직위원장을 역임했는데, 그때 성공적인 행사 개최를 위한 행사비 지원과 홍보 활동에 적극적으로 나섰다. 허 회장이 조직위원장을 역임하는 동안 모든 과정이 순탄했던 것은 아니다. 2015년 당시 그동안 세계서예전북비엔날레 후원사로 활약해 온 삼성의 지원이 끊기면서 행사 진행에 차질이 생겼다. 이 상황을 알게 된 허 회장은 작가 초청비와 행사 운영비로 1억 원을 선뜻 내놓았다. 이것으로 가까스로 위기를 넘겼고 행사는 성공적으로 마칠 수 있었다.

공학도인 허진규 회장이 서예에 남다른 애착을 가지고 있는 데는 몇 가지 이유가 있다. 먼저, 유년 시절의 기억 때문이다. 허 회장은 초등학교 입학 전 서당에서 처음 학문을 배웠다고 한다. 어릴 때 붓글씨를 즐겨 익힌 기억이 오래도록 선명하게 남아 있었던 덕택에 세계서예전북비엔날레의 조직위원장 제안을 망설임 없이 수락할 수 있었다.

또 하나의 이유는 세계서예전북비엔날레 개막식 당시 허 회장의 개회사를 통해 알 수 있다. 오늘날 많은 이들이 서예를 문자를 매개로 한 전통 예술 영역 정도로만 생각한다. 하지만 허 회장의 생각은 다르다. 허 회장은 당시 개회사를 통해 내빈들에게 스티브 잡스의 일화를 들려주었다. 대학을 중퇴한 스티브 잡스는 청강생이 되어 캘리그라피Calligraphy를 배웠는데 이는 그가 매킨토시Macintosh를 설계할 때 아름다운 서체를 지닌 최초의 컴퓨터를 개발하는 계기가 됐다는 것이다. 허 회장은 애플의 창업자인 스티브 잡스가 남다른 기술력과 미적인 감각을 발휘해 이전까지 존재하지 않았던 새로운 종류의 디지털 제품을 세상에 내어놓았듯, 서예라는 전통적 예술 장르와 신기술의 결합으로 새롭고 현대적인 것들을 얼마든지 만들어낼 수 있을 것이란 소신을 내비쳤다.

허 회장은 자신의 전공 분야가 아닌 새로운 영역을 접할 때면 늘 새로 배우는 마음가짐으로 열정을 쏟는다. 그것이 어떤 분야이든 따지지 않고 그것이 지닌 강점을 발굴하고 새로운 도전에 나선다. 허 회장의 공학적 지식과 미적 감각이 어우러져 혁신적 업적을 낳기를 기대한다.

허진규의 '사람 쓰기'

나는 전주방송 사장으로 취임해 6년간 경영을 맡은 후 사장직을 내려놓았다. 그리고 5년의 시간이 더 흘렀다. 그때 1통의 전화를 받았다. 헤드헌트였다. 방송국 경영을 맡을 적임자를 찾고 있는데 나를 추천하고 싶다고 했다. 그 헤드헌트는 내가 전주방송 사장이었다는 사실을 모르고 있었다. 헤드헌터의 실수로 빚어진 일종의 해프닝이었다. 그런데 이러한 상황이 허 회장에게 보고되었고 이 일을 계기로 나는 다시 전주방송의 대표이사가 되었다. 내 어깨가 어찌 무겁지 않겠는가?

자리를 한 번 맡았다가 물러난 사람을 다시 그 자리에 앉힌다는 게 결코 쉬운 결정은 아니다. 실망하거나 노여운 마음이 없을 리가 만무하다. 그런데 또 한 번 객관적으로 사람을 평가하고 다시 믿어주는 허진규식式 사람 쓰기는 매우 독특하다. 그런 인사 운용이 오늘의 일진을 만들고 성장시킨 힘 중 하나가 아닐까 싶다.

멈추지 않는 뜨거운 도전 정신

나는 드문드문 서울 마포 본사에 간다. 사장단 회의와 경영 보고가 있을 때다. 본사에 들를 때면 계열사 임직원들과 이런저런 대화를 할 기회가 생긴다. 이때 가장 중요한 이야깃거리가 허진규 회장의 열정이다.

그룹의 수장인데다 사회적 활동도 왕성하다 보니 허 회장의 스케줄은 **빽빽하게** 채워져 있다. 허 회장을 만나려면 일찌감치 비서를 통해 약속을 잡아야 한다. 그만큼 매일 바쁜 일정을 소화하고 있다. 하지만 허 회장은 이런 바쁜 일과 속에서도 종종 다양한 분야의 강연이나 세미나, 박람회장을 찾고 있다. 초청장을 받고 얼굴만 비추고 오는 형식적 방문이 아니라 자발적으로 참여하는 것이다. 방송이나 신문을 통해 관심 분야의 세미나나 강연이 열린다는 정보를 얻으면 최대한 일정을 조정해 이곳에 참여한다.

신문사 기자들이 자신들이 주최한 행사에 허 회장이 다녀갔다는 소식을 일진 홍보팀에 전해주는 역전 현상도 종종 생길 정도이니 허 회장의 남다른 학구열과 열정은 다른 사람이 따르지 못할 경지에 올라서 있다.

허 회장의 메모 기술도 회사 내외부에 널리 알려져 있다. 허 회장은 하루에도 수십 차례 반복되는 직원들의 보고를 흘려듣는 법이 없다. 하나하나 꼼꼼히 메모한 후 보고서와 함께 클립으로 정리해둔다. 허 회장의 이런 습관은 매 순간 임원들을 긴장시키곤 한다. 또한 세미나나 강연 또는 출장에서 보고 느낀 점을 메모해 두었다가 이를 관련 계열사의 담당자들에게 전달할 때도 많다. 하물며 이 메모가 난항을 겪던 기술 연구에 크게 도움을 주는 경우도 비일비재하다.

허진규 회장은 모험가적冒險家的 승부사적勝負士的 공학도적工學徒的 기업가다. 그 옛날 북해의 거친 파도를 헤치며 항해에 나선 바이킹들과 그 뱃머리에 우뚝 선 그들의 왕은 일진과 허 회장의 닮은꼴일 것이다. 물론 다른 점이 있다. 그들의 모험이 무모한 것이었다면 허 회장의 모험은 항해도가 있는 공학적 모험이라는 사실이다.

KI신서 7282

창의와 도전,
행복한 50년

1판 1쇄 인쇄 2018년 1월 8일
1판 1쇄 발행 2018년 1월 18일

지은이 김황식 외
펴낸이 김영곤 **펴낸곳** (주)북이십일 21세기북스

기획 일진그룹 커뮤니케이션팀 임동수 홍용기 유형석 김봄

정보개발본부장 정지은
정보개발3팀장 문여울 **편집** 윤경선
출판영업팀 이경희 이은혜 권오권
출판마케팅팀 김홍선 최성환 배상현 신혜진 김선영 나은경
홍보기획팀 이혜연 최수아 김미임 박혜림 문소라 전효은 염진아 김선아
디자인 제이알컴
제휴팀 류승은 **제작팀** 이영민

출판등록 2000년 5월 6일 제406-2003-061호
주소 (10881) 경기도 파주시 회동길 201(문발동)
대표전화 031-955-2100 **팩스** 031-955-2151 **이메일** book21@book21.co.kr

(주)북이십일 경계를 허무는 콘텐츠 리더

21세기북스 채널에서 도서 정보와 다양한 영상자료, 이벤트를 만나세요!
페이스북 facebook.com/21cbooks **블로그** b.book21.com
인스타그램 instagram.com/21cbooks **홈페이지** www.book21.com

서울대 가지 않아도 들을 수 있는 명강의! 〈서가명강〉
네이버 오디오클립, 팟빵, 팟캐스트에서 '서가명강'을 검색해보세요!

ⓒ 허진규, 2018
ISBN 978-89-509-7329-2 03320